L'EUROPE DES LUMIÈRES
sous la direction de Michel Delon, Jacques Berchtold
et Christophe Martin
79

Sade, la Révolution et la finance

Ouvrage publié avec le soutien de la faculté des arts
de l'université du Manitoba

Armelle St-Martin

Sade, la Révolution et la finance

PARIS
CLASSIQUES GARNIER
2021

Armelle St-Martin, professeure agrégée dans le département de français, d'espagnol et d'italien de l'université du Manitoba, est l'auteure de nombreuses publications portant sur Sade. Récemment, elle a dirigé un collectif sur Rossel Vien, écrivain important mais méconnu du XXe siècle au Québec et au Canada.

ISBN 978-2-406-11976-0 (livre broché)
ISBN 978-2-406-11977-7 (livre relié)
ISSN 2104-6395

Nous sommes originaires d'une petite ville du ci devant Comtat d'Avignon où nos ancêtres ont été tour à tour agriculteurs et négociants ; je n'ai jamais été noble, je puis le prouver quand on voudra.
SADE au Comité de Sûreté générale, le 8 mars 1794.

INTRODUCTION

Une identité méconnue, les conditions de son émergence, ses conséquences

La vie de Sade peut être divisée en trois périodes : les années d'initiation au libertinage, la période d'incarcération et la vieillesse à Charenton. Chaque étape est systématiquement marquée par une coupure fondamentale, paradoxalement celle d'une liberté intense. D'abord, suite à l'affaire de Marseille, c'est la séparation d'avec la France et ce qu'elle entraîne comme libération des obligations familiales. Ainsi après avoir maîtrisé l'art d'être un grand débauché – tout en bénéficiant de l'appui paradoxal de sa famille – Sade se voit brusquement précipité dans la clandestinité. Ce n'est pas le marquis de Sade qui franchit les Alpes pour échapper à la peine de mort, mais le comte de Mazan. Sous cet habit de circonstance, plus discret que le véritable nom qui rime trop, dans la conscience populaire, avec l'empoisonneur et le sodomite, il peut librement parcourir l'Italie, comme un homme neuf. Le séjour dans la péninsule aura ainsi l'effet d'une renaissance.

La deuxième coupure est aussi une renaissance, puisqu'elle marque la fin de l'univers carcéral. Après treize ans d'une détention ininterrompue à Vincennes, puis à la Bastille, Sade est précipité de nouveau dans un univers radicalement différent. Si l'Italie avait pu lui paraître une étrange contrée, la France révolutionnaire qui l'accueille est tout aussi déstabilisante que Naples étendue aux pieds du Vésuve. Cette seconde coupure est de même une période au cours de laquelle s'évanouissent graduellement les anciens carcans. Bien entendu, la chute de l'Ancien Régime revêt pour Sade une dimension qui dépasse de loin son soupir de soulagement lorsqu'il tournait le dos en 1775 à ses devoirs de père et d'époux. Toutefois, la Révolution a certainement été vécue par Sade comme une opportunité fabuleuse de se créer une nouvelle vie, une existence qui le dégage, une fois encore, du poids d'être grand seigneur féodal. Et comme il l'a fait lors de son voyage en Italie, il revêt un habit neuf et modifie, bien que légèrement, son patronyme : citoyen Sade, homme de lettres.

Sade a été au cœur de la Révolution qu'il a commentée. Nous regrettons, à l'instar de Jean-Jacques Pauvert, qu'il n'ait toutefois pas écrit davantage sur cette période bouleversée. Le marquis a aussi pris une part très active aux grands moments révolutionnaires. C'est le visage de Sade, chroniqueur et acteur sous la Révolution, qui m'intéresse ici. Il ne s'agira pas de discuter uniquement de Sade sans-culotte. Mon propos va aussi se porter sur cette facette de Sade, entièrement méconnue de la critique, celle d'un homme sensible aux discours économiques dominants de son époque, en somme un Sade capitaliste.

Le choix de ce terme est lourd de conséquences pour la suite de ma démonstration. Parmi les historiens, il a existé, il y a une quarantaine d'années, un débat sur la nature de la Révolution française et, liée à cette question, des points de vue divergents sur le statut économique de la France du XVIIIe siècle. S'éloignant d'une interprétation marxiste de la Révolution, qui a occupé en grande partie la scène intellectuelle et universitaire jusque dans les années 1970, plusieurs historiens dont François Furet[1], Roger Chartier[2], ou Mona Ozouf[3], pour ne nommer qu'eux, ont voulu mettre l'accent sur la dimension culturelle de la Révolution, la voyant moins comme une lutte des classes et plus comme le fruit d'une longue acculturation politique et philosophique. Aux yeux d'historiens comme François Furet, l'ascension de la classe bourgeoise et finalement sa prise du pouvoir ne suffisent à elles seules à expliquer la chute de l'Ancien Régime. Par ailleurs l'historien américain George Taylor[4] a rejeté entièrement les thèses marxistes en soutenant que le capitalisme ne saurait entrer dans une explication de la Révolution française, puisque avant 1789 le nœud qui doit lier le capital financier à la production, pour qu'on puisse parler de capitalisme, n'existait pas.

Aujourd'hui, ces deux écoles d'interprétation semblent poursuivre une coexistence pacifique, bien que les historiens entièrement rétifs aux explications sociales ou économiques aient perdu leur pouvoir de

1 François Furet, *Penser la Révolution française*, Paris, Gallimard, 1978.
2 Roger Chartier, *Les origines culturelles de la Révolution française*, Paris, Le Seuil, 1990.
3 Mona Ozouf, *Varennes. La mort de la royauté*, Paris, Gallimard, 2005.
4 George Taylor, « Noncapitalist Wealth and the Origins of the French Revolution », *American Historical Review*, vol. 72, n° 2, 1967, p. 469-496.

séduction, liée sans doute à l'attrait que la nouveauté exerce infailliblement sur les esprits ; en dépit de ce bilan général plutôt morose[5], on se doit de souligner que certaines enquêtes ont peu vieilli, notamment l'œuvre de Lynn Hunt. En ce qui concerne les historiens français, la publication au cours des trois dernières décennies de nombreux travaux d'histoire économique[6] ou socio-culturelle a renouvelé l'historiographie française qui continuait à penser en termes de classes sociales[7]. À cet égard, il faut mentionner le travail exemplaire de Michel Vovelle[8] qui, en dépit de ses attaches traditionnelles, n'a pas ménagé ses efforts afin d'intégrer dans sa compréhension de la Révolution française les recherches issues des analyses d'inspiration culturelle.

Il est certain que cette enquête sur Sade, la finance et la Révolution s'insère dans le cadre des travaux des historiens pour qui la chute de l'Ancien Régime est liée à l'essor du capitalisme ainsi qu'aux tensions entre les différentes classes sociales du royaume. J'ai eu également le souci d'enrichir mon propos par des éléments qui relèvent de l'analyse littéraire, de l'histoire culturelle et de celle des sociabilités. Mais fondamentalement, comme je tâcherai de le démontrer dans ce livre, ce n'était pas le sac des valeurs anciennes ou ce souffle puissant de libération de la pensée qui auront le plus séduit Sade, mais les possibilités – inconnues jusqu'ici – de fructifier son capital sur le mode exponentiel, en l'investissant dans la production agricole, à l'instar des riches bourgeois qui peuplaient la section de la Place-Vendôme.

Entre sa sortie de la Bastille et son enfermement à Charenton, Sade n'a pas vécu en ermite. Les hasards de l'existence ont fait en sorte que son chemin a croisé celui des banquiers qui ont eu un poids important dans le déroulement des événements politiques et économiques liés à la chute de l'Ancien Régime. C'est certainement sous l'influence de ces nouveaux camarades qu'il a approfondi et développé son intérêt pour

---

5 Henry Heller, *The Bourgeois Revolution in France 1789-1815*, New York, Oxford, Berghahn Books, 2006, p. 2.

6 On peut à cet égard mentionner les travaux de Jean-Marc Moriceau dont *Les fermiers de l'Ile-de-France : l'ascension d'un patronat agricole,* XVe-XVIIIe *siècle*, Paris, Fayard, 1994 et *Terres mouvantes : les campagnes françaises du féodalisme à la mondialisation : 1150-1850*, Paris, Fayard, 2002.

7 Je cite ici les travaux de Pierre Serna : *Antonelle, aristocrate révolutionnaire (1747-1817)*, Paris, Éditions du Félin, 1997 [2017], et *Comme des bêtes. Histoire politique de l'animal en Révolution (1750-1840)*, Paris, Fayard, 2017.

8 Voir : *Les mots de la Révolution*, Toulouse, Presses universitaires du Mirail, 2004.

l'accumulation rapide de richesses à travers le développement agraire. Les lectures de Sade des physiocrates, dont les écrits du marquis Victor Riqueti de Mirabeau[9], et des articles de Quesnay dans l'*Encyclopédie*, ont constitué un terreau fertile sur lequel ont pu germer les enseignements prodigués par le cercle de banquiers qu'il fréquentait.

Le nouveau portrait de Sade que je vais tâcher de décrire dans les pages qui suivent pourrait surprendre, a priori. La critique sadienne est en effet davantage habituée à voir le marquis osciller entre le sans-culotte et le féodal réactionnaire. De fait, ces deux *persona* ne sont pas incompatibles entre elles et certainement pas avec celle d'un bourgeois capitaliste, ne serait-ce que par les contradictions inhérentes à la nature humaine. Plus précisément dans le cas de Sade, son esprit curieux l'a amené à fréquenter des milieux qui étaient radicalement opposés aux siens. Son goût pour la dérision et le simulacre a pu faire sauter les tabous liés aux mélanges des classes, ce qui lui aura permis de s'immerger sans complexes dans des milieux sociaux généralement méprisés par l'aristocratie. Que Sade soit, par la suite, revenu vers ses préjugés de classe, vers sa croyance à la supériorité de sa caste, constitue matière à débat. Si tel avait été le cas, il est sûr que sa fréquentation du peuple et de la bourgeoisie financière lui a fait saisir la profondeur des changements sociaux apportés par la fin de l'Ancien Régime. Sade a alors eu le choix, comme d'ailleurs de nombreux nobles, d'opter pour le repli sur soi et le ressentiment ou, au contraire, de tenter de survivre en s'adaptant à la nouvelle réalité.

Mon avis est que Sade a décidé de s'engager dans cette dernière voie. Je ne peux nier que ses gestes d'investisseur n'aient été teintés de nostalgie pour le passé du monde féodal. Il n'est donc pas surprenant que Sade ait choisi de tenter de s'enrichir dans la terre. Celle-ci lui permettait à la fois de garder vivantes en quelque sorte ses anciennes

9 Victor Riqueti de Mirabeau possédait, comme les Sade, des terres en Provence. En 1763, le père de Sade lui avait envoyé un faire-part du mariage de Donatien (Maurice Lever, *Bibliothèque Sade (II). Papiers de Famille*, Fayard, 1995, tome 2, p. 52). Par ailleurs, une dizaine d'années plus tôt, il le mentionnait dans sa correspondance (*Bibliothèque Sade (I). Papiers de famille*, tome 1, Fayard, 1993, p. 615). Il est clair que le père de Sade connaissait bien l'économiste et on peut imaginer sans aucun doute qu'il possédait *L'Ami des hommes, ou Traité politique*, qui parut à Avignon de 1756 à 1758. Cet ouvrage a connu de nombreuses réimpressions et Sade l'a certainement lu. Certaines prémisses moralisatrices de cet ouvrage peuvent paraître se situer loin du système philosophique de Sade, mais le marquis n'a pas été indifférent à la valorisation de la terre qu'exaltait Mirabeau.

valeurs féodales et de faire fructifier les fonds dont il disposait sur le modèle du capitalisme, en plein essor durant cette époque.

Au cours de ces dernières années, les historiens de la Révolution, dans la foulée des études pionnières, particulièrement d'Albert Mathiez, de Jean Bouchary, d'Herbert Lüthy et de Guy Chaussinand-Nogaret, n'ont cessé d'enrichir notre compréhension du domaine des banques et des banquiers[10]. Ce milieu est dorénavant bien balisé. En effet, le monde de la finance et des banques a été l'objet de nombreuses enquêtes. Et avec ce que l'on sait aujourd'hui de ce milieu durant la Révolution, on peut dire que l'on possède globalement tous les outils nécessaires pour saisir pleinement l'idée d'un Sade capitaliste et bourgeois.

C'est en m'appuyant sur une étude très récente, due à Henry Heller[11], sur les banquiers étrangers à Paris durant la Révolution que j'ai été amenée à formuler l'hypothèse que Sade avait réussi une intégration sociale dans le milieu plutôt fermé des affaires. Longtemps, celui-ci avait été décrit par les historiens comme relativement homogène. En effet, ces banquiers huguenots et calvinistes étaient perçus par Herbert Lüthy[12], qui reprenait ainsi les conclusions de Max Weber, comme formant un univers enserré dans un pragmatisme religieux pour lequel la recherche du gain constitue un véritable « éthos ». Toujours selon Weber, dans l'ensemble, ces hommes guidés par la piété, la frugalité et le travail sont « avant tout sobres et sûrs, perspicaces, entièrement dévoués à leur tâche, professant des opinions sévères et de stricts "principes" bourgeois ».

Toutefois Dany Dufour qui a consacré une étude sur Sade et le capitalisme[13] montre que les bases du capitalisme ne sauraient trouver

---

10 Il faut d'abord s'entendre sur les termes associés à cet univers de l'argent. Les enquêtes portant sur ce sujet et que j'ai mentionnées plus tôt utilisent une terminologie qui n'est pas homogène d'un auteur à un autre. « Banquier », « financier », « manieur d'argent » ne recouvrent pas la même réalité. Pour les fins de mon étude, je vais employer le mot banquier dans un sens relativement large de « gens d'affaires » qui englobe de véritables banquiers comme Perregaux, mais le terme va aussi renvoyer à des hommes qui ont accès à un capital important, sans être rattachés à un réseau (familial ou autre) implanté depuis des décennies, et qui en font usage et dont les intérêts politiques ou monétaires sont liés à ceux du milieu des finances qu'ils fréquentent bien entendu. Quelques noms : Guzman, Proli, les frères Frey.

11 Henry Heller, « Bankers, Finance Capital and the French Revolutionary Terror (1791-1794) », *Historical Materialism*, vol. 22, n° 3-4, 2014, p. 172-216.

12 Herbert Lüthy, *La Banque protestante en France : de la révocation de l'Édit de Nantes à la Révolution*, 2 vol., Paris, S.E.V.P.E.N., 1959 et 1961.

13 Dany Dufour, *La Cité perverse. Libéralisme et pornographie*, Paris, Denoël, 2009.

uniquement leur origine dans l'éthique protestante calviniste, selon la thèse très connue de Weber. Développant une autre théorie, la *Cité perverse* inscrit le capitalisme dans la poursuite sans frein de plaisirs entièrement voués à l'assouvissement égoïste des désirs de l'individu. Pour Dufour, il existe ce versant théologique noir pour ainsi dire du capitalisme. Ce dernier ne saurait se réduire, comme le veut Weber, à la poursuite des richesses qu'ont menée les Protestants tout en s'interdisant de jouir du produit de leur travail. La jouissance est tout aussi bien à la source du capitalisme que le puritanisme. L'idée de jouissance est centrale pour les physiocrates, ces pères du capitalisme et ils sont loin de la condamner. Comme je le montrerai plus loin, les banquiers que Sade avait côtoyés étaient à la fois des libertins et des manieurs d'argent chevronnés. L'utilitarisme pur n'est ainsi pas universel parmi les hommes d'affaires. Les comportements de certains d'entre eux ne coïncidaient pas à l'éthique calviniste austère de la banque protestante, quoiqu'ils aient fait partie de la même communauté de gens d'affaires. Il est clair que ce milieu avait un autre visage. Dufour vient de l'indiquer. Autour de ces réseaux de banquiers liés à Genève gravitaient des hommes pour qui la recherche des plaisirs était aussi importante que la volonté de réaliser des profits, et souvent celle-ci ne représentait qu'un moyen pour jouir sans contrainte des agréments terrestres. On comprend dès lors qu'il a pu exister une sympathie naturelle entre un banquier tel que Perregaux et Sade. L'enquête de Dany Dufour apporte une caution philosophique à une amitié qui, a priori, s'explique difficilement. J'apporterai pour ma part des preuves historiques des liens qui ont existé entre le marquis et un petit cercle de banquiers étrangers révolutionnaires.

Selon Henry Heller, au moment de la chute de l'Ancien Régime, Paris comptait plus de 70 banquiers particuliers. Ils étaient la plupart étrangers, dont une majorité de protestants[14]. Mais ce clan comptait en son sein un nombre important d'individus au passé plutôt trouble. On trouve là des personnages plus obscurs, qui tout en étant liés à la banque protestante de Genève aux valeurs conservatrices et moralisantes, ne se livrent pas moins au libertinage dans les maisons de jeux parisiennes. Ce sont ces hommes qui font le lien entre Sade et le grand milieu des affaires.

14 Henry Heller, art. cité, p. 185.

Sade a notamment côtoyé de près un homme dont la critique sadienne n'a jamais entendu parler jusqu'à présent, bien qu'il soit bien connu des spécialistes de la Révolution française. Il était banquier et sans doute franc-maçon, et probablement un compagnon de débauche du marquis. On pourrait décrire cet homme comme l'un de ces hommes d'affaires qui avait des vues politiques ; et cette ambition lui aura coûté sa tête. Son nom paraît souvent sous les écrits des historiens. Et comme il n'était ni un Perregaux, ni un Vandenyver[15], on ne connaît pas dans le détail ses activités financières, mais ses actions ont eu un impact réel sur les événements politiques. Cet ami de Sade se nomme André-Marie Guzman[16]. Guzman est assez important dans l'histoire de la Révolution pour qu'Albert Mathiez lui consacre un chapitre dans son ouvrage *Autour de Danton*[17], aux côtés des Fabre d'Églantine ou des Dumouriez. Le fait que Sade a fréquenté Guzman, comme je tâcherai de le montrer dans la suite de cette étude, est un élément clé pour comprendre que le marquis était relativement proche d'hommes qui avaient un poids politique important et, par conséquent, il n'était nullement isolé ou déconnecté de l'actualité révolutionnaire ; ses efforts n'étaient pas uniquement déployés à faire jouer ses pièces sur les théâtres de la capitale.

Finalement, le fait que Sade a côtoyé intimement ce banquier, qualifié par Mathiez d'« aventurier[18] » en raison de son parcours plutôt obscur, me permettra de brosser un portrait tout à fait neuf de Sade, celui d'un révolutionnaire engagé, mais aussi celui d'un capitaliste. C'est certainement grâce à l'appui de Guzman que Sade est devenu un pilier politique de la section des Piques. Son talent d'écrivain, la polyvalence de sa plume, habile à se plier à tous les genres, auront fait le reste. Mais Guzman l'aura aussi initié aux affaires, et l'aura mis au courant de ces occasions rapides pour s'enrichir amenées par le chaos financier provoqué par la chute de l'Ancien Régime.

Ce n'est pas uniquement le goût des plaisirs ou l'intérêt financier qui rapprochent Sade de ces banquiers ; ils partagent également un malaise ontologique causé par leur place incertaine dans la République.

---

15 Banquier de Mme du Barry (Voir : Jean Bouchary, *Les Manieurs d'argent à Paris à la fin du* XVIII*e siècle*, vol. 1, Paris, Librairie des sciences sociales et politiques, 1939).

16 L'orthographe du nom varie d'un historien à un autre et on retrouve aussi la graphie Gusman.

17 Albert Mathiez, *Autour de Danton*, Paris, Payot, 1926.

18 *Ibid.*, p. 219.

N'ayant pas émigré, se mêlant au contraire aux sans-culottes, Sade aspire à être intégré au nouveau tissu social, voire à le construire, par l'action politique. La noblesse de Sade finira par le rattraper et son ambition se heurtera à la réalité de l'exclusion. Son sort est en cela semblable à ces hommes d'affaires étrangers qu'il aura côtoyés ; ceux-ci auront célébré la Révolution qui les en remerciera en les faisant passer sous la guillotine. Sade a tout juste été plus chanceux : il est passé à deux doigts du couperet.

Cette enquête est par conséquent ancrée dans l'hypothèse centrale que l'attachement de Sade à la Révolution était réel, thèse qu'il faudra défendre. Aussi cette question sera abordée de front dans la première partie de ce livre qui en compte trois. Je débute par la section de Sade, la section de la Place-Vendôme, qui sera plus tard renommée Place des Piques, sur laquelle je jette un éclairage historique afin d'apporter de nouveaux éléments au débat entourant la sincérité des sentiments révolutionnaires du marquis. Dans la deuxième partie, j'examine l'action révolutionnaire proprement dite de Sade et ses liens avec les banquiers, dans le but de mettre en évidence qu'il a réussi une intégration sociale qui l'a amené à adopter des comportements économiques similaires à ceux de la bourgeoisie d'affaires. La troisième partie, qui s'attache à la pensée des physiocrates, examine comment une telle transformation, celle d'un Sade féodal en un investisseur terrien, a été possible ; j'y examine aussi la fiction sadienne qui porte les traces profondes des nouveaux intérêts économiques de Sade.

PREMIÈRE PARTIE

SADE ET LA SECTION DE LA PLACE-VENDÔME, INTÉGRATION OU SIMULACRE ?

RETOUR SUR UNE CONTROVERSE

LA CRITIQUE SADIENNE ET LE CONTEXTE HISTORIQUE

Évoquer aujourd'hui Sade et la Révolution, c'est faire surgir dans l'historiographie sadienne deux images opposées, celle d'un Sade martyr de la liberté et celle d'un Sade opportuniste. Cette controverse sera sans doute pendant longtemps l'objet de discussions passionnées. Le but de ce retour sur ce débat est bien entendu de prendre position, mais il est surtout nécessaire pour mettre en lumière les présupposés théoriques sur lesquels est fondée mon enquête, à savoir un examen méthodique du fonctionnement des sections parisiennes sous la Révolution et une analyse des hommes qui les composaient. Un examen de nature historiographique est le plus adéquat pour déterminer la profondeur et la sincérité de la participation de Sade à l'effort révolutionnaire. Malheureusement, jusqu'à présent, nombre de biographes sadiens, parmi lesquels de très grands historiens, ont développé un portrait de Sade révolutionnaire qui doit trop à une construction romanesque. L'approche que je préconise est ancrée dans une lecture des faits qui permet de saisir les liens du marquis avec la Révolution sous toute leur complexité, et de mettre en lumière – ce qui a jusqu'ici échappé aux spécialistes de Sade – les relations particulières que le marquis a pu développer dans le monde financier.

Il faut remonter aux premiers détracteurs du marquis pour trouver l'origine de la vision romanesque et fantasmatique d'un Sade déguisé en patriote. Une telle image d'un homme hurlant avec les loups aux seules fins d'échapper à la guillotine fera son chemin jusqu'au XXIe siècle.

La sincérité de l'engagement de Sade aux côtés des sans-culottes a été mise en doute dès son vivant par les révolutionnaires eux-mêmes, d'abord en la personne de Jacques-Antoine Dulaure : en 1790 dans sa

Collection de la liste des ci-devant ducs, marquis, comtes, barons, etc. il qualifie Sade de véritable monstre, après l'avoir comparé à Gilles de Laval, au comte d'Hornes, au duc de Fronsac et au duc de Richelieu, tous de cruels « scélérats à châteaux, à voitures, à talon rouge, à cordon rouge ou bleu ». Pour Dulaure, le marquis est tout bonnement un « exécrable scélérat [qui] vit parmi les hommes civilisés, [qui] ose impunément se compter au rang des citoyens[1] ».

La condamnation ne pouvait être plus violente et il semblait clair, à tous ceux qui avaient lu le libelle de Dulaure, que le marquis ne pouvait avoir sincèrement endossé l'habit de citoyen. En dépit de cette dénonciation publique, dont Maurice Lever dit qu'elle eut pour effet « de remettre en mémoire » la vie scandaleuse de Sade ou de « l'enseigner à ceux qui ne la connaissaient pas[2] », le marquis occupera des fonctions importantes au sein de sa section dès la fin de l'année 1790. En octobre, il est nommé au poste clé de commissaire pour l'organisation de la cavalerie de la section de la Place-Vendôme[3]. En l'espace de deux ans, il aura grimpé les échelons administratifs de sa section pour finalement en être le porte-parole officiel. La question évidente qui demeure, et à laquelle nous répondrons : comment Sade a-t-il réussi à s'imposer comme révolutionnaire – avec toutes les valeurs de vertu que ce titre conférait – alors qu'il était de notoriété publique qu'il était un aristocrate corrompu qui ne devait son salut qu'à la justice arbitraire de l'Ancien Régime ?

Pour le moment, soulignons que la diatribe de Dulaure contre Sade ne doit pas surprendre, car il ne faut pas oublier que l'atmosphère politique générale était à la dénonciation. Cette période étant obsédée par la peur du complot fomenté par l'aristocratie, il est courant de dénoncer les nobles qui auraient pu infiltrer le parti patriote dans le but de renverser de l'intérieur le gouvernement démocrate. Et il faudrait attendre plus de trois ans avant que le Comité de Sûreté générale ne mette Sade au banc des accusés. Son arrestation en décembre 1793 – je reviendrai en détail plus loin sur cet événement décisif – est motivée en grande partie par son passé de noble, titre associé au vice et à la

1 Cité par Jean-Jacques Pauvert, *Sade Vivant* [3 vol., Robert Laffont, 1986-1990], Paris, Éditions Attila, 2013, p. 763-764.

2 Maurice Lever, *Donatien Alphonse François, marquis de Sade*, Paris, Fayard, 1991, p. 523.

3 Jean-Jacques Pauvert, ouvr. cité, p. 774.

décadence dans l'esprit des révolutionnaires. Le comité de surveillance de sa section, dans son rapport sur la conduite de Sade, l'accusera d'être un « homme très immoral ». Sur quelles bases s'appuyaient les anciens confrères du marquis ? Sur des commérages de *L'Espion anglais* et sur nul autre que Dulaure qui, trois ans plus tôt, avait fait de lui un ogre. Comme le conclut Maurice Lever, on n'a « trouvé d'autre charge contre lui que des ragots[4] ». En d'autres termes, la section même de Sade était incapable de prouver qu'il avait été un faux révolutionnaire.

Le scepticisme des biographes contemporains, par rapport à un Sade défenseur des valeurs républicaines, est peut-être mieux fondé. En effet, ces historiens ont pu avoir accès à la pensée intime de Sade à travers sa correspondance, un aspect de la vie de Sade qui était normalement fermé aux révolutionnaires, quoiqu'il ne soit pas possible d'en avoir la certitude, puisque le marquis exprime des craintes que ses lettres ne soient ouvertes. Paul Bourdin dans son édition des lettres de Sade souligne à maintes reprises la duplicité du personnage qui, dans ses lettres à son notaire, vitupère violemment contre les paysans de La Coste, alors qu'il joue au sans-culotte comme secrétaire de la section des Piques et qu'il est le rédacteur d'un panégyrique de Marat dans lequel il pleure son assassinat. Le jugement de Bourdin envers Sade est une condamnation sans appel : « L'enthousiasme révolutionnaire du marquis est certainement son plus beau mensonge, mais il n'est pas toujours aussi subtil et veut vraiment trop nous en faire accroire[5]. » Nous sommes au début des années 1930. Toutefois, avant cette époque, les surréalistes avaient développé une image beaucoup plus flatteuse du marquis. La voie avait été tracée par Apollinaire dans son édition de l'œuvre de Sade, limitée à un texte intégral et à certains extraits, entre autres de *Justine*, *Juliette*, *La philosophie dans le boudoir*.

Apollinaire n'a pu avoir accès à la correspondance du marquis que Paul Bourdin publia en 1929. Et à partir des sources dont il disposait, il n'a pas hésité à dire que Sade a été un partisan farouche de la liberté. Dès les premiers mots de son introduction, Apollinaire pose cette question : « Le Marquis de Sade a-t-il été la cause de la prise de la Bastille[6] ? » Il penche vers une réponse affirmative, bien entendu, en se

4 Maurice Lever, *Donatien François Alphonse, marquis de Sade*, ouvr. cité, p. 520.

5 Paul Bourdin, *Correspondance inédite du marquis de Sade, de ses proches et de ses familiers* [1929], Genève, Slatkine Reprints, 1971, p. XLIV.

6 Guillaume Apollinaire, « Introduction », *L'Œuvre du Marquis de Sade*, Paris, Bibliothèque des Curieux, 1909, p. 5.

basant sur les comportements tapageurs de Sade en 1789. Apollinaire affirme que Sade, vers la fin de juin 1789, avait crié de sa fenêtre de prison qu'on égorgeait les prisonniers et jeté des papiers qui incitaient la foule à venir les délivrer et que cela aurait poussé les badauds à assaillir la forteresse :

> En 1789, ayant connu la Révolution qui se préparait, le marquis de Sade commença à s'agiter, il eut des démêlés avec M. de Launay, gouverneur de la Bastille. Le 2 juillet, il eut l'idée de se servir en guise de porte-voix d'un long tuyau de fer blanc, terminé à une des extrémités par un entonnoir et qu'on lui avait donné pour vider ses eaux dans le fossé par sa fenêtre qui donnait sur la rue Saint-Antoine ; il cria « à diverses reprises qu'on égorgeait les prisonniers de la Bastille et qu'il fallait venir les délivrer ». À cette époque il n'y avait que fort peu de prisonniers à la Bastille, et il est assez difficile de démêler les raisons qui excitant la fureur du peuple le poussèrent justement contre une prison presque déserte. Il n'est pas impossible que ce soient les appels du marquis de Sade, les papiers qu'il jetait par sa fenêtre et dans lesquels il donnait des détails sur les tortures auxquelles on aurait soumis les prisonniers dans le château qui exerçant quelque influence sur les esprits déjà excités, aient déterminé l'effervescence populaire et provoqué finalement la prise de la vieille forteresse.
>
> Le marquis de Sade n'était plus à la Bastille. M. de Launay ayant conçu des craintes assez sérieuses (et cela n'irait pas contre l'hypothèse : le marquis de Sade cause du 14 juillet) avait demandé qu'on le débarrassât de son prisonnier [...][7]

Apollinaire ne met en doute à aucun moment la sincérité des actes du marquis, qui était « un vrai républicain, admirateur de Marat, mais ennemi de la peine de mort et ayant en politique des idées qui lui appartenaient[8] ». Non seulement Sade est-il guidé par un idéal républicain, mais il est aussi mû par une soif de liberté qui s'explique par le fait qu'il avait été une victime du despotisme royal : « Il [Sade] aimait par-dessus tout la liberté. Tout, ses actions, son système philosophique témoignent de son goût passionné pour la liberté dont il fut privé si souvent pendant le cours de ce que son valet Carteron appelait sa "chienne de vie"[9]. »

Apollinaire pose ainsi un jugement favorable sur l'ensemble de l'épisode révolutionnaire de Sade où sous la Terreur le marquis avait donné des preuves de son « humanité[10] ». Ce portrait d'un Sade embrassant

7 *Ibid.*, p. 9.
8 *Ibid.*, p. 10.
9 *Ibid.*, p. 16.
10 *Ibid.*, p. 17.

les grands idéaux de la Révolution s'est ainsi imposé au lectorat associé au Surréalisme. Ni Maurice Heine ni Gilbert Lely, les premiers à avoir établi des biographies scientifiques de Sade, n'ont mis en doute la profondeur de l'engagement de Sade, bien que ces deux bibliophiles aient eu accès, contrairement à Apollinaire, à la *Correspondance inédite de Sade* publiée par Paul Bourdin dès 1929.

En 1950, Gilbert Lely fait ainsi sortir le *Marquis de Sade* de Maurice Heine, à la suite de la mort de ce dernier en 1945. Maurice Heine n'ayant pas eu le temps d'élaborer la « Vie de Sade » qu'il projetait d'écrire, ce n'est donc qu'une ébauche biographique que Gilbert Lely livre au public. Toutefois, il fait peu de doutes pour Maurice Heine que Sade était loin d'être un simple opportuniste. Dans le « plan » de sa biographie, la période allant de 1790 à 1801 est intitulée « L'homme de lettres et *d'action*[11] ». Plus loin, dans les fragments que Maurice Heine a rédigés, il insiste sur l'idée d'un Sade qui s'engage à fond dans l'action politique et qui oublie ses origines nobles :

> Il ne songe pas cependant à aller s'enterrer en Provence et se contente de surveiller de loin l'administration de ses gérants. Il sent que sa place est à Paris au centre de l'activité politique, au cœur même de cette Révolution qui l'a fait libre. Qu'importent son nom, ses origines, ses anciens titres ? Il n'a de l'ancien régime connu que l'arbitraire, les destitutions, la prison : sortir de la Bastille, et dans les conditions que l'on sait, voilà qui sera désormais son certificat de civisme[12].

Pour ce qui concerne l'adhésion de Sade à la monarchie constitutionnelle par l'intermédiaire de Stanislas de Clermont-Tonnerre, Maurice Heine la conçoit ainsi : « une brève et fausse étape dans l'évolution politique de Sade : il aperçoit l'impasse où elle le mène [...], il achève résolument de dépouiller le vieil homme[13] ».

Cette image de Sade ne sera pas véritablement remise en question par Gilbert Lely dans sa propre *Vie de Sade.* Il est vrai que la méthode choisie par Lely est ancrée dans l'énumération des faits, étayés par des sources solides de première main. À propos des faits et de leur présentation avec des commentaires réduits au minimum, on peut lire ces phrases dans la

11 Maurice Heine, *Le marquis de Sade*, Paris, Gallimard, 1950, p. 304. Je souligne.
12 *Ibid.*, p. 321.
13 *Ibid.*, p. 321-322.

« préface » du second tome de la biographie ; elles donnent l'orientation générale de l'ouvrage :

> Or, si la dignité spécifique des faits, même à l'effleurement humain le plus obscur, est capable de produire une émotion de cette sorte chez le lecteur qui, selon le mot de Lautréamont, « ne voudrait pas pour tous les trésors de l'univers avoir fait des romans pareils à ceux de Balzac et d'Alexandre Dumas », nous oserons nous prévaloir de ce fétichisme du réel sur quoi repose notre méthode pour l'évocation d'un écrivain génial[14].

Par ailleurs, dès la parution du premier tome de la *Vie de Sade*, Gilbert Lely se prévalait de cet avertissement : « Il n'est jamais entré dans nos intentions, au cours de nos précédents travaux, non plus qu'en écrivant cet ouvrage, de "réhabiliter" le marquis de Sade[15] ». Depuis longtemps, il était clair pour Lely que Sade avait été « le défenseur irréductible de l'autonomie de l'individu » et qu'il avait lutté « contre toute servitude religieuse ou sociale[16] ».

On peut dès lors mieux comprendre la minutie avec laquelle Gilbert Lely rapporte le moindre geste de Sade sous la Révolution : ses tours de garde, ses actions comme commissaire ou comme témoin, rien n'est passé sous silence. Aussi se dégage-t-il des actes de Sade le portrait d'un homme d'action, profondément engagé au cœur du mouvement révolutionnaire.

Dans les années 1980, Jean-Jacques Pauvert qui venait de publier une biographie de Sade en trois volumes, revenait en détail sur l'anecdote de Sade ameutant la populace de la fenêtre de sa cellule à la Bastille. Or la conclusion de Pauvert sur cet événement reste somme toute assez prudente :

> Il ne sera dans doute jamais possible d'évaluer quelle influence purent avoir sur les événements les appels au peuple lancés le 2 juillet 1789 par M. de Sade. La Bastille était de toute manière le point de mire des émeutiers. Mais hurler dans un porte-voix à la foule surexcitée du faubourg Saint-Antoine qu'on égorgeait les prisonniers n'a probablement pas contribué à calmer les passions[17].

---

14 Gilbert Lely, *Vie du Marquis de Sade*, Paris, Gallimard, vol. 2, 1957, p. 7-8.

15 Gilbert Lely, *Vie du Marquis de Sade*, Paris, Gallimard, vol. 1, 1952, p. 9-10.

16 *Ibid.*, p. 10.

17 Jean-Jacques Pauvert, ouvr. cité, p. 727.

Bien qu'il soit difficile de trancher sur l'impact réel du geste de Sade, Pauvert en tire une indication fiable sur le caractère du marquis. Cet épisode illustre bien qu'il est « cet être que rien ne peut réduire », comme l'a affirmé le gouverneur de La Bastille, de Launay, lorsqu'il demandait le transfert du prisonnier dans une autre prison où il ne pût troubler l'ordre. Du coup, il devenait tout naturel de voir en Sade un révolutionnaire dans l'âme et il semble plus difficile de taxer d'hypocrisie ses comportements.

Toutefois, depuis l'époque de *Sade vivant*, l'engagement politique de Sade, aux côtés des sans-culottes parisiens, est l'objet de bien de questions. La publication de la biographie de Maurice Lever a ainsi marqué une étape essentielle dans la connaissance de l'homme. Grâce au travail de cet historien qui a mis au jour nombre de lettres inédites, il devenait plus difficile de prendre au sérieux la nouvelle identité de sans-culotte de Sade. Maurice Lever n'épargne pas l'image favorable du Sade ami du peuple et de la Révolution, et ce malgré une certaine sympathie évidente pour l'homme. Il n'accorde aucun crédit à ses actions de patriotisme dans lesquelles il ne perçoit qu'un jeu, qu'une « farce ». La lecture de Maurice Lever est ancrée dans une vision du marquis comme un grand comédien et moins comme un aristocrate cherchant à sauver sa tête. Pareillement à la grande débauche de Marseille où Sade était metteur en scène des orgies dans lesquelles il tenait le rôle central, de même sous la Révolution, il s'était donné, d'après Maurice Lever, en spectacle comme un sans-culotte. Une telle conclusion, basée dans une certaine mesure sur une extrapolation des jeux de rôles qui ont marqué la carrière libertine de Sade, soulève plus de questions qu'elle n'apporte de réponses. En effet, il est difficile de mettre sur le même plan une fantaisie sexuelle consistant à jouer le valet dans une orgie et des gestes sociaux concrets de prise de parole dans une assemblée ou de rédaction d'une pétition. Par ailleurs les simulacres auxquels se livrait Sade, comme ceux de Marseille, ne se produisaient que de manière sporadique. Or, les actions de Sade comme citoyen actif de sa section se caractérisaient par leur constance et leur durée : Sade a travaillé de manière presque ininterrompue pendant plus de trois ans pour la cause révolutionnaire.

La ligne d'interprétation adoptée par Maurice Lever évite d'aborder de front la question de la sincérité du marquis. Si, comme le veut l'historien, Sade se lance sur la scène de la Révolution comme il se lancerait sur la scène de son théâtre à La Coste, il faut avouer que c'est avec passion et conviction qu'il adopte ce rôle de sans-culottes. Qu'en est-il vraiment de ses sentiments profonds ? Finit-il, à force de jouer la comédie, par croire aux gestes qu'il pose et aux mots qu'il écrit ? Maurice Lever semble pencher vers une réponse négative, sans toutefois analyser de près la double persona du marquis de Sade.

Si Maurice Lever avait hésité à trancher de manière certaine, Laurence Bongie croit, lui, fermement que les actes de Sade ne révèlent pas l'ombre d'une sincérité. Alors que Maurice Lever a pu attribuer des couleurs ludiques à cette question, en évoquant la notion de théâtre, Laurence Bongie préfère souligner tout le sérieux des mensonges et de l'opportunisme du marquis. Ce dernier porte un double visage, l'aristocrate fier à outrance de ses origines et l'écrivain patriote. Celui-ci est un masque sans substance, et Sade en est parfaitement conscient. Dans le fond, à l'instar de Maurice Lever, mais sur un mode pathétique, Laurence Bongie interprète l'engagement de Sade comme une comédie pitoyable :

> Nous ne connaissons que trop bien dans notre propre siècle les dilemmes moraux agonisants imposés à l'intégrité individuelle par les formes les plus viles de la répression politique pour ne pas sympathiser avec la tentative de plus en plus désespérée du marquis de garder, simplement et littéralement, la tête sur ses épaules pendant ces moments de chaos. De façon ultime, la Révolution lui demandait de jouer un rôle difficile, sa plus grande imitation de toutes, et il le joua jusqu'au bout, mais d'une manière de moins en moins convaincante[18].

Pour Laurence Bongie, il ne fait ainsi aucun doute que Sade a fait preuve sous la Révolution, comme d'ailleurs il l'avait fait tout au long de sa vie, d'opportunisme. N'avait-il pas dès son adolescence réussi « à manœuvrer et à contrôler les autres[19] », à commencer par son propre père ? Ce serait donc avec une certaine dose de confiance en ses capacités de duper que Sade serait entré dans le jeu révolutionnaire.

Peu après la sortie de l'essai biographique de Laurence Bongie, Neil Schaeffer publie à son tour une biographie de Sade qui compte plus de cinq cents pages. En dépit de la longueur de ce texte et de la qualité de

18 Laurence Bongie, *Sade. Un Essai biographique*, trad. de *Sade. A biographical Essay* [1998], Montréal, Presses de l'université de Montréal, 2017, p. 315.

19 *Ibid.*, p. 298.

l'information, Neil Schaeffer reprend les conclusions de Maurice Lever et de Laurence Bongie, pour ce qui concerne l'épisode révolutionnaire de Sade. L'engagement politique du marquis se résume à une comédie et représente un exemple de la mauvaise foi qui caractérise ses relations avec autrui : « Sade appears to have enjoyed inventing his new persona of revolutionary hero. It was like playing a role in one of his plays, swearing to ideas he did not believe in, embellishing events into things they were not, denying things that had actually happened[20]. » [Sade semblait avoir été heureux de l'invention de sa nouvelle persona de héros révolutionnaire. C'était comme jouer un rôle dans l'une de ses pièces : il proclamait des idées auxquelles il ne croyait pas, il embellissait des événements pour en faire autre chose que ce qu'ils étaient, il niait des faits qui avaient eu lieu réellement.] (Ma traduction.)

Il convient d'examiner maintenant le point de vue des historiens spécialistes de la Révolution. Pour juger de l'action révolutionnaire de Sade, leurs analyses s'éloignent quelque peu des motivations purement psychologiques. L'analyse de Pierre Serna se situe sur ce plan. Ce n'est plus uniquement un goût individuel pour le simulacre ou une personnalité foncièrement égoïste et manipulatrice qui permettent de comprendre pourquoi un aristocrate tel que Sade a pu côtoyer de si près la sans-culotterie. Sade n'ayant pas été le seul noble à avoir été extrêmement actif sous la Révolution, il convient ainsi de saisir un tel engagement comme un phénomène social, celui du « déclassement nobiliaire », bien que ce ne soit pas tous les nobles ayant participé à la Révolution qui puissent être considérés comme des déclassés. C'est ce qui a poussé Pierre Serna à se pencher à la fois sur Sade et sur Mirabeau, rapprochement d'autant plus justifié que les deux hommes sont originaires de la Provence, « véritable laboratoire d'observation des mutations sociales[21] », et qu'ils subissent une fragilisation de leur statut à cause du retard économique propre au Lubéron d'où est issue une partie de leurs rentes. La Révolution aurait offert à Sade une possibilité de se reclasser, de freiner sa déchéance, à l'instar de ce que vivent à la même époque nombre de nobles de certaines régions du sud de la France, mais aussi de la Toscane et de la Castille[22]. L'opportunisme de Sade prend ainsi

20 Neil Schaeffer, *The Marquis de Sade. A Life*, New York, Alfred A. Knopf, 1999, p. 403.

21 Pierre Serna, « Sade et Mirabeau devant la Révolution », *Politix*, vol. 2, n° 6, 1989, p. 75.

22 *Ibid.*, p. 79.

une tout autre dimension. Si on insiste à réduire cet engagement à sa dimension psychologique ou personnelle, il devient difficile de ne pas y ajouter une dose de sincérité, puisque le phénomène de déclassement que décrit Pierre Serna est avant tout un réflexe profond de survie, qui s'accompagne d'une tentative d'adaptation. Une telle attitude de fuite en avant, pour ainsi dire, pour regarder vers les valeurs nouvelles, est en contradiction avec ce qu'on a appelé la réaction nobiliaire, catégorie dans laquelle on a peut-être trop rapidement enfermé Sade.

Sous la Révolution, compte tenu des circonstances dramatiques que vivait Sade, tant comme individu complexe et déconcertant, que comme représentant d'une classe ayant perdu ses repères, il me semble qu'on ne peut condamner trop rapidement ses actions et ne voir dans sa participation aux événements révolutionnaires qu'hypocrisie, mascarade lamentable ou mauvaise foi viscérale.

Si déguisement il y a, comme le pensait Maurice Lever, on peut se poser des questions sur les raisons qui ont mené Sade à choisir cet habit de révolutionnaire radical. Pourquoi avoir choisi la sans-culotterie bourgeoise et de plus en plus populaire de sa section, plutôt que de continuer à s'accrocher à la monarchie constitutionnelle, bien que cette dernière soit devenue une impasse en 1792 ? Mais pour certains aristocrates, la monarchie devait survivre à la mort du roi. Ceux-là ont choisi la route de l'émigration ou de la contre-révolution. Sade aurait pu aussi fuir en Angleterre, comme il l'avait fait autour de 1760, alors qu'il tâchait d'échapper aux conséquences néfastes d'un duel. Malgré sa mauvaise réputation outre-manche, un tel exil était toujours possible. À défaut de Londres, il restait l'Italie où ses actes criminels ne défrayaient pas les conversations des salons. Ainsi Sade aurait pu opter, s'il avait tant désiré préserver les prérogatives liées à son rang, pour Florence où il avait développé de solides liens d'amitié avec le Dr Mesny, le médecin militaire de Léopold, ou se tourner vers Naples où Ferdinand lui aurait proposé d'entrer à son service[23]. L'enquête de Pierre Serna apporte, comme nous l'avons vu plus haut, des éléments importants de réponse pour comprendre le choix de Sade de s'insérer dans les milieux révolutionnaires.

23 Voir : Valerio Cantafio Casamaggi et Armelle St-Martin, *Sade et l'Italie*, Paris, Desjonquères, 2010. Et plus récemment : Valerio Cantafio Casamaggi, « Les Voyages d'Italie », dans *Sade, un athée en amour*, Michel Delon (dir.), Paris, Albin Michel, 2014, p. 65-76.

Pour ma part, j'aimerais compléter ce tableau des motivations de Sade par des considérations qui sont inspirées, comme chez Pierre Serna, par un contexte plus large que celui de la personnalité de Sade, à savoir la contingence des événements historiques et la nature même de la section dans laquelle Sade s'était engagée, la section de la Place-Vendôme, devenue plus tard la section des Piques. Au sein de cette section, Sade a pu développer des liens d'amitié avec une classe particulière d'hommes, celle des banquiers étrangers. Certains d'entre eux avaient un poids politique important au sein de la section et plus largement dans la Révolution. De fait, grâce aux banquiers, la sans-culotterie a pu représenter pour Sade une solution possible d'insertion sociale. La seule, par ailleurs, qui lui soit demeurée ouverte en France, compte tenu du rôle ambigu du père comme modèle et contre-exemple.

L'HÉRITAGE PATERNEL BIEN ENTENDU

Avec la monarchie constitutionnelle reléguée aux oubliettes et sa volonté de ne pas prendre la route de l'émigration pour des raisons économiques[24], Sade avait peu de choix devant lui, outre d'embrasser la cause jacobine. L'influence du père, le comte de Sade, sera déterminante dans la décision du marquis d'endosser officiellement la carrière d'écrivain, métier qui le conduirait naturellement à mettre ses talents au service de sa section. Sade est un écrivain de la Révolution aussi bien qu'un dramaturge ou un romancier licencieux. Malheureusement, plusieurs biographes se sont concentrés essentiellement sur ces deux derniers aspects de sa vie, en l'occurrence celui de l'homme de lettres qui multiplie les efforts pour faire jouer ses pièces ou qui inonde le marché clandestin de ses œuvres pornographiques[25].

---

24 Tous ses biens sont ses terres de Provence et elles auraient été immédiatement mises sous séquestre s'il avait quitté le pays. Émigrer aurait signifié conserver l'aura de prestige attachée à ses titres de noblesse, mais cela aurait ouvert sous ses pas un abîme d'incertitudes financières.

25 Jean-Christophe Abramovici a insisté sur la polyvalence de la plume de Sade dans *Encre de sang : Sade écrivain*, Paris, Classiques Garnier, 2013.

L'influence du père de Sade a eu un impact essentiel sur les choix conscients du marquis. Laurence Bongie a démontré toutefois que la mère de Sade n'était pas aussi absente de la vie de son fils, comme on l'avait cru jusqu'à présent. Éléonore de Maillé de Carman a eu certainement une grande influence sur la personnalité de son fils. Pour Laurence Bongie, l'arrogance du marquis, sa fierté et sa conscience aigüe d'appartenir à une caste à part forment l'héritage maternel. Ce dernier explique la persistance du marquis à persévérer dans la voie criminelle et à refuser de se réformer, car il a acquis très tôt l'idée que les hommes de son rang étaient au-dessus des autres et de leurs lois[26]. Une telle personnalité ne pouvait logiquement s'abaisser à côtoyer un peuple de sans-culottes. Chez Sade, le sentiment d'appartenir à une race à part a été fort présent de l'enfance à l'âge adulte. Ce trait de caractère s'est exprimé sans complexes à nombre d'occasions dans son traitement impitoyable des prostituées, mais aussi dans l'univers fictionnel et finalement dans la correspondance. C'est là que les biographes aiment choisir leurs exemples pour illustrer à quel point Sade était dédaigneux du peuple et le percevait avec le regard hautain de l'aristocrate. Avant la Révolution, n'avait-il pas écrit, par exemple à Gaufridy : « J'ai reconnu que tous les Costains étaient des gueux à rouer, et certainement je leur prouverai un jour mon mépris et ma façon de penser. Je vous assure qu'on les rôtirait tous l'un après l'autre que j'en fournirais les fagots sans sourciller[27]. »

Malgré tout, c'est dans un milieu populaire que Sade va se fondre. Sade n'oublie toutefois pas qu'il est noble, il ne s'en cache pas toujours et trouve même le courage d'en plaisanter. En 1799 dans une lettre au conventionnel Goupilleau de Montaigu pour solliciter en faveur de sa radiation de la liste des émigrés, il écrit « faites-moi rayer, je vous en supplie, noble ou non, qu'importe[28] ». Quelques années plus tôt, quand il jouissait « d'un grand crédit » dans sa section, il écrivait à Gaufridy à propos de ses beaux-parents qui demandaient qu'on levât le scellé chez eux : « je suis au moment d'être nommé commissaire pour cette levée

26 Laurence Bongie, ouvr. cité, voir le chapitre « Des droits féodaux et de la loi de la nature », p. 316-329.

27 Maurice Lever, *Donatien Alphonse François, marquis de Sade*, ouvr. cité, p. 297-298.

28 Guillaume Apollinaire, « Introduction », *L'Œuvre du Marquis de Sade*, Paris, Bibliothèque des Curieux, 1909, p. 52.

de scellé, et je vous réponds que si j'y trouve de l'aristocratie, comme cela n'est pas douteux, je ne les épargnerai pas[29]. »

La Révolution offre à Sade une belle occasion de se forger une nouvelle identité qui réconcilie plusieurs facettes de sa personnalité. Le métier d'homme de lettres correspond à ses goûts profonds. Certes il lui permet de vivre des fantasmes extrêmes mais lorsqu'il met sa plume au service de la Révolution, comme nous le verrons plus loin en détail, il faut voir dans ce geste un désir d'insertion sociale. J'aimerais également mettre en évidence que le fait d'écrire des textes qui suscitent l'approbation publique rapproche Sade de ce qu'a été son père tout au long de sa vie. Dans les lignes qui suivent, je reviendrai sur l'héritage paternel pour tâcher d'expliquer que le désir du marquis d'être accepté par l'élite sans-culotte a des fondements sincères, compte tenu des échecs de son père dans une carrière de courtisan à la cour, tandis qu'il parviendra à briller comme homme de lettres. De plus, j'éclairerai une autre facette du père qui jusqu'ici a suscité peu de commentaires : ses liens avec la haute finance d'Ancien Régime. Aussi, lorsque Sade s'inscrit dans la section de la Place-Vendôme, ce n'est pas un pur hasard si le groupe d'hommes vers lequel il est naturellement attiré est celui des riches banquiers.

L'écriture a été la seule activité dans laquelle le comte de Sade, le père du marquis, a pu trouver une satisfaction durable et profonde. Sa carrière diplomatique a été un cuisant échec. Il en a été de même de sa fonction de courtisan. Toutes les avenues offertes à la haute noblesse ont été pour lui des voies sans issue. L'écriture a été pour lui une planche de salut, une voie d'affranchissement et une consolation. Bien qu'il n'ait jamais connu la gloire d'un Voltaire, il pouvait au moins dans ce domaine se targuer de quelques réussites.

Le comte a produit une œuvre relativement abondante. Il a touché à tous les genres : poésie, comédie, tragédie, héroïde, nouvelle, conte, traité de philosophie et de morale. Maurice Lever conclut que le comte de Sade écrit « beaucoup, mais par amusement, en dilettante, sans surtout en faire profession, car ce serait déchoir[30] ». Vers la fin de sa vie, renonçant au libertinage, il se met tout particulièrement à la composition d'ouvrages de morale et de politique qu'il destine à son fils. Dans ces

29 Paul Bourdin, ouvr. cité, p. 333.
30 Maurice Lever, *Donatien Alphonse François, marquis de Sade*, ouvr. cité, p. 36.

textes, il s'adresse, à de nombreuses reprises, directement à Donatien : « [q]ue ces traits servent, mon fils, à vous donner l'idée du pays qu'il faut habiter pour faire fortune[31] », peut-on lire par exemple.

Bien que Sade ait conservé minutieusement les manuscrits de son père, qu'il corrigeait avec un soin presque religieux, ce sont surtout les conversations passionnées du comte avec son fils sur les ouvrages de sa bibliothèque qui auront une influence capitale sur Sade et sur sa décision de se consacrer à l'écriture : « Combien de lectures paternelles, écrit Maurice Lever, sont ainsi passées dans l'héritage culturel de Donatien[32] ! »

La bonne fortune du père en littérature aura incité le fils à poursuivre dans cette voie, et les échecs du comte dans une carrière à la cour auront eu le même effet. Le comte n'a jamais réussi à se hisser au rang d'un grand courtisan, il ne réussira jamais ainsi à obtenir des postes importants (et lucratifs) ni au sein de l'armée ni au sein de la diplomatie. Toute sa vie, il restera un simple petit-maître. Cet échec est d'autant plus pénible à porter pour le comte que le nombre de ses quartiers de noblesse, ainsi que son mariage avec une princesse du sang, auraient dû lui donner accès aux plus grands privilèges associés à la royauté. Or, sa cupidité ayant entaché très tôt sa réputation[33], il connaîtra un certain ostracisme social à la cour de Versailles. Le comte mettra d'ailleurs son fils en garde contre celle-ci et « ses fausses séductions, ses mensonges, ses contraintes, ses dangers[34] ». Pour le marquis, une carrière à Versailles conforme à son rang n'était pas envisageable. L'amertume du père envers la cour s'était transmise au fils et faisait en sorte que ce dernier n'éprouvait que du mépris pour l'entourage immédiat du roi. Par ailleurs la mauvaise réputation des Sade (aussi bien celle du comte que la sienne propre) lui avait fermé les portes des hautes charges civiles et militaires ; que Donatien l'aurait souhaité, le roi ne lui aurait jamais accordé une charge importante.

La passion du comte pour les belles-lettres et son rejet de la cour auront pesé dans la décision de Sade d'embrasser officiellement l'écriture, lorsqu'il sortira de prison. La Révolution avait opéré un changement

31 D.A.F. de Sade, *Écrits politiques*, Maurice Lever éd., Paris, Éditions Bartillat, 2009, p. 78.

32 Maurice Lever, *Donatien Alphonse François, marquis de Sade*, ouvr. cité, p. 38.

33 Aux yeux de la cour, il avait déserté son poste d'ambassadeur, tout en continuant à percevoir son traitement. Voir : Maurice Lever, *Donatien Alphonse François, marquis de Sade*, ouvr. cité, p. 50-54.

34 Lever, Sade, p. 457.

radical des valeurs. Le concept de dérogation était dorénavant caduc et les écrivains avaient un statut social enviable. Si les succès du comte dans cette carrière se limitaient à la sphère familiale et au cercle de quelques bonnes connaissances dont Voltaire, Sade pouvait espérer, avec ses écrits, une reconnaissance publique. Il avait déjà commencé à écrire abondamment en prison. Mais à ce moment le geste de prendre la plume n'avait pas la même valeur que lors de sa libération. Durant son enfermement l'écriture était avant tout un exutoire et un moyen de ne pas sombrer dans la folie. En 1789, sa plume lui permettait de mettre fin pour de bon à son exclusion.

Il était tout à fait normal, lorsque l'histoire avançait trop vite, comme lors de la nuit du 10 août, que Sade se tournât vers le passé. Et encore ce n'était pas l'absolutisme royal qu'il regrettait, mais l'époque où les seigneurs avaient un véritable pouvoir et « vivaient despotiquement sur leurs terres[35] ». *La philosophie dans le boudoir*, qui peut être lue comme la synthèse sadienne entre la pensée féodale et la pensée révolutionnaire, trahit la conviction de Sade que l'aristocratie est un « corps intermédiaire » pour limiter le despotisme royal[36], tout en présentant un éloge de l'énergie républicaine qui trouve sa source dans les passions plutôt que dans les vertus. Si Sade a pu développer une telle vision politique, c'est qu'il n'oubliait jamais entièrement ses origines aristocratiques, comme le souligne Béatrice Didier.

Nous verrons que Sade a tenté de revivre *exactement* cet âge d'or, mais avec les outils que lui offrait le capitalisme naissant. Pour ce faire, Sade a dû s'appuyer sur de nouvelles connaissances : des banquiers qui évoluaient au cœur du pouvoir révolutionnaire. Sur ce plan, l'influence du père a aussi joué un rôle. Le père de Sade, à l'époque où il était ministre plénipotentiaire à la cour de Bonn, s'était lié d'amitié avec nul autre que François Poisson, l'un des plus riches financiers de Paris. En prévision de sa mission à Bonn, il avait écrit au comte de Sade ; sur place, il avait été enchanté de l'accueil que lui avait réservé le comte et il n'avait pas tari d'éloges envers Jean-Baptiste. En effet, celui-ci l'avait reçu comme un égal et non pas avec le mépris que les grands de la noblesse réservaient

35 Sade, *La Châtelaine de Longeville*, cité par Maurice Lever, *Donatien Alphonse François, marquis de Sade*, ouvr. cité, p. 458.

36 Béatrice Didier, *Écrire la Révolution. 1789-1799*, Paris, Presses universitaires de France, 1989, p. 27.

habituellement aux gens d'affaires, et ce peu importe l'étendue de leur fortune ou le poids de leurs relations à la cour. Il est vrai que le marquis n'aura pas de mots assez durs plus tard dans sa vie pour qualifier ces hommes fraîchement anoblis et qui ne devaient leurs titres qu'à leur immense richesse. En ce qui concerne le comte de Sade, l'amitié spontanée qui s'était développée entre lui et Poisson devait aussi avoir sa source dans le goût prononcé des deux hommes pour le libertinage ; et le comte de Sade avait vu en Poisson un alter ego et non pas un simple munitionnaire, en mission à Bonn. Le fait que Poisson était au service des Pâris, les financiers les plus riches du royaume, pouvait aussi avoir eu une influence sur le comte.

Une lettre de François Poisson, découverte il y a quelques années par Laurence Bongie, témoigne de la profondeur des sentiments du fournisseur, au service de Pâris-Duverney, pour le comte de Sade, au point de vouloir introduire ce dernier dans le cercle de la haute finance parisienne en lui faisant prendre comme banquier nul autre que le richissime Pâris de Montmartel, banquier du roi et garde du trésor royal : « Monsieur Lenormant, fermier général à Paris [...] a grande envie de faire votre connaissance et de boire avec vous, ainsi que Monsieur Pâris de Montmartel que vous devez prendre pour votre banquier, et ce pour raison à moi connue[37]. »

Cette lettre date du début de l'année 1742 et Maurice Lever, pour sa part, a retrouvé deux autres lettres de François Poisson au comte de Sade, de l'année 1746. Le ton amical, ainsi que le désir du financier d'être utile au comte sont demeurés intacts[38]. Et il faut surtout mentionner qu'on trouve dans ces lettres la confirmation que le comte a côtoyé de façon assidue ces trois maîtres de la finance et de la banque que sont Poisson, Lenormant de Tournehem et Pâris de Montmartel. Cette amitié est scellée dès le début dans le libertinage et elle continuera au cours des années qui suivent, comme le prouve la lettre de François Poisson au comte de Sade datée du 27 janvier 1746. Poisson fait parvenir à son ami cette invitation qui est loin d'être innocente :

> C'est bien moi, Monsieur, qui ne fais qu'un cri après vous, et sans le bonhomme Marchand, je ne saurais si vous êtes au monde. M. de Tournehem est

37 Laurence Bongie, ouvr. cité, p. 46.

38 Maurice Lever, *Bibliothèque Sade (I)*, ouvr. cité, p. 390 et p. 396.

> arrivé hier de Marly ; il y retourne demain matin, mais le roi devant aller le 6 février à Choisy jusqu'au 12, nous serons alors un peu sédentaires. *Il faut qu'alors vous veniez absolument souper avec nous*[39].

Une invitation à souper en compagnie de M. de Tournehem ne peut que se terminer par une partie de libertinage. Jean Pâris de Montmartel et Charles-François Lenormant de Tournehem sont connus pour avoir partagé les faveurs de Mme Poisson et nombre de rumeurs circulent sur le véritable père biologique de Mme de Pompadour. On peut facilement imaginer que le comte, lui aussi fort libertin, n'aurait eu aucun scrupule à prendre part avec ces deux hommes à quelque souper galant, pratique fort courante dans les milieux aisés de l'époque. Pour retourner à ce qui nous occupe ici, je dois rappeler que Tournehem est un fermier général et ce titre le lie bien entendu non seulement à toute la finance publique du royaume, mais aussi à l'univers de tous les autres manieurs d'argent, en premier lieu les banquiers.

L'amitié qui liait le comte de Sade à François Poisson et à Pâris de Montmartel durera de nombreuses années, car environ dix ans plus tard, en 1756, le comte évoquait les différents services qu'il avait rendus à François Poisson afin que le marquis de Poyanne – commandant en chef des carabiniers et appartenant au parti de Mme de Pompadour – accepte de recevoir Donatien, âgé de seize ans, dans son corps, en dépit du fait que la taille de celui-ci n'atteigne pas les cinq pieds deux pouces requis[40].

C'est seulement la mort de Poisson en juillet 1754[41] qui mit un terme à l'amitié des deux hommes. Et dans les nouvelles que le comte donne du train de vie de la cour, il mentionne la fin prochaine de son ancien compagnon de débauche : « Le père de Pompadour est condamné des médecins : il a de l'eau dans la poitrine[42]. »

Les liens qui ont uni le père du marquis de Sade à Montmartel ont aussi résisté à l'épreuve des années et à la disgrâce du comte. En effet, lorsqu'il fut question de marier Donatien en 1763, le comte avait consulté Pâris de Montmartel en personne : « Hier, écrit-il à son frère l'abbé, j'allai voir M. de Montmartel qui connaît le bien de tout le monde. » À lire la suite de la conversation, rapportée par le comte, le banquier ne

39 *Ibid.*, p. 390. Je souligne.
40 Maurice Lever, *Donatien Alphonse François, marquis de Sade*, ouvr. cité, p. 84.
41 Maurice Lever, *Bibliothèque Sade (I). Papiers de famille*, ouvr. cité, p. 611.
42 *Id.*

fait grâce à son ami d'aucun détail sur la fortune des familles auxquelles Donatien pourrait se lier par un contrat de mariage :

> Il [M. de Montmartel] m'a dit que Mme de Launay avait plus de cent dix mille livres de rente qu'elle ne mangeait pas, que M. de Montreuil aurait au moins quatre-vingts mille livres de rente à sa mort, en comptant le bien dont il jouit aujourd'hui, que Mme d'Azy n'ayant point d'enfant, sa part se partagerait et qu'il en aurait le tiers, qu'il aurait encore beaucoup de sa femme et qu'il voyait à vue de pays que les enfants de M. de Montreuil auraient de vingt à vingt-cinq mille livres de rente, sans les accidents, que ce n'était pas un bien en l'air, sujet à des révolutions comme celui de tous les gens d'affaires, qu'il aimait mieux les cinq ans de nourriture que cent mille francs de plus [...][43]

La lettre se poursuit sur un ton d'amitié sincère et on lit derrière les paroles du banquier le désir de se rendre utile à son ami, en lui prodiguant les meilleurs conseils financiers dans le choix d'une épouse pour son fils.

Le comte de Sade avait ainsi bel et bien accepté l'invitation de François Poisson qui lui avait recommandé quelque vingt ans plus tôt de prendre Pâris de Montmartel comme son banquier. Et il est à peu près certain qu'il avait, au cours de l'initiation du jeune Donatien aux plaisirs, évoqué son amitié avec ces libertins les plus fameux mais aussi les plus riches et les plus puissants de France, voire d'Europe, car comme l'affirme Maurice Lever, « combien de récits, de souvenirs, de rencontres, d'anecdotes, de confidences, auront glissé subrepticement de la mémoire du père à celle du fils[44] ! » Très tôt, Sade aura compris que le libertinage peut être intimement associé au milieu des affaires, et surtout que ceux qui appartiennent à ce monde sont aussi bien, sinon mieux, placés que la noblesse pour assouvir impunément leurs désirs.

Les Guzman ou les Proli que Sade a connus en sortant de prison n'étaient pas des figures totalement inconnues de son imaginaire. Le libertinage dans lequel ils trempaient, et leur immense fortune correspondaient au cercle de François Poisson que le comte de Sade avait côtoyé. Les récits du père ont eu un impact d'autant plus important sur le jeune Donatien qu'à cette époque de son adolescence, le comte était redevenu un simple petit-maître à qui était fermé toutes les portes des hautes charges. Nostalgique du temps où le plus riche financier de Paris

43 Cité par Maurice Lever, *Donatien Alphonse François, marquis de Sade*, ouvr. cité, p. 110.
44 Maurice Lever, *Donatien Alphonse François, marquis de Sade*, ouvr. cité, p. 38.

le comblait de ses politesses, il devait embellir ses récits, tant pour se consoler lui-même que pour impressionner son fils.

Aussi en dépit de ses préjugés de caste, hérités certainement de sa mère, Sade, à la fin de sa longue détention, a compris que les riches banquiers de sa section pouvaient lui être utiles afin d'acquérir finalement une aisance financière qui lui permettrait de réaliser ses plus doux désirs. Il a probablement pensé que lui, contrairement à son père, ne laisserait pas passer une telle chance. Chance d'autant plus importante à saisir que toutes les anciennes institutions venaient de s'écrouler et que la France était dorénavant ouvertement menée par la haute bourgeoisie, à commencer par celle des gens d'affaires. À partir de 1789, comme le souligne Jean Bouvier, les banquiers, comme Perregaux – il appartient à la même section que Sade – sont ouvertement à la tête du financement de l'État avec la disparition de la finance d'office[45]. Forts de leur nouveau prestige social, ils font entendre leurs voix dans les comités de la section de la Place-Vendôme.

Et si Sade a pu réussir à endosser son habit de révolutionnaire, c'est qu'il était socialement bien intégré dans les cercles de sa section, et en particulier dans celui des gens d'affaires. L'héritage paternel que je viens de décrire étaye cette hypothèse et il devient nécessaire de nuancer la thèse voulant que Sade ait joué une comédie sous la Révolution et que son engagement était uniquement dicté par un réflexe de survie. Sous la Révolution, c'est parmi les banquiers étrangers que Sade a pu tisser de véritables liens, certes d'intérêt, mais d'amitié aussi. Il est probable que le calcul matériel et l'affinité naturelle étaient tous deux présents dans ses relations avec un banquier aussi puissant que Guzman, mais l'essentiel est que Sade ait su nouer un dialogue avec eux, au point de les imiter dans ses investissements financiers.

Plusieurs raisons poussent donc à croire que l'engagement de Sade dans la Révolution contenait une bonne dose de sincérité. D'ailleurs, Béatrice Didier avait de manière convaincante écarté l'hypothèse que l'engagement de Sade relevait de l'opportunisme. En effet, « les textes révolutionnaires de Sade sont trop en conformité avec les thèmes fondamentaux de sa pensée pour qu'on puisse y voir des œuvres de circonstances[46] ».

---

45 Jean Bouvier, *Finances et financiers de l'Ancien Régime*, Presses universitaires de France, 1964, p. 119.

46 Béatrice Didier, *Écrire la Révolution. 1789-1799*, ouvr. cité, p. 23.

Comment expliquer alors la persistance de la critique à faire de Sade un faux révolutionnaire ? Ce portrait monolithique vient en partie du fait que certains biographes ont procédé à une analyse trop rapide de la section dans laquelle Sade s'était engagé. Débutons donc par l'examen historique de celle-ci afin d'y voir clair.

LA SECTION DE SADE

Entre piques et finance

DE LA PLACE-VENDÔME ET DES PIQUES

Les historiens, sous l'impulsion d'Albert Soboul, ont creusé la question de l'implication du petit peuple dans la Révolution. Grâce à leurs travaux, il est possible de mettre un nom, un visage, un parcours sur des êtres qui par leur action, prise collectivement, ont influencé le cours de la Révolution. Sur ce plan, l'histoire des sections et des hommes qui les ont composées a contribué à élargir notre champ de connaissance de l'histoire, trop souvent limité à celui de grands noms. Si le menu peuple perdait, en 1985, au moment où Raymonde Monnier et Albert Soboul publiaient le *Répertoire du personnel sectionnaire parisien en l'an II*, son caractère de « menu », mais aussi de masse informe, les diverses sections de Paris acquièrent de même, sous la plume de ces deux historiens, une présence réelle. Leurs descriptions précises mettent au jour les nuances idéologiques, les confrontations qui animent les sections et qui font d'elles un corps vivant qu'on ne saurait réduire à un seul qualificatif. Les biographes de Sade sont souvent tombés dans ce piège et pour eux la section des Piques est synonyme de section radicale. Maurice Lever n'a ainsi semblé retenir de la section au sein de laquelle évoluait Sade que cette dernière image. Ne portait-elle pas le nom de section des Piques ? On a tous à l'esprit les images atroces de la prise de la Bastille et de ces têtes portées sur des piques par le peuple[1]. Par ailleurs, n'était-ce pas la section de Robespierre ? Toutefois, si on se rappelle que cette section n'a pas toujours porté ce nom, les choses commencent à se brouiller. Cette section subira tout au long de son existence une évolution politique. Et

1 La pique est un symbole populaire en l'An II et renvoie au sans-culotte.

ceci est essentiel pour brosser une vue d'ensemble de l'engagement de Sade dans l'effort révolutionnaire.

Au départ, la section de Sade portait pour nom section de la Place-Vendôme ; elle est devenue en septembre 1792 section des Piques, suite au changement de nom de la Place-Vendôme transformée en Place des Piques, peu après les horribles massacres de septembre. Finalement, et de façon significative, elle reprit son nom d'origine après la chute de Robespierre.

Soulignons d'emblée qu'au moment où Sade entra dans le jeu révolutionnaire, la section où il s'inscrivit à proximité de sa résidence est une section modérée composée en grande partie d'une population extrêmement aisée. La section de la Place-Vendôme, située près de la Bourse, cœur du riche quartier des affaires, grouillait de banquiers, d'agents de change et de financiers. Jean-Jacques Pauvert souligne que cette section « était l'une des plus riches de la capitale[2] ». On peut dès lors comprendre, comme Pauvert ajoute plus loin, que : « La Place-Vendôme fut en tout cas une des sections qui accueillirent favorablement les rumeurs d'apaisement qui coururent quelque temps le 9 août au soir[3]. » Ces gens d'affaires, par la nature de leurs activités professionnelles, devaient voir d'un mauvais œil tout changement politique brusque, toujours déstabilisant pour les activités économiques. Guy Chaussinand-Nogaret souligne que le « maximum d'audace » dont firent preuve la très grande majorité des financiers fut d'adhérer à la monarchie constitutionnelle : « La monarchie constitutionnelle est, aux yeux des plus libéraux, le point final de la Révolution[4] », conclut-il. On voit mal comment les citoyens de la Place-Vendôme auraient pu totalement embrasser la cause des sans-culottes.

L'opinion d'Henry Heller diffère quelque peu de celle de Guy Chaussinand-Nogaret, probablement parce que le premier s'est attaché tout particulièrement à l'action des banquiers privés et non des financiers, quoique les deux catégories se recoupent à bien des égards. Pour Henry Heller, ces banquiers dans l'ensemble ont soutenu la Révolution en 1789, tout en étant les piliers financiers de l'Ancien Régime[5]. Celle-ci

---

2 Jean-Jacques Pauvert, *Sade Vivant*, éd. citée, p. 777.

3 *Ibid.*, p. 813.

4 Guy Chaussinand-Nogaret, *Gens de finance au XVIIIe siècle*, Bordas, 1972, p. 130.

5 Henry Heller, art. cité, p. 187.

leur offrait une occasion de rehausser leur statut social et économique. L'attitude du banquier Jauge, aide de camp de La Fayette, lors des journées tumultueuses des 5 et 6 octobre qui ont vu le roi être ramené à Paris au milieu de la populace, fut à cet égard éloquent. Le comte de Salmour, ministre plénipotentiaire de Saxe dans sa dépêche du 9 octobre soulignait que l'assurance avec laquelle Jauge avait pénétré le cabinet du roi dépassait celle d'un duc et pair ; aux yeux de l'ambassadeur, le ton autoritaire avec lequel le banquier s'adressa à un ministre du roi était inconcevable pour un roturier :

> Représentez-vous un M. Jauge, banquier, un des aides de camp de M. de la Fayette, entrant dans le cabinet du Roi, comme n'aurait pas fait autrefois un duc et pair, et disant au comte de Montmorin, ministre : « j'ai vu qu'on n'a pas laissé entrer votre voiture dans la cour, c'est que j'avais donné des ordres pour qu'on tînt les portes fermées ; dans ces circonstances, il faut apprendre à souffrir ; une autre fois, si je sais l'heure où vous venez, j'ordonnerai qu'on vous laisse passer. »
>
> Ma tête, conclut l'ambassadeur, ne peut pas encore se faire à ce bouleversement d'idées[6]...

Pour Jean-Jacques Pauvert, qui s'appuie sur les enquêtes de Fritz Braesch, la section de la Place-Vendôme, au moment de la chute de la royauté était certainement « démocrate modérée, sinon conservateur modérée[7] ». Dans *The Making of an Insurection. Parisian Sections and the Gironde*, l'historien Morris Slavin pense de même. Bien que les commentaires de tous les spécialistes de la Révolution française ne coïncident pas parfaitement, il est clair qu'ils tendent vers cette conclusion : la section serait loin d'être radicale, tout au plus, elle serait généralement démocrate ou, à l'opposé du spectre politique, elle serait aristocratique[8]. De telles tendances cadrent parfaitement avec les convictions politiques de la population riche qui formait la majorité des habitants du quartier : aux côtés des agents d'affaires et des banquiers, on trouvait aussi des gens de professions libérales et de riches familles nobles[9] dont les Montreuil.

Cette situation a évolué au cours du déroulement de la Révolution car on trouvait plutôt au sein de la section, en l'an II (22 septembre

6 Albert Mathiez, *Les grandes journées de la Constituante* [1913], Paris, Hachette, 1989, p. 75.
7 Jean-Jacques Pauvert, *Sade Vivant*, éd. citée, p. 813.
8 *Ibid.*, p. 777.
9 *Id.*

1793 – 21 septembre 1794), une majorité d'artisans (sellier, perruquier, imprimeur, horloger, etc.), d'après les renseignements que l'on peut tirer du *Répertoire du personnel sectionnaire parisien en l'an II*, d'Albert Soboul et de Raymonde Monnier. Ces gens, de moyenne et basse bourgeoisies, étaient très présents dans les comités de la section[10], en l'occurrence les postes clés du pouvoir politique. À cette époque, les hommes de la finance apparaissent très peu dans les procès-verbaux de la section : peu de noms figurent à la tête des comités, voire dans la liste des militants établie par Soboul et Monnier. Cela ne signifiait pas pour autant qu'ils ne participaient pas à l'effort révolutionnaire, mais leur présence générait un certain malaise ; François Mangin, par exemple, membre du comité civil, se plaignait (les 20 et 25 messidor an II) « qu'il y avait beaucoup de gens fortunés dans les emplois et même dans les comités de section[11] ». En effet, comme nous le verrons plus loin, les attaques contre les riches banquiers et une méfiance générale à leur égard avaient pris la forme d'une courbe ascendante entre les premières années de la Révolution et la chute de Robespierre. En l'occurrence, le constat de François Mangin devait être encore plus vrai entre 1790 et septembre 1792, avant donc ce qu'on a appelé « la radicalisation de la section », donc avant le 13 vandémiaire an II (4 octobre 1793) où elle passe à l'insurrection et ne soutient plus la Convention[12]. Sade sera arrêté quelques semaines plus tard, le 8 décembre 1793.

La section de la Place-Vendôme a toujours voulu conserver une certaine autonomie par rapport à la Commune et la Convention. L'exemple qui suit, celui de son action dans la crise monétaire, montre bien son indépendance face aux pouvoirs centraux et son désir de s'autogérer, et il constitue aussi un témoignage probant de la présence active des banquiers qui mirent leurs compétences au service de la section. En mai 1791, la Place-Vendôme avait établi sa propre caisse patriotique pour la distribution des assignats, dirigée par trois banquiers[13]. Mais un peu plus d'un an plus tard, des conflits ont surgi entre la section et le

10 Raymonde Monnier et Albert Soboul, *Répertoire du personnel sectionnaire parisien en l'an II*, Paris, Publications de la Sorbonne, 1985. Voir p. 83-90.

11 *Ibid.*, p. 84.

12 *Ibid.*, p. 83.

13 « Établissement d'une caisse patriotique pour subvenir à la rareté du numéraire », *Extrait du registre des délibérations de l'assemblée générale de la section de la Place-Vendôme. Du vendredi 27 mai 1791*, Paris, Imp. Du Postillon, s. d.

directoire sur cette question. La section a résisté à toute tentative ayant pour objet de la départir de cette fonction de distribuer des assignats. Le 14 octobre 1792, l'Assemblée générale, sous la présidence de nul autre que Guzman, ce proche de Sade, avait reçu le compte rendu de deux de ses citoyens, élus commissaires, qui avaient porté au directoire du département le vœu de la section « à l'effet qu'il ne soit pas établi de Bureau pour la distribution des coupures d'assignats, et qu'elle continue à se faire dans les sections, par les commissaires par elles désignés[14] ». Les échanges avec le directoire ne semblaient pas avoir été totalement cordiaux car les commissaires ont rapporté qu'ils auraient répondu à celui qui présidait, en l'occurrence un ex-prêtre (qualifié plus tard dans le texte de « ancien serviteur du successeur de St. Pierre ») : « jamais notre section n'entraverait la marche d'une bonne administration ; *mais qu'elle la surveillerait et la contrôlerait toujours*[15]. » La conclusion des commissaires avait été un appel à la vigilance sectionnaire :

> Nous vous disons, citoyens, tout ce que nous avons crû remarquer, non pour vous inspirer de la défiance, ou jeter de la défaveur sur quelques membres du directoire, mais pour vous inviter à redoubler de surveillance, afin d'éviter les effets néfastes de cette fatalité attachée à l'espèce humaine, qui fait que presque toujours l'homme change de mœurs et de caractère, même sans s'en apercevoir, en changeant de poste[16].

Il convient de mentionner par ailleurs que la section de la Place-Vendôme semblait être aussi très soucieuse d'éviter les débordements, toujours nuisibles à la bonne marche des affaires. Le 22 février 1791, l'Assemblée générale, inquiète des « différents rapports faits sur les troubles et les inquiétudes qui agitent le royaume, et notamment la capitale[17] », a arrêté :

> Qu'il sera demandé au corps municipal, de faire proclamer le plus tôt possible, conformément aux anciens règlements de police, une défense de fabriquer et vendre des cannes et bâtons contenant des armes offensives, d'enjoindre aux commissaires de police de saisir et faire enlever toutes lesdites cannes et

14 *Compte rendu à la section des Piques par les Citoyens Grenard et Guiard*, Paris, Imp. Loyal, s. d.

15 *Ibid.*, p. 2. Souligné dans le texte.

16 *Ibid.*, p. 3.

17 *Extrait des registres des délibérations de l'assemblée générale de la section de la Place Vendôme*, Veuve Desaint, s. d., p. 1.

> bâtons, dont les marchands et fabricants seraient trouvés munis, et d'aviser aux moyens que la prudence leur indiquera pour la suppression de celles que l'on voit journellement dans les mains des particuliers[18].

De plus, L'*Extrait des délibérations du comité de la section de la Place Vendôme* montre qu'il lui fut présenté le 22 mars 1791 un « mémoire sur la nécessité du rétablissement de la police dans les services des voitures de place de la ville de Paris[19] ». Soucieuse d'ordre, « le comité y a vu [dans les désordres] un tableau malheureusement trop fidèle des abus de la liberté, et des inconvénients trop souvent très graves qui en résultent pour le public ».

Le modérantisme et la contradiction (aristocratiques et démocrates s'y côtoient) dans le portrait général de la section de la Place-Vendôme peuvent par conséquent s'expliquer en partie par le passé et les convictions de quelques-uns de ses membres. Composé à l'origine de très riches bourgeois, tièdes face à tout bouleversement politique majeur, on peut fort bien comprendre que la section soit demeurée relativement passive le 10 août 1792 ; d'autres membres, tels que Sade, étaient des partisans de la monarchie constitutionnelle à l'anglaise. Mais Sade était aussi un *outsider*, en quelque sorte, à cause de son lourd passé de débauché, et peu devaient ignorer ces « affaires » compte tenu de l'ampleur des scandales auxquels son nom était associé et de la dénonciation de Jacques-Antoine Dulaure. Cela ne l'a pas empêché d'occuper des postes dotés de pouvoirs importants au sein de sa section entre 1790 et jusqu'à la veille de son arrestation en décembre 1793.

En s'inscrivant dans la section de la Place-Vendôme comme citoyen actif, Sade a posé un geste qu'on ne peut, sans précautions, associer à un engagement aux côtés des sans-culottes. Le hasard a fait que sa section, par son modérantisme, était l'une de celles de Paris où il était possible pour un aristocrate d'évoluer sans trop de dangers parce qu'elle était essentiellement au départ composée de riches gens d'affaires. Le succès de Sade dans sa section peut s'expliquer en grande partie par le fait que les « révolutionnaires » qu'il côtoyait journellement n'étaient pas très éloignés de ses propres convictions politiques.

---

18 *Ibid.*, p. 2.

19 *Extrait des délibérations du comité de la section de la Place Vendôme*, Imprimerie du Postillon, 1791, p. 1.

Au sein de la section de la Place-Vendôme, il était fort vraisemblable qu'une certaine unanimité devait se créer parmi des membres en ce qui avait trait à l'avenir politique de la France, et ce, que l'on soit aristocrate ou citoyen aisé exerçant une profession libérale. Quelques mois après la prise de la Bastille, au moment où Sade sortait finalement de prison, l'avenir de la France, s'il demeurait incertain, était globalement favorable, grâce à cette ouverture à la monarchie constitutionnelle. Il semblait clair à ce moment qu'une telle réforme de la royauté sur le modèle anglais était la solution à l'impasse politique qui, une fois résolue, ouvrirait la voie aux autres réformes économiques et sociales indispensables. Affaiblir l'absolutisme royal suffirait, aux yeux des Constituants, à équilibrer les forces politiques opposées. Pour les gens d'affaires de la section de la Place-Vendôme, la monarchie constitutionnelle aurait permis de sortir de la crise sans saper toutes les bases de la royauté auxquelles les financiers étaient attachés et qui avaient assuré leur prospérité.

Dans une lettre à son notaire Gaufridy, datée du 5 décembre 1791, Sade écrit : « Je veux qu'on rende à la noblesse son lustre, parce que de le lui avoir ôté n'avance à rien ; je veux que le roi soit le chef de la nation ; je ne veux point d'assemblée nationale, mais deux chambres comme en Angleterre, ce qui donne au roi une autorité mitigée [...][20]. »

Maurice Lever fait le commentaire suivant à propos de cette déclaration de Sade : « On croit rêver ! À peine adoptée, la Constitution de 1791 paraît déjà dépassée, les idées démocrates se répandent, Robespierre réclame le suffrage universel [...]. Et pendant ce temps-là, M. de Sade songe à rendre son lustre à la noblesse, récuse l'Assemblée nationale, proclame son "adoration" pour le souverain[21]. »

Pour ma part, je ne vois pas dans cette prise de position un aveuglement politique qui traduirait un élan réactionnaire de la part de Sade, voire un aveuglement politique. Si on garde à l'esprit le fait que Sade fréquentait dès sa sortie de prison un cercle de gens d'affaires, on est peu surpris de son adhésion à la monarchie constitutionnelle. Il convient aussi de mentionner l'influence de Clermont-Tonnerre sur la vision politique de Sade. Cousin et ami du marquis, Clermont-Tonnerre « n'a jamais cessé de prôner une constitution à l'anglaise[22] ». Finalement,

20 Maurice Lever, *Donatien Alphonse François, marquis de Sade*, ouvr. cité, p. 471.
21 *Ibid.*, p. 471-472.
22 *Ibid.*, p. 483.

très rapidement Sade est devenu membre des Amis de la Constitution monarchique[23]. À l'époque où Sade posait ce geste, ce choix politique n'était nullement, comme semble l'affirmer Maurice Lever, déconnecté de la réalité politique. Je souscris davantage à la conclusion de Jean-Jacques Pauvert qui voit dans la déclaration de Sade à Gaufridy en 1791 la position de « l'immense majorité des 28 millions de citoyens que compte le pays[24] ». Sade a ainsi suivi ironiquement la voie de l'opinion commune. Sa position va évoluer dans les mois qui suivront et elle suivra, de nouveau, la pente des événements qui va vers la démocratisation et la montée en force du peuple.

Tant que la section a été modérée, la présence de Sade n'a pas été plus remarquable que celle des autres citoyens. En effet, il n'y avait aucune raison, ni pour lui ni pour n'importe quel autre citoyen, de se démarquer, la situation politique du pays semblant se stabiliser dans une monarchie constitutionnelle, compromis politique tout à fait acceptable autant pour les gens de la haute finance que pour les aristocrates modérés ou pour l'ensemble du peuple. Entre 1790 et 1792, Sade accomplit ainsi, comme tous, ses devoirs de citoyen : se rendre aux assemblées de sa section lorsque les placards l'y auront convoqué, délibérer avec les autres, prendre part aux élections, assumer ses tours de garde. En fait, durant cette période, Sade était surtout préoccupé par sa carrière d'auteur dramatique et il s'efforçait à tout prix de faire jouer ses pièces.

Mais à mesure que la section de la Place-Vendôme se durcissait, Sade devenait plus actif. Il n'était plus un citoyen quelque peu anonyme, il deviendrait commissaire et président de sa section, après en avoir été le secrétaire. Cette évolution n'était pas totalement liée à de l'opportunisme et elle n'était certainement pas dictée par la seule peur de périr sur l'échafaud. Sade a adopté la même trajectoire politique que certains banquiers étrangers influents.

---

23 *Ibid.*, p. 484.

24 Jean-Jacques Pauvert, *Sade Vivant*, éd. citée, p. 767.

UN BASTION DE SANS-CULOTTES BIEN MODÉRÉS

La section de la Place-Vendôme s'est ainsi durcie seulement après les événements du 9 août et, probablement, sous l'influence des éléments radicaux qui s'y trouvaient, parmi lesquels Robespierre, mais aussi Moulins, Duveyrier, Laignelot (conventionnel montagnard[25]) ou Piron[26], qui ont rejoint les rangs de la Commune insurrectionnelle dans la nuit du 10 août. La section comptait aussi des robespierristes bien en vue tels que les Duplay et le fabricant de papier peint Arthur[27].

L'échec de la solution politique de la monarchie constitutionnelle et la Terreur ont eu des conséquences désastreuses pour les banquiers. Devenus la cible des Jacobins et des sans-culottes, ils ont vu leurs affaires fortement contrariées par la suspension des activités de la Bourse de Paris en juin 1793 ou par la fermeture de la Caisse d'Escompte quelques mois plus tard, sans mentionner les attaques verbales lancées contre eux. Plusieurs banquiers membres de la section de la Place-Vendôme ont ainsi choisi l'exil, ont suspendu leurs activités financières en France et sont entrés dans l'anonymat. On peut dès lors comprendre que le recensement du personnel de la section des Piques effectué par Monnier et Soboul laisse peu paraître leur présence. Le même constat est valable pour la section de la Bibliothèque (plus tard appelée Lepeletier) et voisine de la section de la Place-Vendôme. Les deux sections sont dites « bourgeoises » et « modérées » et surtout, elles ont la même composition sociale : une grande partie des membres sont des banquiers et œuvrent dans la finance. La section de la Bibliothèque incluait la très riche rue Vivienne à propos de laquelle Sébastien Mercier dira : « Il y a plus d'argent dans cette seule rue que dans tout le reste de la ville ; c'est la poche de la capitale. »

Toutefois, comme c'était le cas pour la section de la Place-Vendôme, en 1793, la présence des gens d'affaires est presque inexistante dans cette section, à l'exception remarquable de Louis Picard, domicilié au 58 rue

25 Monnier et Soboul, *Répertoire du personnel sectionnaire parisien en l'an II*, ouvr. cité, p. 83.
26 Jean-Jacques Pauvert, *Sade Vivant*, éd. citée, p. 813.
27 Monnier et Soboul, *Répertoire du personnel sectionnaire parisien en l'an II*, ouvr. cité, p. 83.

Vivienne, ancien directeur de la Caisse d'Escompte et personnalité importante de la section[28].

Ce ne fut pas tous les banquiers qui se sont effacés de la sphère politique en 1793. Certains ont en fait décidé de suivre activement la pente des événements révolutionnaires et de continuer à œuvrer pour la section des Piques, au sein de laquelle va dominer la voix de la sans-culotterie. Ainsi, comme Sade, ils joueraient à fond la carte du peuple, certains feraient comme lui et mettraient leur plume au service de la cause révolutionnaire. D'autres investiraient, entre autres, dans l'achat des biens nationaux, ou plus prosaïquement nourriraient les indigents de leur section. Pour quelques-uns, c'était tout simplement pour garantir leur fortune et éviter la guillotine, mais pour d'autres, l'aventure révolutionnaire avait un attrait qui dépassait le simple calcul.

Voyons comment certains de ces hommes d'affaires étrangers qui étaient aux avant-postes de la Révolution rejoignaient Sade sur plus d'un plan. D'abord, la méfiance planait sur eux, comme sur le marquis dénoncé par Dulaure. Les raisons de cette suspicion de ces hommes venus d'ailleurs étaient nombreuses, et la xénophobie n'en était pas la moindre. Et cette internationale comptait en son sein non seulement des protestants mais aussi des juifs.

Aux yeux de l'élite extrémiste des sans-culottes, c'étaient de faux patriotes. Le 3 août 1793, Fabre d'Églantine avait lancé des attaques contre les banquiers de Paris dont, dit-il, « un essaim de juifs ». Accusés de pratiquer l'agiotage, ils « ne tiennent en aucune manière à la France ». Ce sont des « capitalistes » qui pratiquent un « commerce criminel », conclut-il[29]. *Le Batave ou le nouvelliste étranger* qui couvrait à la fois l'actualité politique de la capitale mais aussi celles des autres départements, de la guerre aux frontières et du monde, se fait l'écho de ces accusations. Le numéro du 1er juillet 1793 signalait à Paris, en date du 30 juin, un violent placard de Barbaroux :

> *Barbaroux* prétend, dans cet écrit, qu'il existe à Paris un comité formé par *Calonne*, dont le travail dirige les bureaux de la guerre et de la marine, dévore nos finances, anéantit par l'agiotage le crédit public, détruit par des mesures

28 Monnier et Soboul, *Répertoire du personnel sectionnaire parisien en l'an II*, ouvr. cité, p. 93.

29 François Crouzet, *La grande inflation. La monnaie en France de Louis XVI à Napoléon*, Paris, Fayard, 1993, p. 293.

> scélérates la masse de nos subsistances ; et dont les agents sont le comte de *Guzman*, Espagnol, qui distribue des assignats de 5 l. aux soldats qui assiégeaient la convention le 2 juin. *Proli*, fils naturel du prince de Kaunitz ; *Barrère*, intime ami de Calonne ; *Desfieux*, jadis vendu au tyran ; *Loys*, dont le frère fit la contre-révolution d'Arles ; *Hassenfratz*, premier commis de *Pache* ; *Pache*, ancien précepteur de M. de Castries ; et *Pio*, jadis secrétaire d'un ambassadeur de Naples. Tels sont les membres qui, avec *Marat*, *Danton*, *Robespierre* et *Lacroix*, dévorent, dit-il, la république[30].

L'article du *Batave* visait surtout à discréditer Barbaroux ; toutefois, le résultat est que le journal attirait l'attention sur ces étrangers manieurs d'argent, en premier lieu Guzman, inséparable de Proli.

Mais rappelons que dès 1789, Marat, malgré ses amitiés avec Guzman, avait commencé à s'en prendre aux gens d'affaires, mêlant indistinctement banquiers, agents de change et spéculateurs[31], les taxant de peste et les accusant d'être la principale cause de la misère publique. Jacques Roux avait continué à s'en prendre à eux dans son *Discours sur le jugement de Louis le dernier*. Et il reprenait à son compte la même rhétorique, de fait centenaire, qui rabaissait les hommes d'affaires au rang de « vampires ».

Robespierre, dans un discours prononcé le 10 octobre 1793, quelques semaines après une lourde harangue de Fabre d'Eglantine, n'a pas manqué lui non plus de s'en prendre avec rage à ces étrangers, les taxant de traîtres et les rendant directement responsables de la crise économique :

> Je me méfie indistinctement de tous ces étrangers dont le visage est couvert de patriotisme, et qui s'efforcent de paraître plus républicains que nous. Ce sont ces ardents patriotes qui sont les plus perfides artisans de nos maux. Ils sont les agents des puissances étrangères. [...] Il y a des Espagnols, des Anglais, des Autrichiens ; il faut les frapper tous[32].

Sa diatribe est à placer dans le contexte d'une xénophobie croissante, nourrie par la peur d'une conspiration de l'étranger pour renverser le gouvernement révolutionnaire. Les paroles de Robespierre ne laissaient aucun doute sur l'identité de ces « étrangers » qui englobaient essentiellement les banquiers et dont il était constamment question à la barre de

---

30 *Le Batave ou le nouvelliste étranger*, lundi 1er juillet, 1793, nº 137, p. 549.

31 Henry Heller, « Bankers, Finance Capital and the French Revolutionary Terror (1791-1794) », art. cité, p. 185.

32 Philippe-Joseph-Benjamin Buchez, *Histoire parlementaire de la Révolution française*, vol. 29, p. 203.

la Convention depuis des mois, et lorsqu'il mentionnait les Espagnols il faut entendre certainement le banquier Guzman. Qui étaient ces « Autrichiens » ? Les frères Frey, banquiers, fraîchement arrivés à Paris l'année précédente et fréquentant, comme lui, le club des Jacobins[33].

Frey, Sade et Guzman avaient en commun cet étrange attachement à la Révolution, difficile à comprendre pour certains de leurs contemporains – et peut-être encore plus pour les historiens du XXe siècle – qui n'y ont vu que le masque de l'opportunisme. En effet, comment expliquer autrement que ces hommes, dans le cas de Frey et de Guzman immensément riches, dans le cas de Sade appartenant à l'élite de l'aristocratie, aient pu se mêler de près au peuple et embrasser ses causes de justice et d'égalité sociales ? J'aurai l'occasion, dans la deuxième partie de cet ouvrage, d'apporter des éléments de réponse à cette question, lorsque je brosserai le portrait de ces hommes d'affaires et jetterai la lumière sur les liens qui les ont unis à Sade.

33 Albert Mathiez, *La Révolution française*, Paris, Bartillat, 2012, p. 512.

DEUXIÈME PARTIE

LE MARQUIS RÉVOLUTIONNAIRE ET LE CERCLE DES BANQUIERS ÉTRANGERS OU DE LA DYNAMIQUE DES RECLASSEMENTS

D'UNE NOUVELLE SOCIABILITÉ SADIENNE

La finance et l'aventure révolutionnaire

LES NOCEURS : GUZMAN ET PROLI

Dans son enquête sur la présence, l'influence et la fortune des étrangers à Paris au cours de la Révolution, Albert Mathiez[1] a analysé les diverses motivations qui poussèrent certains étrangers à prendre une part active aux événements révolutionnaires. Ville cosmopolite par excellence, Paris a toujours été un lieu de prédilection pour les étrangers, attirés tout au long de l'Ancien Régime par le prestige intellectuel dont jouissait la capitale française, mais aussi par l'accueil chaleureux qui leur était en général réservé. Pour bon nombre d'entre eux, cette notion de République des Lettres dont Paris était le centre avait une réalité tangible ; Albert Mathiez a cité à cet égard Grimm, Meister, mais aussi le peintre et graveur suisse Wille ou encore le médecin saxon Saiffert, figures moins connues que celles qui gravitaient autour de Diderot et de l'*Encyclopédie*.

Pendant les premières années de la Révolution, les étrangers qui étaient domiciliés en France depuis longtemps ont pu continuer leurs activités sans être inquiétés et les nouveaux venus jouissaient comme auparavant d'un accueil chaleureux. Sur ce plan, il n'y eut pas de coupure entre la France révolutionnaire et la France monarchique. Cette position d'Albert Mathiez a été remise en cause par Sophie Wahnich à partir d'un principe méthodologique qui éloigne les deux historiens. Sophie Wahnich invite la recherche historique à considérer comme relevant d'une même problématique à la fois le traitement des étrangers, les fondements de la nouvelle République et les modalités de cette fondation. L'historienne

1 Albert Mathiez, *La Révolution et les étrangers. Cosmopolitisme et défense nationale*, Paris, La Renaissance du livre, 1918.

porte ainsi le débat sur le terrain du politique et non plus uniquement sur ceux du juridique ou de la police[2]. Et une telle posture mène invariablement à revisiter et à réinterpréter certains faits anecdotiques en apparence et qui relèvent du corps policier, par exemple.

Pour ma part, je me limiterai aux actions concrètes des banquiers étrangers et de ce point de vue l'enquête d'Albert Mathiez a semblé suffire à mon propos. Toutefois, je tâcherai d'éclairer ce qui dans la démarche de ces banquiers pouvait être paradoxal, contradictoire, marginal et qui les faisait sortir de leur caste pour, à l'instar du marquis, embrasser la Révolution. Je songe ici en particulier à Junius Frey et à André Guzman.

Guy Chaussinand-Nogaret avait décrit la noblesse déclassée, décadente, devenue révolutionnaire, en ces termes :

> Il existe donc toute une noblesse, marginale mais relativement nombreuse, dont le « divin marquis » n'est que l'illustration brillante, chez qui se mêlent le mépris des institutions, et de la morale, le désordre sexuel, la révolte, le mépris de Dieu et de la religion, qui annonce d'une certaine façon le renversement d'une société et des valeurs sur lesquelles elle était établie[3].

Sade et ces hommes d'argent que je vais décrire se rejoignent dans le regard suspect que jette sur eux la nouvelle République, à mesure que celle-ci s'affermit. Sade, en tant que noble, bien sûr et eux, en tant qu'étrangers, en tant que riches. Leur révolte, leur cheminement intérieur, leurs goûts et leur attachement aux Lumières les rapprochent aussi.

L'élite intellectuelle de l'Europe ne manqua pas de prendre acte que la Révolution française inaugurait « une ère nouvelle, la promesse messianique du règne de la justice sur la terre[4] » et nombre d'étrangers, « les pèlerins de la liberté », comme les a qualifiés Albert Mathiez, convergèrent vers Paris et choisirent de s'y installer en permanence, séduits par l'idéal de fraternité et d'égalité promu par les révolutionnaires et mus par une vision cosmopolite de la citoyenneté. Ces étrangers, parmi lesquels existaient aussi de nombreux réfugiés politiques dont des Belges et des Liégeois, prirent une part extrêmement active au débat

---

2 Sophie Wahnich, *L'impossible citoyen. L'étranger dans le discours de la Révolution française*, Paris, Albin Michel, 2010, p. 12.

3 Guy Chaussinand-Nogaret, *La noblesse au XVIIIe siècle. De la féodalité aux Lumières*, Paris, Hachette, p. 117.

4 Albert Mathiez, *La Révolution et les étrangers. Cosmopolitisme et défense nationale*, Paris, La Renaissance du livre, 1918, p. 13.

révolutionnaire en fondant leurs clubs nationaux. Par exemple, Sade n'aurait pas manqué d'être séduit par le local du comité belge orné, entre autres, du buste de Brutus[5].

Ce fut au sein d'un petit groupe d'étrangers que le marquis évolua et qu'il trouva sans doute des alliés. Le développement de ces amitiés fut ancré en grande partie dans des affinités personnelles. L'intérêt aussi dut les souder. Comme le souligne Albert Mathiez, il serait vain de chercher au sein d'un groupe étranger « une unité de conduite », les événements dictant à chacun la conduite à tenir[6]. Malgré tout, quelques hommes ayant, en quelque sorte, transcendé leurs origines nationales et partageant le goût de l'aventure ainsi qu'une fortune enviable, formèrent une société distincte pour ainsi dire. Le métier, en l'occurrence celui de banquier, qu'ils pratiquaient ou disaient pratiquer les a amené à côtoyer de près le pouvoir révolutionnaire. Leur fortune financière leur permit aussi de mener une vie de plaisirs comme celle que Sade avait bien connue avant son incarcération. Ces hommes étaient-ils sincèrement attachés à l'idéal républicain, celui qui au départ les avait poussé dans une large mesure à s'expatrier ? Je dirais que oui, avec cette réserve que quand les événements ou les maîtres du jour l'exigeaient, ils se « laissèrent guider dans leur conduite par leurs intérêts [...] particuliers[7] », surtout quand l'ambition ou la peur s'en mêlait.

Plusieurs banquiers étrangers payèrent de leur vie leur implication dans la Révolution. On les accusa à tort d'être des espions au service des puissances contre lesquelles la nouvelle République était en guerre. On les dénonça aussi comme « une peste publique ». Dans le journal les *Annales patriotiques*, on pouvait lire des insultes qui peignaient les banquiers étrangers comme les « véritables auteurs et moteurs des troubles, des divisions, des calomnies, des faux rapports, des fausses alarmes, des fausses nouvelles qui agitent le peuple et la Convention nationale et font abandonner l'armée à plusieurs de [ses] volontaires[8] ».

Dans les lignes qui suivent, je vais faire le portrait de chacun de ces hommes qui très probablement croisèrent la route de Sade, alors qu'il

5 *Ibid.*, p. 52.
6 *Ibid.*, p. 44.
7 *Ibid.*, p. 47.
8 Numéro du 24 décembre 1792 (Cité par Albert Mathiez, *La révolution et les étrangers*, 1918, p. 109).

était au sommet de son ascension politique. Si ce n'était pas le goût de la débauche, du théâtre ou de l'écriture qui les rapprochait du marquis, c'était l'athéisme extrême, et peut-être étaient-ils tout simplement fascinés par une figure légendaire du libertinage d'Ancien Régime reconverti en sans-culotte. Je débuterai par les deux hommes qui avaient avec lui le plus d'affinités, soit Guzman et Proli. J'ai déjà mentionné le premier à de nombreuses reprises dans les pages qui précèdent. Membre de la section des Piques, agitateur politique, homme de confiance des sans-culottes, riche banquier, Guzman est l'homme de toutes les situations ; il était le point de contact entre Sade et le milieu des banquiers étrangers. Il est certain que Guzman se plaisait dans le désordre politique, certainement parce qu'il y avait beaucoup à en tirer. Cette tentation d'embrasser l'anarchie était aussi un trait de sa personnalité. On peut affirmer qu'il en était de même pour Sade.

Celui-ci avait développé un certain goût pour le chaos, inspiré par le spectacle de la nature. À cet égard, il suffit de mentionner l'admiration que provoque le Vésuve en éruption chez Juliette, la plus grande héroïne sadienne. La Commune insurrectionnelle, à laquelle Guzman avait pris une part active, avait dû représenter aux yeux du marquis un moment unique de l'histoire où tout ordre était aboli, toutes pulsions libérées. Ce n'est que la tête froide, plusieurs jours après l'événement et devant les conséquences désastreuses pour son statut d'aristocrate que Sade put voir dans la nuit du 10 août une catastrophe. Jean-Jacques Pauvert semble croire, malgré les lamentations de Sade à Gaufridy, que le marquis avait joué un rôle concret dans l'insurrection.

Je serais tentée de suivre le biographe dans cette voie. L'état de santé de Sade, obèse, n'avait certainement pas dû lui permettre de « combattre », comme avait pu le faire Guzman, mais il est sûr qu'il n'était pas demeuré barricadé chez lui. Il a été probablement témoin de certains massacres. Peut-être a-t-il excité quelque peu la foule, comme il l'avait fait à la Bastille, deux ans plus tôt. Sa corpulence, la force de sa voix et ses talents d'orateur lui permettaient de tenir ce rôle avec succès. Par ailleurs, le danger était grand. Alors qu'on poursuivait les aristocrates pour les assassiner, le plus sûr pour lui était de se mêler à la foule et de hurler avec les loups. Lisons quelques lignes de sa déposition faite à ses accusateurs, en 1794, lorsqu'on lui demandait de justifier son patriotisme en témoignant de ses actions dans la nuit du 10 août : « Au 10 août, je combattais à côté d'un de mes amis sur la place du Carrousel. De bon matin, un ami vint me chercher, nous nous portâmes ensemble au Carrousel, nous nous mêlâmes aux Marseillais, mon ami fut blessé près de moi[9]. »

L'ami dont Sade parle ici ne peut qu'être qu'un membre de sa section. Sade tait son nom. Il se peut qu'il s'agisse de Guzman, le banquier espagnol. Albert Mathiez annonce d'emblée en 1918 dans sa *Révolution et les étrangers* que Guzman demeure une figure « énigmatique » et ce, malgré les travaux dont il a été l'objet[10]. Toutefois, il est clair pour Albert Mathiez que Guzman était un personnage haut en couleurs, frénétique, et dès le printemps de 1793, « il est mêlé à tous les troubles, à l'affaire du 10 mars qui avait pour but de chasser de la Convention les députés qui avaient voulu sauver le roi en votant l'appel au peuple[11] », mais surtout il est au cœur de l'insurrection du 31 mai. Faut-il donc ne voir en lui qu'un de ces agitateurs dont les sections étaient peuplées ? Certainement pas.

Sade a très certainement rencontré Guzman au moment où, sorti de prison, il s'inscrit comme membre de la section des Piques. On sait que Sade en deviendrait rapidement le secrétaire et aurait ainsi l'occasion de travailler en étroite collaboration avec Guzman qui en était le président. Comment cette amitié s'était-elle développée ? Est-ce que les deux hommes se côtoyaient aussi en dehors des rencontres fréquentes de la section ? Si oui, sur quelles bases et en vue de quoi ?

Pour tenter d'apporter des éléments de réponses à ces questions, il convient de savoir qui est exactement don Andrès-Maria de Guzman. D'abord, il ne fait aucun doute qu'il s'agit d'un « aventurier[12] » dont la vie et l'action révolutionnaire en particulier comportent bien des zones d'ombre, comme je viens de le dire plus haut. L'historien, dans « La Terreur », troisième tome de la monumentale *Révolution française*, le décrit en ces termes en l'associant d'emblée aux banquiers et à la section de Sade :

> Un grand d'Espagne déclassé, Guzman, qui se livrait lui aussi à la banque et à l'intrigue, s'était fait par ses largesses une clientèle dans la section des Piques. Il parvint à s'introduire dans le Comité insurrectionnel qui prépara

9 Arch. nat., $F^7 4775^9$, pièce 22.

10 Certains travaux avaient en effet paru en 1916 : A. Morel-Fatio, *Revue historique* de mai-juin, et A. Mathiez, *Annales révolutionnaires*, mai-juin 1916.

11 Albert Mathiez, *La Révolution et les étrangers*, ouvr. cité, p. 111.

12 Albert Mathiez, *Autour de Danton*, Paris, Payot, 1926, p. 217.

> la Révolution du 31 mai ; mais il était déjà tellement suspect qu'il en fut chassé. Saint-Just reprochera plus tard à Danton d'avoir fait avec Guzman des repas à cent écus par tête[13].

Guzman appartenait à cette nouvelle classe de financiers qui a vu le jour au début du règne de Louis XV, au moment où de nouvelles forces viennent rajeunir le système sclérosé du régime de Louis XIV. Ainsi apparut dans le domaine financier « une équipe de capitalistes, d'officiers du roi, qui tiennent à la fois du fonctionnaire et de l'aventurier[14] ». Ces milieux, où plaisirs et tractations financières étaient intimement mêlés, correspondaient bien à tout ce que Sade avait développé dans *Les Cent Vingt Journées de Sodome.*

Guzman, qui se disait lui-même « banquier », se déclarait aussi ancien colonel. On ne connaît pas avec exactitude ses origines, bien qu'on sache qu'il est né à Granada le 6 octobre 1753 et qu'il se prétendait être un baron allemand et le fils de l'Électeur de Cologne[15]. Albert Mathiez[16] le rattache par sa grand-mère à la grande famille belge des T'Serclaes de Tilly. Il fit des études en France à l'école militaire de Sorèze de 1762 à 1769. Plus tard, on le retrouva en Espagne ou il prit du service, mais à la suite d'« aventures obscures[17] », il quitta l'armée et passa en France en 1773. Après avoir pris part à la révolution brabançonne de 1788 et suite à son échec, Guzman prit de nouveau du service dans l'armée française dont il fut rapidement chassé « pour un motif inconnu[18] ». Il échoua alors à Paris où il rencontra Sade et Proli. La formation militaire de Guzman et ce relent de scandale qui entourait son nom ne sont pas sans rappeler l'itinéraire du jeune marquis. L'amitié des deux hommes a été ancrée dans des expériences militaires communes. Ce qui frappe aussi chez Guzman, et le rapproche de nouveau à Sade, c'était ses prétentions à la plus grande noblesse, Guzman faisant « remonter sa généalogie jusqu'aux anciens ducs de Bretagne[19] », à tort ou à raison.

---

13 Albert Mathiez, *La Révolution française. La chute de la royauté. La Gironde et La Montagne. La Terreur* [1922, 1924, 1927], Paris, Bartillat, 2012, p. 500.

14 Guy Chaussinand-Nogaret, *Gens de finance au* XVIII*e siècle*, ouvr. cité, p. 10.

15 Morris Slavin, *The Making of an Insurrection. Parisian Sections and the Gironde*, Cambridge et London, Harvard University Press, 1986, p. 85.

16 Albert Mathiez, *La Révolution et les étrangers*, ouvr. cité, p. 110 et suiv.

17 *Ibid.*, p. 110.

18 *Ibid.*, p. 111.

19 *Ibid.*, p. 110.

Guzman était extrêmement riche et il n'avait aucun problème à obtenir des fonds importants en cette période troublée. Il est probable que ses sources de revenus provenaient des recettes des maisons de jeux du Palais-Royal[20]. Outre son association avec Proli, il fréquente aussi les richissimes Perregaux et Danton avec qui il déjeunait, parait-il, trois fois par semaine. J'ai pu retrouver des papiers ayant appartenu à Guzman et confisqués lors de son arrestation. Ils montrent la facilité avec laquelle Guzman prêtait de l'argent. Plusieurs reconnaissances de dettes étaient dans son portefeuille[21]. Sade, qui était constamment à court d'argent, a-t-il bénéficié des faveurs de Guzman ? Cela est presqu'une certitude.

Nous avons brièvement parlé de la part centrale qu'avait prise Guzman dans les journées révolutionnaires de mai et de juin 1793. J'aurai à revenir plus loin sur cette insurrection. Mais pour l'instant voyons les débuts politiques de Guzman. Ils eurent officiellement lieu quelques mois après la Commune du 10 août quand il occupa le poste important de commissaire à l'examen des comptes du comité de surveillance de la Commune. Cette commission d'enquête, appelée aussi « Commission des douze » fut instituée le 19 octobre 1792. Et c'était dans le cadre de ses fonctions que Guzman fit voter un arrêté dans lequel apparaissait fortement son soutien patriotique pour les sans-culottes ainsi que pour la Commune face aux décrets de la Convention dont celui qui interdisait aux commissaires de siéger en permanence. Dans cet arrêté, rédigé sous la dictée de Guzman, on pouvait lire entre autres qu'il serait imprimé « la liste de tous les membres qui ont successivement composé le Conseil général depuis le 10 août » et dans laquelle il serait « fait mention de ceux qui ont juré de mourir à leur poste[22] ». Cet arrêté et la liste dataient du 26 novembre 1792, un peu moins d'un mois après l'opuscule de Sade (*Observations présentées à l'assemblée administrative des hôpitaux*) et sur lequel apparaissait aussi le nom de Guzman, comme président de la section des Piques. Le 2 novembre Guzman avait aussi fait entendre sa voix dans l'attitude à tenir envers les fédérés présents à Paris à l'automne et il fit à l'assemblée de la section la proposition de les inviter à venir assister à leurs séances. Une telle proposition allait dans le sens du changement

20 Morris Slavin, *The Making of an Insurrection*, ouvr. cité, p. 85.

21 Archives nationales, Série T, pièce 752.

22 Cité par Fritz Braesch, *La Commune du 10 août 1792. Étude sur l'histoire de Paris*, Paris, Hachette, 1911, p. 1147.

d'attitude des sections envers les fédérés. Plutôt que de demander leur renvoi, le climat était à la fraternisation[23].

La chute de Guzman s'avérerait tout aussi spectaculaire que ses actions politiques, puisqu'il serait guillotiné aux côtés des célèbres Fabre, Hérault de Séchelles et Danton le 16 avril 1794. Les historiens ne font généralement pas le lien entre l'exécution de Danton et celles de Guzman et Frey, tous deux banquiers, alors que Guzman était un intime de Danton, et que Guzman et Frey se connaissaient. Voici, par exemple, comment François Furet et Denis Richet présentent le procès de Danton, ainsi que celui de ses alliés politiques, qui débutait au printemps : « Ouvert le 13 germinal (2 avril) le procès est agité ; on a amalgamé aux quatre accusés politiques les prévaricateurs (Fabre, Chabot, Basire, Delaunay), Hérault de Séchelles, l'Espagnol Guzman, les banquiers Frey, le général Westermann[24]. »

Ces historiens continuent en affirmant que ce procès visait à éliminer les députés corrompus, ici surtout Danton, tout en leur amalgamant divers suspects ; ils ajoutent également que le même mode opératoire avait eu lieu dans le procès qui avait emporté Hébert, quelques jours plus tôt :

> La technique de l'amalgame permet de mêler aux authentiques militants (Hébert, Vincent, Rosin, Momoro et quatre autres « patriotes de 93 », un indicateur de police, les étrangers et leurs complices arrêtés en brumaire (Cloots, Proly, Pereira, Desfieux) et un général suspect de royalisme[25].

L'hypothèse de l'amalgame est certainement vraie ; toutefois on peut aussi remarquer que presque tous les accusés de ces deux procès sont des banquiers privés étrangers : les frères Frey, Guzman, Cloots, Proly (ou Proli). Il reviendra à Henry Heller de voir également dans ces exécutions une attaque directe contre les banquiers étrangers[26] dont plusieurs, il est vrai, gravitaient autour de Danton et sont, comme Sade, des débauchés notoires.

Guzman était aussi un ami de Marat. Celui-ci lui aurait adressé un mot, soit peu après avoir été poignardé par Charlotte Corday, soit

---

23 *Ibid.*, p. 1071.
24 François Furet et Denis Richet, *La Révolution française*, Paris, Hachette, 1973, p. 246.
25 *Ibid.*, p. 245.
26 Henry Heller, art. cité, p. 202.

avant cet incident tragique, alors qu'il était atteint d'une maladie de la peau de nature cancéreuse ou d'origine diabétique[27]. Ces mots ont été reproduits par l'historien Dulaure, auteur des *Esquisses historiques* :

> Les barbares, mon ami, ne m'ont pas voulu laisser la douceur de mourir dans vos bras ; j'emporte avec moi la consolante idée que je resterai éternellement gravé dans votre cœur. Ce petit présent tout lugubre qu'il est, vous fera souvenir du meilleur de vos amis, portez-le en mémoire de moi, et vous [...] jusqu'à mon dernier soupir[28].

Il est fort possible que le texte de Sade, « Aux Mânes de Marat et de Le Peletier » ait été composé à la demande de Guzman[29]. Les liens entre ce dernier et Marat étaient assez forts pour créer une certaine confusion à savoir lequel des deux avait fait sonner le tocsin pour appeler le peuple à l'insurrection lors de la journée du 31 mai 1793. L'on sait que le 27 mai, Marat s'en prit violemment aux Girondins à la tribune de la Convention, les accusant d'être les responsables de la montée insupportable du prix du pain[30]. Le 30 mai, il revenait à la charge à l'Évêché où des représentants de 33 sections formaient un Comité central révolutionnaire pour appeler à l'insurrection.

Ce Comité central fut composé de 25 membres et ce furent ces hommes qui dirigèrent la révolte qui allait semer le chaos politique. Le nom de Guzman fut proposé, aux côtés de quatre autres, pour faire partie du Comité, mais aucun d'entre eux ne fut retenu pour des raisons que les historiens ignorent[31]. Bien qu'un témoin eût affirmé que ce fut Marat qui sonna le tocsin à l'Hôtel de Ville, la plupart des autres affirmèrent que ce fut Guzman, d'où ce surnom qu'il porterait à la suite et qui faisait aussi référence à ses origines espagnoles : « il tocsino » ou « Don

27 Ce diagnostic de cancer est rétroactif et effectué en se basant sur les descriptions de ses symptômes (Voir : Olivier Coquard, *Marat*, p. 410).

28 Cité par Louis Blanc, *Histoire de la Révolution française*, vol. 2, Bruxelles, Meline Cans et compagnie, 1856, p. 470.

29 Pour Martin Nadeau, l'explication est à chercher dans la fréquentation quotidienne de Sade avec Robespierre : « Que l'Incorruptible lui-même en tant que membre de la section des Piques ait pu fréquenté quotidiennement l'auteur de *La Philosophie dans le boudoir* a sans doute d'abord inspiré à Sade la nécessité d'exprimer son patriotisme avec emphase. » (Voir : « Mœurs, vertu et corruption : Sade et le républicanisme classique », *Annales historiques de la Révolution française*, n° 347, 2007, p. 34.)

30 Clifford D. Conner, *Jean Paul Marat*, New York, Pluto Press, 2012, p. 136.

31 Morris Slavin, *The Making of an Insurrection*, ouvr. cité, p. 82.

Tocsino ». Cette confusion entre Marat et Guzman confirme à quel point les deux hommes étaient proches. Mais elle indique aussi la perception du pouvoir politique de Guzman ; aux yeux de ses contemporains, il était tout aussi capable de soulever le peuple que Marat[32]. Ses ordres de révolte étaient entendus lorsqu'il appelait les sans-culottes à prendre les armes, et ce grâce à ses liens avec Marat, et malgré son statut d'étranger. Par ailleurs, l'influence politique de Guzman était réelle puisque son nom figurait parmi la courte liste des membres des sections appelée à composer le Comité central devant lequel la Convention plierait quelques jours plus tard.

Guzman pratiquait la dénonciation haineuse avec autant de violence que Marat et c'est certainement ce dernier qui lui enseigna les clés du succès de cette pratique politique. Le 22 décembre 1790, au moment où *L'Ami du peuple* est à l'apogée de son influence néfaste, Guzman va demander la tête de La Fayette[33]. Toutes ces dénonciations, qu'elles proviennent de Marat ou de son entourage, sont toujours accompagnées de demandes de châtiments des plus sadiques : par exemple couper le nez du coupable ou le marquer au fer rouge[34]. Nous ne sommes pas très loin du roman sadien.

Les historiens ont peu de lumières à apporter sur l'origine de cette amitié entre Marat et Guzman, mais je présume qu'elle s'est développée grâce aux origines espagnoles de Guzman. En effet, Marat, au cours de sa carrière de médecin, avait élaboré un projet pour établir une académie à Madrid.

Marat détestait Sade, il est vrai, mais ceci n'empêcha nullement Guzman d'avoir des liens constants avec le marquis. Contrairement à ce qu'on pouvait croire jusqu'à présent, Sade était ainsi en rapport avec des hommes qui possédaient un poids politique et économique important. Nous pouvons aisément imaginer l'amitié, qui n'exclut pas l'intérêt, qui se développa entre Guzman et Sade. Les deux hommes, à peu près du même âge, avaient en commun un passé militaire. Ensuite leur goût pour le style de vie libertin les rapprocha. Les sommes énormes que Guzman dépensait dans les maisons de jeu du Palais royal, ses mœurs

32 Barère s'en prit directement à Guzman et affirma qu'il fut payé pour inciter au désordre. Voir : Morris Slavin, *The Making of an Insurrection*, ouvr. cité, p. 115.

33 Olivier Coquard, *Marat*, Paris, Fayard, 1993, p. 285.

34 *Id.*

dissolues et ses débauches en compagnie de Proli ne sont pas sans rappeler les excès de Sade à l'armée et après sa démobilisation. Ce qui a dû cimenter cette amitié est aussi le fait que Guzman s'était présenté comme le fils de l'Électeur de Cologne. On se rappelle que le père de Sade fut ambassadeur plénipotentiaire à la cour de l'Électeur. Le comte de Sade et l'Électeur avaient eu des rapports extrêmement cordiaux au début de sa mission. Sade devait avoir eu quelque plaisir à évoquer auprès de Guzman la carrière diplomatique de son père car ce dernier avait réussi à apporter l'éclat et la magnificence françaises à cette terne cour allemande. Mentionnons que Guzman possédait aussi un très bel hôtel particulier, tout près de la Place-Vendôme, le cœur des activités financières parisiennes. Et c'est souvent en compagnie du banquier Proli qu'on le retrouvait dans les salons de jeux ou de débauche du Palais-Royal.

L'homme d'affaires Proli[35] passait pour être le fils naturel du prince de Kaunitz, « le célèbre chancelier autrichien ». Son « père », Balthazar Proli, est lui-même banquier et fraîchement anobli. Proli est un vétéran des affaires et sa fortune vient du commerce avec l'Inde où il passa deux ans[36]. C'est au début des années 1780 qu'il s'installa à Paris, nouveau siège de ses opérations financières, somptueusement logé dans une maison au Palais-Royal, juste au-dessus du café Corazza[37], centre où se réunissent les meneurs des sections[38]. Il s'est peint lui-même en Diogène, en « paresseux, aimant et la table et le vin[39] » ; pourtant ce Belge, « ce jouisseur sceptique se lance à corps perdu dans la Révolution[40] ».

Parmi les hommes influents que fréquentait Proli, il faut inclure Camille Desmoulins, Hérault de Séchelles, Chabot, Fabre d'Eglantine, Hébert et Desfieux dont il écrit les discours. En décembre 1791, il fonde un journal au titre éloquent *Le Cosmopolite* qui prend la position de plaider contre la guerre entre la France et l'Autriche. Homme de « tous les partis[41] », Proli passa pour être un espion au service des Autrichiens quand il fut dénoncé le 13 mai 1793 dans l'*Ami du peuple* par l'Italien Pio comme contre-révolutionnaire de mèche avec Dumouriez et « agent

35 Son nom est quelquefois orthographié « Proly ».
36 Albert Mathiez, *La révolution et les étrangers*, 1918, p. 102.
37 *Ibid.*, p. 115.
38 *Ibid.*, p. 111.
39 *Ibid.*, p. 102. Mathiez cite une lettre de Proli.
40 *Ibid.*, p. 102.
41 *Ibid.*, p. 104.

secret » aux « dehors mystérieux[42] ». Proli a dû son rachat momentané par le démenti que publia Marat lui-même dans le numéro du 8 juin 1793 et dans lequel il affirme ne connaître « aucun trait d'incivisme à reprocher à Proli[43] ». À la suite de la dénonciation de Pio, Proli se décida à se rapprocher du parti hébertiste.

Bien évidemment, le cercle des intimes de Proli n'inclut pas uniquement des hommes politiques ou des journalistes, mais aussi des « hommes d'argent[44] », banquiers et étrangers comme lui : Simon, Perregaux, Mons, pour ne nommer que ces noms.

Outre le goût de l'aventure, les richesses et l'attrait des plaisirs, ce qui lie ces banquiers est leur engagement, réel ou feint, dans la Révolution. À ce titre, plusieurs banquiers que Sade connaissait finiront leurs jours sur l'échafaud, à l'exception de Perregaux. Ils seront victimes de la récente loi sur les suspects.

Certains banquiers réussirent à tirer leur épingle du jeu et ils utilisèrent avec succès leur compétence pour générer des profits rapides. D'autres banquiers, la majorité, choisirent résolument d'adopter un profil bas, « conservant leur enseigne dans l'attente de jours meilleurs, achetant si possible des biens nationaux avec leurs assignats[45] » ou en se lançant dans des œuvres caritatives pour soulager la misère d'indigents logeant dans leur section. L'acquisition de biens nationaux pour ceux qui disposaient de grands moyens financiers offrait l'avantage d'être un investissement fort profitable et faisait office, à bon compte, de vernis patriotique, bien commode pour échapper aux accusations de modérantisme qui pouvaient conduire à la guillotine en ces temps troublés.

Au Palais-Royal, Sade et Guzman pouvaient s'attabler avec Proli. Ces rencontres, cimentées par des personnalités fort semblables, faisaient en sorte que Sade ait pu se sentir à l'aise parmi les autres banquiers étrangers dont l'un des plus importants était Junius Frey, très proche de Guzman. Je ne puis affirmer avec certitude que Sade a entretenu des relations avec Frey, car jusqu'ici les archives sont demeurées muettes. Toutefois, de fortes présomptions me font croire que les deux hommes

42 *Ibid.*, p. 104-105.
43 *Ibid.*, p. 106.
44 *Ibid.*, p. 102.
45 François Crouzet, *La grande inflation. La monnaie en France de Louis XVI à Napoléon*, Paris, Fayard, 1993, p. 296.

se sont côtoyés. Sade et Guzman se fréquentaient, cela est absolument certain.

Morris Slavin permet de remonter la filière qui lie Frey à Guzman. Il fait remarquer que le ministre Garat[46] avait soutenu que les véritables auteurs de l'insurrection des 31 mai et 2 juin étaient, en premier lieu, Guzman, mais aussi François Chabot, le beau-frère de Junius Frey. Ces deux hommes, auxquels il convient d'ajouter Proli, mais aussi Desfieux et Collot d'Herbois, se rencontraient secrètement au café Corazza[47]. De plus, selon l'historien Pierre Gaxotte, ce sont les frères Frey qui dénoncèrent Guzman au Comité de sûreté générale[48], preuve qu'ils étaient bien au courant des affaires de l'Espagnol. Aussi est-ce à travers ce dernier que les chemins de Sade et de Frey se sont probablement croisés.

ÊTRE JUIF ET RÉVOLUTIONNAIRE : JUNIUS FREY

Junius Frey, de son véritable nom Dobruska, publia en 1793 une *Philosophie sociale dédiée au peuple français par un citoyen de la Section de la République française, ci-devant du Roule*[49]. L'ouvrage est sans nom d'auteur. Le refus du patronyme signale d'emblée la subordination assumée de l'identité personnelle de l'auteur à son identité politique. Le sort de Junius Frey (Siegmond Gottlob, ses prénoms de naissance) est inséparable de celui de son frère (Emmanuel), puisque tous deux périront sous la guillotine aux côtés de Guzman. Toutefois, c'est Junius dont l'histoire retiendra davantage le nom, en raison de ses écrits et de son implication spectaculaire dans la Révolution.

Les frères Dobruska sont issus d'une famille juive de Moravie, établie à Vienne. Tous deux avaient été fournisseurs de l'empereur Joseph II

46 Sade a été reçu par le ministre au début du mois de mai, comme nous le verrons plus loin dans cette enquête.

47 Morris Slavin, *The Making of an Insurrection*, ouvr. cité, p. 87.

48 Pierre Gaxotte, *La Révolution française* [1970], Paris, Éditions Tallandier, 2014, p. 412.

49 Lucius Junius Frey, *Philosophie sociale dédiée au peuple français par un citoyen de la Section de la République française, ci-devant du Roule*, Chez Froullé, Paris, 1793.

pendant la guerre contre les Turcs et avaient été anoblis sous le nom de Schoenfeld. L'aîné, Siegmond Gottlob, était un intime de l'empereur. Ses talents d'homme de lettres et ses professions d'opinions philosophiques plaisaient au monarque. Albert Mathiez mentionne que Junius Frey avait traduit en allemand les psaumes de David et qu'il était franc-maçon[50]. Une telle contradiction est dans l'essence même du personnage et ce n'est donc pas sans raison que l'historien choisit d'inclure les Frey dans la section qu'il intitule « Les indésirables » de la Révolution française.

C'est au cours de l'été 1791 que les frères Dobruska-Schoenfeld quittèrent Vienne ; et ils arrivèrent à Strasbourg au mois d'avril 1792, après avoir accompagné l'empereur à la célèbre entrevue de Pillnitz. En France, alors que la guerre est déclarée, ils « se font passer pour des patriotes persécutés par l'aristocratie viennoise[51] ». Ils firent courir le bruit que leurs personnes avaient été pendues en effigie. Un tel scandale public, aussi créé de toute pièce soit-il, fait immédiatement écho au procès de Sade dans la grande affaire de Marseille. C'est à Strasbourg que les Dobruska changèrent leur patronyme pour celui de Frey. Et l'aîné adopta le prénom romain de Junius.

Les Frey trouvèrent alors qu'ils avaient à Strasbourg de puissants protecteurs : Laveaux et Hesse. Et c'est en compagnie du premier que les deux frères arrivèrent à Paris avec les fédérés du Bas-Rhin. Fait d'arme exceptionnel qui consacrèrent leur dévouement à la Révolution, ils prirent part à l'assaut des Tuileries le 10 août. Pour cet acte, ils se firent délivrer un certificat élogieux[52]. Dans une note rédigée par Boussac, fédéré de l'Héraut, afin que les Frey soient ajoutés à la liste de ceux qui auraient la nationalité française, suite au décret du 26 août qui accordait la nationalité française aux penseurs étrangers, on peut lire ces termes qui s'appliquent à l'action des deux frères :

> Les frères Frey, Junius et Emmanuel [...], célèbres auteurs allemands, ont sans doute bien mérité de la cause du genre humain par leur amour de la Révolution française. Le patriotisme le plus pur, le plus désintéressé les a portés à quitter depuis sept mois leur patrie et leurs foyers [... et a] renoncé gratuitement à leurs états de noblesse[53].

---

50 Albert Mathiez, *La révolution et les étrangers*, ouvr. cité, p. 112.
51 *Id.*
52 Albert Mathiez, *La révolution et les étrangers*, ouvr. cité, p. 115.
53 *Id.*

Junius Frey était très assidu aux réunions du café Corazza où il rencontrait Proli, Desfieux, Guzman et leurs amis. Il se faisait aussi recevoir aux Jacobins. En dépit de leur passé révolutionnaire élogieux et de leurs relations, les Frey n'obtinrent pas la nationalité française. Leurs origines étrangères et juives devaient être pour beaucoup dans ce refus de les intégrer complètement et à part entière à la nouvelle nation.

À mon sens, Frey partageait avec Sade un sentiment d'exclusion et c'est peut-être ce qui explique que les deux hommes ont eu recours à leurs talents littéraires pour prêcher les idéaux révolutionnaires. Écrire représentait pour eux un moyen d'insertion sociale, alors que Sade avec son lourd passé de libertin et Junius Frey en tant que juif ont dû se heurter aux préjugés de l'élite bourgeoise française.

Comme Sade, les Frey furent condamnés en s'appuyant sur leurs passés. Les preuves qu'ils auraient posé des gestes antirévolutionnaires furent inexistantes. Dans le cas des Frey, ils étaient également et surtout inquiétés à cause de leur statut d'étranger, leurs liens avec la cour d'Autriche et leurs titres de baron qu'ils avaient porté dans leur patrie d'origine. On ne put leur reprocher aucune action ou parole précises contre le gouvernement. Malgré leur fréquentation assidue du club des Jacobins, ils continuaient à apparaître comme des suspects, en qui on voyait des espions[54] à la solde d'une puissance étrangère. Les dénonciations de Frey portent sans aucun doute la trace d'un certain antisémitisme qui, dans le cas d'un des accusateurs, est ancré sur une antipathie personnelle de Junius Frey. Toutes les accusations font référence à leurs origines juives auxquelles sont accolées des qualificatifs de « gens immoraux[55] » ; on peut aussi lire que les Frey sont des « enfants d'Israël » qui « surpassent toutes les autres nations » dans le métier d'espionnage[56]. Finalement, les calomnies sur les sœurs des Frey achèvent de confirmer cet antisémitisme. En effet, l'un des dénonciateurs de Frey affirmait que

54 Gershom Scholem ne récuse pas totalement la thèse d'une mission secrète comme motif principal de la venue des Frey en France, mais il précise que s'il y avait bien eu une mission secrète, celle-ci avait pour objet de tenter de sauver la reine dont les révolutionnaires réclamaient la tête depuis la fuite de la famille royale à Varennes et son incarcération au palais des Tuileries. Voir : Gershom Scholem, *Du frankisme au jacobinisme. La vie de Moses Dobruska alias Franz Thomas von Schönfeld alias Junius Frey*, trad. fr., Paris, Gallimard, 1981, p. 79 et suiv.

55 *Ibid.*, p. 81 et suiv.

56 *Ibid.*, p. 84.

les sœurs du banquier étaient des courtisanes qui avaient été prostituées par leur frère à l'empereur, Joseph II[57]. Par ailleurs, les membres du club des Jacobins n'ont pas semblé avoir digéré le mariage de Chabot avec Léopoldine Frey et c'était un reproche qui lui était constamment adressé. Le bruit de la dot de 200 000 livres que Junius Frey aurait versée à son beau-frère eut la conséquence d'aiguiser les jalousies.

Je ne peux demeurer indifférente à ces bruits d'homme immoral qui circulaient à propos de Junius Frey, car ils rejoignent à bien des égards l'accusation qui était portée contre Sade et qui avait servi de motif pour son arrestation, parallèlement à celui d'entretenir des correspondances avec des ennemis de la République. Frey et Sade devaient tous deux composer avec la réputation d'hommes moralement corrompus.

Je ne puis douter que le chemin des Frey et de Sade se soient croisés, bien qu'ils n'appartenaient pas à la même section. Frey fréquentait des aristocrates[58] et il avait un goût prononcé pour les femmes. Et ce trait de sa personnalité était bien réel[59]. Nous avions mentionné que le café Corraza était le lieu de rencontre privilégié des meneurs des sections, parmi lesquels il faut inclure Sade. Frey fréquentait régulièrement l'endroit. Guzman a pu très bien servir d'intermédiaire. Sade devait être immanquablement attiré par Junius Frey. Savoir qu'on disait qu'il avait été pendu en effigie dans son pays pour la liberté devait certainement aiguiser sa curiosité et il aurait reconnu en ce banquier un être d'exception, comme lui. Mais il y a plus ; l'écriture les rapprocha. Comme Sade, Frey aurait aimé consacrer plus de temps aux belles-lettres[60]. La poésie était le genre qu'il pratiquait le plus, mais ses écrits politiques sont importants, quoique en nombre plus limité. Et ils sont tous inspirés par les bouleversements politiques liés à la chute de l'Ancien Régime.

Il est quelque peu surprenant que l'œuvre principale de Junius Frey soit un traité politique, alors qu'il aimait et pratiquait tout particulièrement la poésie. Sa *Philosophie sociale dédiée au peuple français*, écrite et publiée sous la Révolution, est, d'après son meilleur biographe Gershom Scholem, « une synthèse des idées de Locke, de Rousseau et de Kant », où sont développés « des principes sur lesquels la future constitution

57 *Ibid.*, p. 82.

58 *Ibid.*, p. 80.

59 Ceci pourrait bien paraître paradoxal, car Junius Frey professait une certaine horreur pour la poésie lascive (*Ibid.*, p. 24 et 60).

60 *Ibid.*, p. 27.

de la République française d'inspiration jacobine devrait se fonder[61] ». L'originalité de ce traité politique réside selon moi dans la critique de certaines thèses du *Contrat social.* Scholem exagère la dette de Frey envers Rousseau et néglige les passages où il défait avec une rigueur exceptionnelle certaines parties du *Contrat social.* À ces titres, la *Philosophie sociale* mérite d'être revisitée. Le texte traduit chez Frey des intuitions politiques bien en avance sur les idéaux républicains abstraits. En mettant l'accent sur les droits individuels des minorités, pour ainsi dire, au sein de la majorité, Frey anticipe à bien des égards les questionnements contemporains sur la république, telles que les conçoit un Philip Pettit par exemple.

Dans les articles X et XI de la « Constitution universelle », troisième partie de la *Philosophie sociale*, on peut lire :

> Il est évident que la majorité a le droit d'exiger de la minorité, tout ce qui est nécessaire à la conservation du corps entier, parce que tous les membres périraient avec lui. [...]
>
> Mais quand la société exige quelque chose contre les droits des individus, je veux dire, quand la majorité la lui commande, sans que le moi social exige la nécessité, c'est-à-dire, le devoir du sacrifice du moi individuel qui sont tellement liés, que l'un ne peut guère se passer de l'autre ; alors la majorité ne peut fonder sa demande que sur le droit du plus fort. La conservation du tout n'étant point intéressée par cet acte, il agit contre le principe, devient une injustice, et constitue l'égoïsme de la société que nous allons expliquer d'abord, et d'où nous conclurons que la société peut aussi tomber dans l'erreur de l'égoïsme par la volonté d'une majorité rebelle au principe[62].

Certains commentateurs de Frey, entre autres Gershom Scholem[63] ont mis l'accent sur l'aspect religieux ou quelque peu mystique de la *Philosophie sociale.* Il est vrai que les passages relatifs au Christ, fondateur d'une « constitution qui renfermât les droits de l'homme[64] », ou ceux concernant les manquements de Moïse peuvent laisser perplexe. Ils ont conduit Hindi Youssef à conclure que « Junius Frey représente… les bases de cette religion de la République, qui est un néo-christianisme kabbalisque[65] ».

61 *Ibid.*, p. 75.

62 Junius Frey, *Philosophie sociale dédiée au peuple français*, 1793, p. 94-95.

63 Gershom Scholem, *Du frankisme au jacobinisme. La vie de Moses Dobruska alias Franz Thomas von Schönfeld alias Junius Frey*, éd. citée, p. 73.

64 Junius Frey, *Philosophie sociale dédiée au peuple français*, ouvr. cité, p. 41.

65 Hindi Youssef, *La mystique de la laïcité. Généalogie de la religion républicaine de Junius Frey à Vincent Peillon*, Alfortville, Sigest, 2017, p. 74.

On doit aussi à Frey un autre ouvrage politique plus simple et d'envergure intellectuelle moins importante. *Les Aventures politiques du père Nicaise ou l'anti-fédéraliste* se situent dans la même veine polémique que les nombreux libelles qui inondaient la capitale en guise d'écrits politiques afin de discréditer des opposants. Dans le cas du texte de Frey, c'était les Girondins qui étaient visés. La voix de l'auteur est celle d'un « patriote » et non celle d'un capitaliste bourgeois. Immensément riche, Frey ne sembla avoir aucun problème à s'identifier aux sans-culottes et à rapidement, à l'instar de Sade, « se familiariser avec les invectives des patriotes français[66] ».

Les activités d'écrivain public de Frey ne se limitent pas à ces deux textes. Il écrivit ainsi pour le compte du gouvernement révolutionnaire nombre de rapports économiques sur le régime des finances de son pays d'origine et sur les manières de contrôler l'usure, idée fort étonnante chez un banquier. Doit-on voir dans ces écrits, comme dans ses achats des biens nationaux ou dans ses gestes pour soulager les miséreux, des actions intéressées afin de prouver son patriotisme ? Frey était un individu d'une complexité remarquable. Gershom Scholem a apporté la preuve de son attachement sincère à la Révolution, et surtout à l'idéal d'égalité qu'elle prônait. Toutefois, l'homme pragmatique et le banquier lucide qu'était Frey ne restèrent pas aveugles face aux opportunités d'affaires amenées par la Révolution et ils surent aussi reconnaître les limites et les contradictions de cette dernière. Sa position était à cet égard proche de celle de Sade, qui lui aussi mit sa plume au service de la cause révolutionnaire et dont on douta – c'est encore le cas aujourd'hui – de la sincérité des sentiments.

La *Philosophie sociale* de Frey est difficilement comparable aux opuscules politiques de Sade. Hormis cette exception, les écrits politiques des deux hommes étaient ancrés dans l'actualité du jour et témoignaient de leur volonté de trouver une place au sein de cette nouvelle société française qui prêchait l'égalité entre les hommes et la liberté.

Aussi est-il opportun de dire maintenant quelques mots sur le passé frankiste de Frey et son adhésion à la franc-maçonnerie. Ils mettront en lumière la complexité de l'homme et permettront de voir que la Révolution représenta à ses yeux une synthèse de ses aspirations les plus contradictoires, raison pour laquelle il y adhéra avec conviction.

---

66 Gershom Scholem, *Du frankisme au jacobinisme. La vie de Moses Dobruska alias Franz Thomas von Schönfeld alias Junius Frey*, éd. citée, p. 67.

Le cheminement intellectuel de Frey en Autriche se situe dans le cadre de l'essor et de la popularité de la franc-maçonnerie dans ce pays. L'attrait de ce mouvement sur le banquier fut tel qu'il adhéra non seulement à la franc-maçonnerie ordinaire mais aussi à deux ordres aux tendances mystiques : l'ordre des « Frères asiatiques » et celui des « Chevaliers de la vraie lumière[67] ». Ce furent les emprunts de ces sociétés au judaïsme qui durent séduire Frey. Les éléments kabbalistiques seraient particulièrement marqués dans l'ordre des « Frères asiatiques », et ce à cause de la place prépondérante qu'y occupa Frey[68], tant bien même que celui-ci conservait ses liens profonds avec la secte juive des sabbatiens dont le leader, Jacob Frank, était le cousin de sa mère. Une constante de la personnalité de Frey était ce penchant marqué pour l'ésotérisme, mais il était contrebalancé par un rationalisme nourri par la lecture des philosophes des Lumières. Aux yeux de Gersham Scholem, le frankisme était de nature à intégrer toutes ces contradictions. D'où cet instantané de la personnalité de cet homme, toujours insaisissable :

> Tout en gardant sa fidélité aux principes de l'Ordre, il parle du Christ avec dévotion, cependant qu'à l'heure même [1792] … il prépare une carrière jacobine révolutionnaire ! Ainsi se projette sous nos yeux la personnalité d'un homme revêtant plusieurs masques à la fois, et les reniant tous, selon les circonstances sans qu'il soit possible de déterminer sa position réelle : c'est la position du vrai frankiste selon la conception prônée par Jacob Frank[69].

En dépit de son amour pour la raison, Junius Frey continuait ainsi à Paris à poursuivre des spéculations numérologiques[70]. Sur ce plan, il rejoignait Sade qui fut saisi durant sa détention d'une manie des chiffres. Maurice Lever a fort bien documenté ce moment de la vie de Sade et il serait inutile d'en parler ici davantage, sinon pour souligner ceci : s'il est vrai que les calculs de Sade étaient peu comparables aux interprétations complexes de Frey, il n'en demeure pas moins qu'ils traduisent sa tentation ésotérique dont l'*Histoire de Juliette* porte de nombreuses traces. Sade possédait dans sa bibliothèque de La Coste les *Lettres cabalistiques*, ainsi que les *Lettres de quelques juifs portugais et allemands à M. de Voltaire*. Sade a conservé le premier ouvrage jusqu'en

67 *Ibid.*, p. 28.
68 *Ibid.*, p. 29.
69 *Ibid.*, p. 56.
70 *Ibid.*, p. 28.

1797 (et peut-être même au-delà). Malgré ses pressants besoins d'argent, il ne s'en est pas départi. Les sujets de conversation entre lui et Junius Frey ne devaient pas manquer.

La Révolution offrait une opportunité unique de se réinventer une identité, à la mesure de la grandeur des bouleversements dont la France était secouée. Dans le cas de Frey, c'est certainement une des puissantes motivations personnelles (et éthiques) de son implication dans la Révolution française. Sa fin prématurée à 40 ans ne lui permit pas d'achever son cheminement. En arrivant en France, les Frey firent courir autour de leur personne des « informations [...] pleines de contre-vérités », des « mensonges », des « déformations », affirme Gershom Scholem[71]. « Quel profit pensaient-ils en tirer ? Quelle est la raison profonde de ces déformations [...] », se demande l'historien ? Il ne donne pas de réponse à cette question, bien qu'il demeure convaincu de la sincérité de l'attachement de Frey à la Révolution. Laurence Bongie, dans sa biographie sur Sade, emploie aussi le mot « mensonges » à propos du marquis, et est persuadé que toute sa vie, y compris son implication auprès des sans-culottes, est une longue duperie. Ne serait-il pas possible de concevoir autrement la réalité et de voir dans la démarche des deux hommes leur volonté de transcender les déterminismes liés à leur destin social ou ethnique, voire de juxtaposer des identités multiples ?

Junius Frey et Sade côtoyèrent de près les pouvoirs centraux de la Commune et de la Convention. Une différence principale entre les deux hommes est l'aisance financière du premier. Sade dont on connait les problèmes d'argent ne pouvait qu'être admiratif de Frey et désirer faire partie de son cercle. Et la générosité des Frey n'était pas une légende. Le marquis profita certainement de leurs largesses, comme bien d'autres.

Les talents littéraires de Frey, son goût pour les femmes, ses origines étrangères, ses relations d'affaires et son immense fortune le lièrent tout naturellement à Jean-Frédéric Perregaux, le banquier attitré de toutes les actrices de la capitale. Comme l'on sait, cette gent féminine n'avait aucun secret pour Sade, dont la nouvelle compagne, Constance Quesnet, était comédienne, de fortes raisons me poussent à croire que Sade et Frey se côtoyaient. Je pense qu'il ne peut y avoir beaucoup de doute là-dessus. Un mot donc maintenant sur le banquier Perregaux, figure emblématique de la haute finance sous la Révolution et jusqu'au-delà du Consulat.

---

71 *Ibid.*, p. 67.

L'ARGENT, LA MONDANITÉ ET LE JOURNALISME : PERREGAUX ET CLOOTS

Perregaux possède un hôtel particulier rue de la Chaussée d'Antin, à quelques pas donc de la rue où Sade louait une maison, rue Neuve-des-Mathurins, mais aussi tout près de la demeure de Guzman. L'hôtel magnifique de Perregaux, décoré par Fragonard et le jeune David, lui avait été vendu en 1786 par la Guimard, danseuse et courtisane. On peut supposer que cette transaction immobilière permit à Perregaux d'établir une clientèle solide parmi la gente féminine du spectacle (danseuses et comédiennes) dont il assurait la gestion de la fortune, énorme dans certains cas. Mais ce ne sont pas que des liens d'affaires qui liaient Perregaux à ces femmes. Celles-ci étaient souvent les maîtresses de ses collègues financiers ou banquiers et à ce titre les portes des salons de son hôtel particulier leur étaient ouvertes. De plus, il m'a semblé qu'une certaine attirance naturelle de la part de Perregaux pour cette bohème des arts de la scène expliquait aussi le choix qu'il faisait de s'entourer de ces femmes qui étaient pour lui plus que de simples clientes. Malgré le danger que cela pouvait représenter, en raison de leurs liens avec les aristocrates, il continua à être utile à ses amies actrices et aux courtisanes. L'exemple le plus fameux est Anne-Josèphe Théroigne de Méricourt en fuite à l'étranger[72], malgré ses actions révolutionnaires spectaculaires. Le banquier lui a rendu nombre de services financiers. Si je mentionne Théroigne de Méricourt, c'est que Sade a été le voisin de cette femme galante lorsqu'il a séjourné à l'hôtel du Bouloir, après sa sortie de Charenton. Et Maurice Lever prend la peine de signaler la « tendre intimité[73] » qui l'aurait attaché à Théroigne de Méricourt.

Ce n'était pas uniquement cette féministe qui liait Sade à Perregaux, mais aussi le puissant Guzman. Les deux hommes se connaissaient bien. Par conséquent, il est à peu près certain que le marquis a rencontré Perregaux à titre d'ami du comte, d'autant plus que Perregaux est membre de la section des Piques. Sade le connut au cours des assemblées.

72 Jean Bouchary, *Les Manieurs d'argent à Paris à la fin du XVIIIe siècle*, ouvr. cité, tome 3, p. 15 et suiv.

73 Maurice Lever, *Donatien Alphonse François, marquis de Sade*, ouvr. cité, p. 390.

Finalement, la compagne de Sade, Constance Quesnet, en tant que comédienne, évoluait dans le milieu où se recrutaient les clientes de Perregaux[74] et qui formait les habituées de sa luxueuse demeure abritant « un théâtre de cinq cents places[75] ». Sade dont on connaît le goût pour le théâtre et qui avait aussi fait installer un théâtre dans son château à La Coste avait toutes les raisons de se lier à Perregaux. À cela, il faut ajouter les postes militaires dans lesquels ils s'enrôlèrent au début de la Révolution, Sade comme officier de la cavalerie et Perregaux comme capitaine de la première compagnie de fusiliers, puis de celle de grenadiers, lors de l'organisation de la garde nationale[76].

Comme banquier étranger, Perregaux fut seulement inquiété, quoique à plusieurs reprises. Il était trop précieux au Comité du salut public. Grâce à ses relations internationales et huguenotes, il était en mesure d'assurer à la France le papier nécessaire afin qu'elle paye ses importations. Un tel trafic de devises et de traites sur l'étranger était fort dangereux, car illégal – « puisque avec des correspondants en pays ennemis[77] ». Dans les faits, Perregaux devint donc indispensable aux révolutionnaires, d'où son surnom de « banquier du Comité du salut public[78] ». Toutefois, ceci n'empêcha pas qu'il fût momentanément emprisonné[79]. De nombreuses raisons portent à croire qu'il fut protégé par sa section dont nous avons vu des exemples de sa volonté d'indépendance face à la Convention. En effet, lorsque le comité révolutionnaire de sa section perquisitionna son domicile le 7 septembre 1793, au moment où les représailles extrêmes contre les banquiers étrangers étaient à l'ordre du jour – le 8 septembre les scellés seraient apposés à Paris sur toutes les banques étrangères – les membres de la section soulignèrent avec éloquence le patriotisme du Neuchâtelois. Non seulement, pouvait-on lire dans le procès-verbal, on ne trouvait rien contre lui, mais son patriotisme était étayé par les

---

74 Une grande confiance liait Perregaux aux femmes du spectacle. En effet, le climat d'instabilité financière et économique des années 1790 l'avait poussé à cacher deux mille louis sous le parquet d'une de ses amies, chanteuse (Voir : François Crouzet, *La grande inflation. La monnaie en France de Louis XVI à Napoléon*, ouvr. cité, p. 296).

75 Maurice Lever, *Donatien Alphonse François, marquis de Sade*, ouvr. cité, p. 432.

76 Jean Bouchary, *Les Manieurs d'argent à Paris à la fin du XVIIIe siècle*, ouvr. cité, tome 3, p. 20.

77 François Crouzet, *La grande inflation. La monnaie en France de Louis XVI à Napoléon*, ouvr. cité, p. 296.

78 *Id.*

79 *Id.*

preuves « les plus éclatantes de son civisme dans tout le cours de la Révolution » et par les « sacrifices généreux qu'il a faits pour assurer la liberté de sa patrie adoptive[80] ».

Au moment de la rédaction de ce procès-verbal, Sade était l'un des membres les plus influents de sa section. Comme nous le verrons plus loin, lorsque les déboires de Perregaux débutent, Sade était membre du Comité révolutionnaire depuis avril et, quelques mois plus tard, en l'occurrence en septembre, il serait président de sa section. Je n'ai aucun doute à croire que Sade faisait partie de ceux qui ont soutenu Perregaux. Le crédit dont il jouissait dans sa section lui permettait, sans trop se compromettre, de donner son appui au banquier. Par le fait même, Sade allait à contre-courant de l'immense cabale publique qui se déchaînait à Paris contre les gens d'affaires étrangers, dont Cloots.

Anacharsis Cloots était un farouche partisan de la déchristianisation et un vigoureux défenseur du cosmopolitisme, comme en témoignaient ses *Étrennes de l'orateur du genre humain aux cosmopolites*. Et il est surtout connu en ces qualités. L'historiographie française mentionne moins souvent ses attaches profondes avec les milieux étrangers des affaires. Albert Mathiez le présente sous ce dernier éclairage et le qualifie de « banquier cosmopolite[81] ». Il était aussi député de l'Oise. Il n'hésita pas, dans une réponse, publiée dans le numéro du vendredi 19 juillet 1793 du *Batave*, à un publiciste Saxon qui l'attaqua en l'accusant d'être un ci-devant, de se dire « agriculteur ». Il défend vigoureusement son appartenance à la sans-culotterie : « Mon bonheur est inséparable du succès de la *sans-culotterie*. L'instinct du peuple est infaillible : quiconque nie cette perspective est un *aristocrate*. Je serai sûr de ne jamais me tromper en ne voulant que ce que veulent les *sans-culottes*[82]. »

Dans le climat politique de l'été 1793, lorsque les attaques contre les étrangers devinrent de plus violentes, il est clair que Cloots tentait surtout de se dissocier de la Prusse et dans sa lettre, il qualifia Frédéric Guillaume du « plus stupide des princes » et du « plus odieux des tyrans[83] ». Plus loin, il réfuta directement les accusations de Brissot contre lui : « L'imposteur Brissot a eu le front d'écrire *à ses commettants*,

80 Albert Mathiez, *Autour de Danton*, ouvr. cité, p. 231.
81 Albert Mathiez, *La Révolution française*, éd. citée, p. 264.
82 *Le Batave, ou le Nouvelliste étranger*, vendredi 19 juillet 1793, n° 155.
83 *Id.*

que mon ci-devant souverain, un roi qui me voue à la potence, et que je voue à la guillotine, *me laisse la jouissance de mes terres dans ses états.* Mensonge absurde[84] ! »

Tout comme Sade qui ne savait à quel saint se vouer pour établir son civisme patriotique et ses liens avec les classes populaires, Cloots rappelle à son détracteur sa *pétition en faveur des domestiques*, qu'il avait présentée à l'assemblée législative ; texte dans lequel il « étouffe les clameurs du sot orgueil ».

Lorsqu'Anacharsis Cloots n'était pas occupé à la rhétorique de sa décharge, il menait avec conviction un combat philosophique pour un cosmopolitisme à saveur républicaine :

> Les fauteurs de l'aristocratie ont leurs raisons pour isoler les peuplades humaines ; ils savent que les masses incohérentes s'entrechoquent au profit des rois et au détriment des lois ; ils ne me pardonneront jamais d'avoir prouvé qu'il n'y a pas de fléau plus désastreux que les corporations nationales, qu'il n'y a pas de lien plus éphémère que les fédérations collectives. Je suis coupable d'avoir annoncé que le monde ne jouira d'une paix stable qu'avec la confédération de tous les individus de la famille humaine[85].

Cloots était le cousin de Proli. C'est du moins ce qu'affirmait Camille Desmoulins[86] dans son attaque contre le premier, en vue de discréditer son patriotisme et d'associer son nom à ce fameux complot de l'étranger, tout en le rendant responsable de la déchristianisation pour laquelle il s'était ouvertement prononcé à la Convention, mais contre laquelle Robespierre s'élèverait le 21 novembre 1793 à la tribune des Jacobins. Robespierre s'en prendra également directement à Cloots. Que lui reprochait-on exactement, au-delà de ses liens avec Hébert et ses valeurs athées ? Ses relations avec les milieux d'affaires étrangers, son immoralisme.

C'est Cloots et Pereira qui furent chargés par les Jacobins d'obtenir l'abdication de l'évêque de Paris. Leur campagne auprès de l'homme d'Église, avec son lot d'intimidation, avait des allures d'une expédition de brigandage :

---

84 *Id.*

85 Anacharsis Cloots, *Étrennes de l'orateur du genre humain aux cosmopolites*, Chef-lieu du globe, 1793, p. 18-19.

86 Albert Mathiez, *La Révolution française*, éd. citée, p. 527.

> Cloots et Pereyra vont, à onze heures du soir, chez Gobel qui était couché, et qui se lève pour les recevoir. Ils lui proposent de se rendre à la Convention et d'abjurer ses erreurs [...] Gobel, subjugué par la terreur est traîné plutôt que conduit à la barre de la Convention[87].

Tous ces hommes d'affaires, ces manieurs d'argent, étaient liés entre eux par un écheveau assez complexe d'intérêts, d'amitiés ou de parentés. Ce qui me frappe le plus chez eux est leur passé obscur qui explique, à mes yeux, la force avec laquelle ils se sont jetés dans la Révolution. Elle représentait pour eux une sorte de renaissance. Mais je vais laisser ici la parole à Albert Soboul qui fait un portrait remarquable de ces étrangers dont la frénésie révolutionnaire et la moralité douteuse rappellent à bien des égards celles de Sade :

> La Révolution à ses débuts [...] avait accueilli de nombreux étrangers. Certains siégeaient à la Convention même, comme Anacharsis Cloots [...] Ces étrangers réfugiés jouèrent bientôt un rôle politique considérable qui inquiéta d'autant plus le Comité du salut public, qu'ils étaient en liaison avec des hommes d'affaires étrangers dont le rôle était plus qu'équivoque. Ainsi Walter Boyd, banquier du Foreign Office, protégé par Chabot ; le banquier Perregaux de Neuchâtel et donc sujet prussien ; banquier encore Proli, brabançon et donc sujet autrichien, ami de Desfieux, agitateur jacobin, et de nombreux députés montagnards ; hommes d'affaires, les deux frères Frey, sujets autrichiens, dont l'ex-capucin Chabot épousa la jeune sœur [...] ; homme d'affaires encore, Guzman, un grand d'Espagne déclassé... Ces étrangers avaient de nombreuses attaches avec certains Montagnards ; ils poussaient à toutes les mesures extrêmes, aux annexions, à la déchristianisation [...] ; ils trafiquaient sur les fournitures aux armées, ils spéculaient à la baisse de l'assignat[88].

En dépit de leurs intérêts communs, « désir d'amasser et de jouir », plusieurs « se dénoncèrent l'un l'autre et si violemment qu'ils s'entraînèrent dans la mort[89] ».

Maurice Lever impute l'arrestation de Sade directement au discours que celui-ci a prononcé à la Convention en faveur de la déchristianisation.

---

87 Léon Khan, *Les Juifs de Paris pendant la Révolution*, Paris, Éditions Paul Ollendorf, 1898, p. 241. Léon Khan cite ici le récit tel que raconté par l'abbé Grégoire, d'où ce côté dramatique qui n'est peut-être pas trop exagéré compte tenu du tempérament peu commode de Pereyra (Voir : Léon Khan, *Les juifs de Paris pendant la Révolution*, ouvr. cité, p. 245).

88 Albert Soboul, *Précis d'Histoire de la Révolution française*, Éditions sociales, 1962, p. 299.

89 Jean Bouchary, *Les Manieurs d'Argent à Paris à la fin du XVIIIe siècle*, tome I, ouvr. cité, 1939, p. 9.

Il faudrait ajouter à ce motif, à l'instar de Cloots, les liens que le marquis entretenait avec les manieurs d'argent étrangers. Pour mon propos, cette plaidoirie de Sade pour l'athéisme témoigne de la proximité du marquis avec ce cercle bruyant et puissant dont une des têtes était Cloots. Fort de ses appuis politiques, Sade n'a pas hésité à s'exposer publiquement. Robespierre était parfaitement au courant de son identité et, dans sa propre harangue pour mettre un frein à la déchristianisation, le 21 novembre, il visait directement Sade lorsqu'il s'écriait : « Il est des hommes [...] qui, sous le prétexte de détruire la superstition, veulent faire une espèce de religion de l'athéisme lui-même. » Et il terminait par : « L'athéisme est aristocratique[90]. »

Dans sa correspondance, Sade reste discret, voire muet sur ses liens avec Guzman et le cercle des banquiers parisiens. Dans ses nombreuses lettres à ses chargés d'affaires, il ne mentionne aucun nom. Je ne pense pas que ce silence invalide mon hypothèse. À propos de Robespierre et Sade, Maurice Lever affirme que les deux hommes se sont rencontrés : « comment auraient-ils pu s'ignorer, fréquentant les mêmes lieux pendant au moins deux années[91] ? » Et pourtant pas une fois, à notre connaissance, le marquis n'a mentionné son nom dans ses lettres au cours de ces années. Sade fréquentait, en plus de la Commune et des assemblées de sa section, des maisons closes, des salles de jeu et des cafés au Palais-Royal, là où l'Incorruptible aurait difficilement mis les pieds. C'est dans ces endroits qu'il a nécessairement rencontré les Proli, Cloots et Frey. Toutefois, Sade est resté silencieux sur ses liaisons, comme il l'a fait dans le cas de Robespierre.

Les portraits des banquiers étrangers que je viens de faire montrent qu'ils avaient tous, à des degrés divers, des goûts et des penchants intellectuels communs avec Sade. Son mutisme à leur égard peut s'expliquer par une prudence élémentaire, surtout en ce qui concerne Guzman dont il était le plus proche. L'Espagnol, en dépit de ses fonctions de président de la section des Piques, est mêlé à des affaires louches de corruption et son nom est publiquement dénoncé par Roux à la Convention. Guzman dut répondre de ses agissements à au moins quatre reprises depuis le début de la Révolution. La troisième fois, il fut dénoncé par Pereira, membre également de la section des Piques et client assidu du café Corazza.

---

90 Cité par Maurice Lever, *Donatien Alphonse François, marquis de Sade*, ouvr. cité, p. 511 et p. 524.

91 *Ibid.* p. 523.

Guzman fut alors incarcéré le 2 juin 1793 mais il resta moins de vingt-quatre heures en prison, et fut libéré « grâce aux excellents témoignages que la section lui décerna[92] ». Si Guzman ne sera pas inquiété sérieusement avant la fin septembre, c'est qu'il pouvait compter sur l'appui de son compagnon Proli, « autre ami d'Hébert[93] », conclut Albert Mathiez.

Sade, qui devait connaître les agissements de Guzman, a compris qu'il fallait faire preuve de prudence. Ses activités révolutionnaires et son crédit dans sa section lui ont fait connaître que les lettres pouvaient être interceptées et ouvertes à n'importe quel moment. N'avait-il pas lui-même effectué la même manœuvre indélicate en détournant une des lettres de Mme de Montreuil ? Il avait d'ailleurs explicitement mis en garde son chargé d'affaires, Gaufridy : « Il faut être prudent dans ses lettres, et jamais le despotisme n'en décacheta autant que la liberté[94]. » On peut ici de nouveau établir un parallèle avec Junius Frey. Le tribunal révolutionnaire qui avait jugé le banquier n'avait trouvé aucun papier compromettant, aucune trace de ses activités politiques, aucun témoignage écrit de ses liens avec ses confrères. Il détruirait toute preuve qui aurait pu l'incriminer. Il en était de même de Guzman. On ne produisit contre lui aucune pièce à conviction. Frey avait eu amplement le temps de détruire toute pièce compromettante, entre le moment où son beau-frère, Chabot, était inquiété et celui de sa propre arrestation. Gershom Scholem relate le fait de l'absence de pièces accusatrices à l'égard de Frey :

> Comme on n'avait trouvé chez ce dernier – ci-devant noble et ex-baron étranger, agent de l'Angleterre et du cabinet de Vienne – aucun matériel politique qui eût permis de le condamner comme conspirateur contre la République ni aucun matériel pour l'impliquer dans l'affaire de la Compagnie des Indes, on dut se contenter d'une accusation générale de corruption de plusieurs représentants du peuple[95].

Les Frey furent exécutés sur la base de rumeurs. Qu'il ne reste pas de correspondance entre Sade et le cercle des banquiers étrangers n'a rien de trop surprenant, mais on peut affirmer en toute confiance que Sade fréquentait ces milieux.

---

92 Albert Mathiez, *Autour de Danton*, ouvr. cité, p. 220.

93 *Ibid.*, p. 221.

94 Maurice Lever, *Donatien Alphonse François, marquis de Sade*, ouvr. cité, p. 499.

95 Gershom Scholem, *Du frankisme au jacobinisme. La vie de Moses Dobruska alias Franz Thomas von Schönfeld alias Junius Frey*, ouvr. cité, p. 90.

SADE ET LES SECTIONS PARISIENNES OU L'HISTOIRE D'UNE ASCENSION POLITIQUE

L'HOMME DE CONFIANCE DES SANS-CULOTTES

Les postes que Sade occupa entre septembre 1792 jusqu'à son arrestation en décembre 1793 ne sont pas des fonctions subalternes. Ceux qui les détiennent ont un poids politique, surtout dans le contexte de la lutte de pouvoir qui oppose les sections au pouvoir centralisateur de la municipalité et de la Convention. Ces postes traduisent de manière concrète que Sade était loin d'être un simple pion sur l'échiquier politique parisien. Il s'agit là d'une certitude historique dont on trouve la confirmation dans l'analyse de l'histoire des sections. Sade n'aurait jamais joui du pouvoir dont il a bénéficié comme citoyen de sa section s'il n'avait eu le soutien du banquier Guzman dont on a vu plus haut l'importance politique et qui fait le lien entre les sans-culottes militants et les autorités centrales. Guzman avait le don de rallier autour de sa personne des révolutionnaires radicaux comme Marat mais aussi les riches bourgeois habiles en affaires ou en politique, comme un Junius Frey.

Les sections, dès leur origine et tout au long de la Révolution, ont fait office de contre pouvoir à l'autorité centralisateur de la municipalité et de l'Assemblée.

Rappelons que le règlement royal du 13 avril 1789, en vue des élections aux États Généraux, avait divisé la ville de Paris en 60 districts qui se substituèrent ainsi à ses vingt et un quartiers. Ces districts, administrés par un comité de 16 à 24 membres, étaient chargés d'exécuter les ordres. Le comité avait aussi certaines fonctions de police. Jaloux de leurs pouvoirs et de leur indépendance, les districts continuaient à se rencontrer, même après les élections, avec la volonté affichée de se gouverner eux-mêmes. Le décret du 21 mai-27 juin 1790 supprima les districts de Paris et les remplaça par 48 sections. Le décret conserva la fonction de surveillance des districts en prévoyant pour chaque section un commissaire de police aux pouvoirs assez étendus. En plus, les sections se virent dotés de seize autres commissaires, connus sous le nom de « commissaires de section ». Bien que le décret réaffirme de nouveau la fonction élective des sections, celles-ci se mêlèrent de questions politiques qui débordaient largement du cadre de leur compétence, sous la pression, en leur sein, de minorités radicales. Face à cette situation l'Assemblée nationale vota en mai 1791 (décret du 18-22 mai) un décret qui limitait les délibérations des sections aux seules questions d'administration municipale. Loin de se plier à ce décret, les sections vont par exemple demander à l'Assemblée, le 3 août 1792, la déchéance du souverain[1].

C'est au sein de cet organe politique militant, appuyé sur le peuple mené par certains éléments radicaux, et qui sait imposer sa loi, tant à la municipalité qu'à l'Assemblée, que Sade va occuper des postes clés de confiance, notamment la présidence de sa section. Maurice Lever minimise cette fonction en disant que les présidents changeaient souvent. En effet, les sections, lorsqu'elles sont convoquées par la municipalité en vue de procéder à des élections, se constituent une assemblée dite « primaire », et elles se nomment un président et un secrétaire. Au titre V, article 4 et 5 de la loi municipale, on peut lire :

> ART. 4. Les assemblées des citoyens actifs seront convoquées par le corps municipal, huit jours avant celui où elles devront avoir lieu. La séance sera ouverte en présence d'un citoyen chargé par le corps municipal d'expliquer l'objet de la convocation.
>
> 5. Chaque assemblée procédera, dès qu'elle sera formée, à la nomination d'un président et d'un secrétaire ; il ne faudra pour cette nomination que la simple pluralité relative des suffrages, en un seul scrutin, recueilli et dépouillé par les trois plus anciens d'âge[2].

Il est donc clair que les présidents et les secrétaires variaient d'une assemblée à une autre. Toutefois, la section de la Place-Vendôme comptait 1200 citoyens actifs[3] et seul un citoyen bénéficiant de la pleine confiance de la section, mais aussi possédant une personnalité forte, aurait pu être élu

1 Voir : Maurice Lever, *Donatien Alphonse François, marquis de Sade*, ouvr. cité, p. 495.

2 Cité par Ernest Mellié, *Les sections de Paris pendant la Révolution française. Leur organisation, leur fonctionnement*, Paris, Société de l'Histoire de la Révolution française, 1898, p. 21.

3 *Ibid.*, p. 24.

président. Il n'est pas clair comment Sade a réussi à s'imposer comme une sorte de leader. On peut supposer que c'est par ses contacts avec d'autres citoyens plus influents et riches, qui auront été attirés par sa culture, ses talents d'écrivain et son goût pour le théâtre, qualités qui exerçaient une fascination chez les banquiers domiciliés autour de la Place-Vendôme.

La nouvelle loi municipale supprimait la permanence des districts et les sections ne devaient être que « de simples circonscriptions électorales qui ne doivent s'assembler que pour voter et se séparer aussitôt[4] ». Toutefois, dans les faits, les sections vont s'assembler en dehors du cadre électoral, dès que les membres en sentaient la nécessité pour, comme nous l'avons vu plus haut, exercer une pression politique sur la Convention ou dès qu'un appel à l'insurrection se faisait entendre. La section de la Place-Vendôme par exemple, à partir de février 1791[5], malgré son modérantisme, siège régulièrement pour délibérer. Ce genre d'« assemblée générale » se tenait sur le même modèle que prévoyait la loi municipale du 21 mai-27 juin 1790 : élection d'un président et d'un secrétaire. C'est dans ce contexte hors élections[6] et orienté fortement vers l'action politique que Sade a œuvré comme président et secrétaire de sa section, au moment de sa relative radicalisation, lorsqu'elle abandonne le nom de Place-Vendôme pour adopter celui de section des Piques (le 11 septembre 1792).

Sade a dû certainement être présent[7] lors de l'assemblée générale du 27 août 1792 où Robespierre, citoyen comme lui de la section de la Place-Vendôme, fit voter un arrêté qui établissait pour les sections le droit d'accepter ou de refuser les députés choisis par l'assemblée électorale[8]. Il s'agissait là d'un moyen de doter les citoyens des sections d'une forme de démocratie directe, en vue des élections des nouveaux députés de la Convention. L'arrêté de Robespierre, qui devint un règlement municipal, se lit en ces termes :

---

4 *Ibid.*, p. 42.

5 Voir : Gilbert Lely, *Vie du marquis de Sade*, p. 373.

6 Ernest Mellié souligne toutefois le caractère mixte des assemblées des sections. Lorsque celles-ci se réunissent pour procéder à des élections, elles se saisissent de l'occasion pour délibérer : recevoir ou envoyer des députations, adhérer à des arrêtés ou en prendre (Voir : Ernest Mellié, *Les sections de Paris pendant la Révolution française. Leur organisation, leur fonctionnement*, ouvr. cité, p. 59).

7 Quelques jours plus tard, lorsque les élections auront lieu au sein de la section, Sade sera nommé comme secrétaire de cette assemblée primaire.

8 Ernest Mellié, *Les sections de Paris pendant la Révolution française. Leur organisation, leur fonctionnement*, ouvr. cité, p. 65.

> 1° En principe, tous les mandataires du peuple doivent être nommés immédiatement par le peuple, c'est-à-dire, par les assemblées primaires ; ce n'est qu'à cause de la nécessité des circonstances, que la méthode de nommer les députés à la Convention nationale par l'intermédiaire des assemblées électorales est adoptée ;
> 2° Pour prévenir, autant que possible, les inconvénients attachés à ce système, les électeurs voteront à haute voix et en présence du public ;
> 3° Afin de rendre cette dernière précaution efficace, ils se rassembleront dans la salle des Jacobins, et les députés nommés par les électeurs seront soumis à la révision et à l'examen des sections en assemblées primaires, de manière que la majorité puisse rejeter ceux qui seraient indignes de la confiance du peuple[9].

Nous ne savons pas ce qu'a pensé Sade de cette motion, au moment où Robespierre la faisait adopter, car on n'en trouve aucune mention dans sa correspondance, mais cette notion de démocratie directe ne lui a pas échappé, car il la reprendra dans l'un de ses propres écrits. Pour le moment, jetons un coup d'œil sur les moments où l'assemblée générale de la section des Piques a fait de Sade son président, son secrétaire et son commissaire.

SUR TOUS LES FRONTS DE L'ACTION RÉVOLUTIONNAIRE : LES ASSEMBLÉES, LA RUE, L'HÔPITAL, LA PROVINCE

C'est pendant le tragique épisode des massacres de septembre 1792 que Sade est nommé secrétaire de sa section. Cette première montée en grade est certainement l'aboutissement de ses efforts constants pour assister aux nombreuses assemblées qui se sont tenues l'année précédente à la section. Cette même année, Sade n'a pas non plus été en reste de gardes[10]. Sa nomination comme secrétaire de sa section correspond à la dissolution de l'Assemblée législative qui cède la place à la Convention.

9 *Id.*

10 Sade s'en lamentera à Gaufridy dans une lettre datée d'août 1792 : « Je suis malade, je fais des remèdes, et nous sommes si tellement écrasés dans notre section que je n'ai pas même le temps de me guérir. Je suis à la fois aujourd'hui de garde aux Tuileries et de surveillance à la section [...] » (Paul Bourdin, *Correspondance inédite du marquis de Sade*, ouvr. cité, p. 322).

Il est nommé à ce poste lors de l'assemblée primaire au cours de laquelle les citoyens de sa section devaient voter pour les élections des députés à la Convention. On peut constater qu'à ce moment crucial de la Révolution, Sade est aux premières loges de l'Histoire.

Cette fonction de secrétaire devait théoriquement être éphémère et prendre fin dès les élections complétées. Toutefois, comme nous l'avons mentionné, les sections refusaient de renoncer à leur droit de s'assembler, droit intimement lié à l'efficacité de leurs actions politiques tant à la Commune qu'auprès de la nouvelle Convention. Du coup, Sade continuera son travail de secrétaire pour exprimer les vœux des citoyens de la section des Piques à la Convention. Il sera ainsi amené à de nombreuses reprises à faire partie de députations qui y iront lire les pétitions dont il est le rédacteur. J'aurai l'occasion de les examiner en détail plus loin.

Environ un an après, Sade deviendra le président de sa section. Maurice Lever semble attribuer une certaine banalité à cette nomination, pour contredire l'attitude de Sade qui se vantait auprès de Gaufridy de son crédit dans sa section ; pour l'historien, il ne faut pas exagérer l'importance de cette fonction puisque les présidents de séance « étaient nommés "au tour" et changeaient d'une semaine, voire d'un jour sur l'autre[11] ». Toutefois, pour Jean-Jacques Pauvert, c'est surtout au rôle de président qu'est attaché le plus de pouvoirs, plus même qu'à la fonction de commissaire. Par contre, pour Ernest Mellié, ce sont les commissaires, de par la nature même de leur travail, qui sont dans la meilleure position pour imposer leur volonté particulière. Quoi qu'il en soit, Sade s'illustrera surtout au sein de sa section par son travail de commissaire. Aussi convient-il de dire quelques mots sur cette fonction.

Au sein des sections existaient des comités civils composés de commissaires. Le décret du 21 mai-27 juin 1790 qui créait les sections avait doté chacune d'elles de seize commissaires, formant ainsi un « Comité civil et permanent ». Celui-ci « surveillait et secondait au besoin le commissaire de police, veillait à l'exécution des ordonnances, arrêtés ou délibérations[12] ». Je me permettrai de citer *in extenso* un extrait de l'enquête d'Ernest Mellié qui précise davantage les fonctions du comité civil, puisqu'il les a déduites des procès-verbaux du Comité de la section des Piques :

---

11 Maurice Lever, *Donatien Alphonse François, marquis de Sade*, ouvr. cité, p. 502.

12 Ernest Mellié, *Les sections de Paris pendant la Révolution française*, ouvr. cité, p. 158.

> Apposition et levée des scellés, surveillance des ouvriers qui travaillent au camp sous Paris, inspection des rues pour y maintenir l'ordre et la propreté, apurement des comptes présentés par les chefs d'atelier, paiement des frais de section, vérification des demandes des pères, mères et femmes dont les fils ou maris sont aux frontières et qui ont droit à des indemnités d'après la loi du 26 novembre 1792, répartition entre les ouvrières des ouvrages à confectionner pour l'armée, délivrance des certificats de civisme, de résidence, des passeports, visites domiciliaires, assistance aux distributions de pain et de viande, rapports hebdomadaires à la municipalité sur les farines reçues par les boulangers, enfin correspondance très active au sujet des renseignements les plus divers que peut réclamer la Commune[13].

Ernest Mellié conclut en s'étonnant que ces comités ne se soient point immiscées dans les affaires politiques[14], malgré le pouvoir qu'elles détenaient. Mais cela ne signifie en rien que les commissaires n'aient pas exercé le pouvoir sur des plans plus difficiles à démontrer historiquement. Favoriser une ouvrière au détriment d'une autre par exemple ne laisse pas de traces dans les archives. Dans une lettre à Gaufridy datée du 30 octobre, Sade mentionne que sa section l'a chargé de lever les scellés chez les Montreuil. Il sent – et c'est certainement l'expérience qui le lui a appris – qu'il possède un véritable pouvoir qui lui permettrait de causer du tort à ses parents, si l'envie lui en venait, bien que ses prérogatives comme commissaire civil soient plus limitées que celles des membres du comité révolutionnaire[15] :

> Comme les Montreuil sont *bêtes* et *coquins* ! À ce propos, permettez-moi une petite incursion qui vous fera rire : on, comme vous l'avez su, fait une visite générale à Paris dans toutes les maisons. À cette visite, les Montreuil ne s'y trouvant point, on a mis le scellé chez eux. Ils demandent maintenant qu'on le lève ; or, comme ils sont logés dans ma section, je suis au moment d'être nommé commissaire pour cette levée de scellé, et je vous réponds que si j'y trouve de l'aristocratie, comme cela n'est pas douteux, je ne les épargnerai pas[16].

Sade a œuvré comme commissaire de sa section dans des rôles beaucoup plus fondamentaux que celui que je viens de rapporter. Gilbert

13 *Ibid.*, p. 168.

14 *Id.*

15 C'est ce que souligne Jean-Jacques Pauvert dans une note (Jean-Jacques Pauvert, *Sade vivant*, ouvr. cité, p. 847). Vu le crédit de Sade dans sa section, il ne serait pas surprenant qu'il disposât indirectement de pouvoirs similaires à ceux qui siégeaient au comité révolutionnaire.

16 Paul Bourdin, *Correspondance inédite du marquis de Sade*, ouvr. cité, p. 333.

Lely a pu identifier plusieurs occurrences de son travail. Les preuves manquent pour dire avec certitude s'il a ou pas abusé du pouvoir que lui avait délégué sa section. Toutefois, une tendance se dégage pour dire que Sade a accompli avec intégrité ses fonctions et qu'il a fait preuve de clémence dans certaines situations où d'autres auraient agi en despotes haineux, comme « son intervention en faveur des Montreuil – et peut-être d'autres aristocrates –, son malaise du 2 août, lorsqu'il dut céder la présidence de sa section[17] » quand on avait voulu lui faire mettre aux voix, en pleine Terreur, une « horreur, une inhumanité[18] » (ce sont les mot de Sade) et qu'il refusa.

Le premier poste de commissaire occupé par Sade suit de quelques semaines sa nomination de secrétaire. Le 17 octobre 1792, il fait partie du comité responsable de l'organisation de la cavalerie de sa section. Cet emploi est loin de nous surprendre, compte tenu de son expérience comme cornette dans les armées de Sa Majesté Très Chrétienne. Bien que Sade ait abandonné la particule et se fait connaître comme simple citoyen « Louis Sade », son passé militaire n'est pas resté dans l'ombre. Contrairement à ce que la critique laisse entendre, Sade, du moins à cette époque, n'a pas cherché à passer pour un simple homme de lettres, soucieux de gommer ses liens avec l'aristocratie[19]. Il est vrai que le cornette était le moins gradé de la cavalerie, mais les citoyens de la section des Piques ont reconnu que Sade possédait une compétence militaire dont il aurait été absurde de se passer. On peut imaginer que Sade, au cours de certaines assemblées calmes, a dû évoquer pour ses confrères les batailles auxquelles il a pris part durant la guerre de Sept Ans. S'il ne l'a pas fait au cours d'une réunion, il a dû certainement se laisser à faire des confidences à son nouvel ami Marie-André Guzman qui lui se targuait d'avoir été colonel. Pour le coup, je ne partage pas l'opinion de Jean-Jacques Pauvert qui affirme que ce qui a caractérisé le comportement de Sade en 1790 était « une grande application à ne pas se faire remarquer, à se fondre dans le banal, doublée d'une évidente volonté de se couper complètement de son passé scandaleux, quitte à le nier carrément[20] ». Tout au plus, Pauvert concède à Sade d'avoir

17 Maurice Lever, *Donatien Alphonse François, marquis de Sade*, ouvr. cité, p. 523.

18 *Ibid.*, p. 503.

19 Sur son certificat de résidence, Sade a déclaré être : « homme de lettres et ci-devant mestre de camp de cavalerie » (Jean-Jacques Pauvert, *Sade Vivant*, ouvr. cité, p. 845).

20 *Ibid.*, p. 768.

avoué avoir été mestre de camp de cavalerie, mais une telle affirmation le liait indubitablement à la noblesse. Toutefois, je ne peux nier qu'il est difficile de dire avec certitude qui était Sade l'année précédant son entrée officielle sur la scène politique, faute de documents dans lesquels il s'arrêterait pour élaborer sur sa vie intérieure et sa vision politique, hormis les quelques lignes de sa lettre à Gaufridy (« Qui suis-je à présent [...] ? ») dont nous avons parlé plus tôt.

Le comité civil des sections pouvait ainsi se dédoubler en « sous-commission[21] » dont l'une des plus importantes par ses activités sur le terrain, pour ainsi dire, est le comité de bienfaisance. L'action de celui-ci était essentiellement dirigée à « prendre toutes les mesures propres à soulager les indigents[22] » : veiller à la distribution du pain, délivrer des bons de viande, et s'occuper des soins donnés aux personnes malades dans les hôpitaux. Dans ces derniers, les besoins dépassaient les mesures ponctuelles et il fallait revoir l'organisation même de ces institutions. C'est là que Sade entre en jeu, lorsque le 25 octobre 1792 l'assemblée générale de sa section le nomme commissaire « pour aviser avec les commissaires des autres sections, aux moyens de rendre les diverses administrations des hôpitaux plus utiles à la chose publique[23] ». De fait, Sade œuvrait au sein de « l'assemblée administrative des hôpitaux[24] », organe de la « Commission de Bienfaisance et de Santé[25] » de la Commune. Dans un désir de reproduire, au sein de la section, le schéma organisationnel de la municipalité, la commission au sein de laquelle siège Sade va proposer la création dans chaque section d'un « comité de Bienfaisance et de Santé[26] ».

La montée en grade de Sade comme « Citoyen commissaire[27] » correspond à l'affirmation politique de Guzman au sein de la section des Piques dont il est dorénavant le président. Soulignons aussi qu'au cours de son travail comme commissaire, Sade n'a pas manqué de côtoyer Robespierre, fraîchement élu le 10 août 1792 au conseil général de la

21 Ernest Mellié, *Les sections de Paris pendant la Révolution française*, ouvr. cité, p. 164.

22 *Ibid.*, p. 163.

23 Gilbert Lely, *Vie du marquis de Sade, avec un examen de ses ouvrages*, Paris, Gallimard, 1952-1957, tome II, p. 415.

24 *Id.*

25 Gilbert Lely, *Vie du marquis de Sade*, tome II, ouvr. cité, p. 433.

26 *Ibid.*, p. 424.

27 *Ibid.*, p. 425.

Commune[28]. Il est clair que Sade a fait un travail remarquable dans la réorganisation des hôpitaux. Le travail à accomplir était énorme et Sade fait ce commentaire éloquent à Gaufridy : « Nous sommes là quatre-vingt-seize. Il s'agit de tout refondre et je vous réponds que nous avons là un travail très pénible. Il faut étudier, travailler, compiler ; à peine me reste-t-il une heure à moi[29]. » À cet égard, Jean-Jacques Pauvert parle de « zèle[30] », ce que confirment facilement les actions concrètes de Sade.

Il effectue en quelques semaines le long travail de visiter cinq hôpitaux et hospices, ainsi que les bureaux de leurs administrations. Le rapport exigé par l'Assemblée « dans le plus court délai » est prêt dès le 26 février 1793, un peu plus d'un mois à peine après la requête de l'Assemblée (17 janvier). L'approche de Sade, au sein de cette commission, est guidée par une logique rationnelle remarquable. Avant que la Commission ne commence ses travaux, Sade rédige un rapport qui doit servir de guide à ses membres : « Observations présentées à l'assemblée administrative des hôpitaux, contenant les vœux et les intentions de la section des Piques, relativement à la manière dont elle veut que ses commissaires se conduisent dans ladite assemblée administrative, et lues à cette assemblée par lesdits commissaires ». Le texte date du 28 octobre 1792[31], trois jours à peine après la nomination de Sade et est relativement court. Il a été approuvé au cours d'une assemblée dont Guzman était le président. On peut dès lors faire remonter à cette époque les liens d'amitié qui ont uni les deux hommes.

Le travail de Sade à la Commission des hôpitaux a duré environ un an. Il comprenait un volet administratif de réorganisation des soins hospitaliers, qui ne pouvait avoir lieu adéquatement sans de solides données de nature clinique sur l'état des patients. Aussi, Sade a-t-il dû effectuer de nombreuses visites dans les établissements de soins. Cet aspect de sa fonction va continuer au cours de l'année 1793. En août, l'Assemblée générale de la Commission de Bienfaisance et de Santé le désigne pour :

28 *Ibid.*, p. 415.

29 Maurice Lever, *Donatien Alphonse François, marquis de Sade*, ouvr. cité, p. 499.

30 Jean-Jacques Pauvert, *Sade Vivant*, ouvr. cité, p. 847.

31 Le texte contient cinq observations de nature pratiques qui seront imprimées et distribuées à toutes les sections de Paris. Le rapport lui-même, déposé le 26 février 1793, comporte « quatre-vingt-huit pages in folio » (Gilbert Lely, *Vie du marquis de Sade*, tome II, ouvr. cité, p. 426).

> [...] se transporter dans les hôpitaux tant pour voir quel est l'emploi et la distribution des lieux, quelle est la tenue des indigents et malades, quelles sont les fonctions diverses qu'exigent [*sic*] la distribution des secours, quel est le nombre des personnes chargées de remplir ces fonctions [...][32]

Dans l'*Histoire de Juliette*, Sade met en scène un épisode où les hôpitaux sont brûlés et un nombre important de victimes innocentes périssent. Sont-ce les réminiscences de cette période révolutionnaire qui l'ont poussé à imager ce massacre ? On ne peut répondre avec certitude à cette question. Sade aurait certainement voulu voir son temps mieux partagé, de sorte qu'il aurait pu plus librement se livrer à la création littéraire. Que Sade ait éprouvé ou non du ressentiment face à ces longues réunions d'assemblée ou visites d'hôpitaux, il est difficile de le dire. Toujours est-il que ses efforts n'ont pas été vains et ont contribué à ériger la nouvelle république française, comme nous le verrons plus loin.

J'ai soulevé plus tôt la question du pouvoir réel que détenaient les commissaires et les présidents de section. En admettant (et ce serait contre toute vraisemblance) que les postes de président et de commissaire que Sade a occupés ne menaient à aucune prérogative particulière, cela ne signifiait pas nécessairement qu'il était un militant sans influence. En effet, deux autres fonctions qu'il a détenues sont hors de tout doute investies d'un pouvoir que bon nombre de révolutionnaires rêvaient de détenir. Je songe ici au poste de juré d'accusation et à celui, par exemple, de délégué des assemblées primaires.

Sade est nommé juré le 13 avril 1793. Sur le ton du badinage, il se vante auprès de Gaufridy de son pouvoir de vie et de mort : « Je suis *juge*, oui, *juge* ! ... *Juré d'accusation* [...] Mais félicitez-moi donc, et surtout ne manquez pas d'envoyer de l'argent à *monsieur le juge* ou, le diable m'emporte, sans cela, si je ne vous *condamne à mort*[33] ! »

Au-delà de la plaisanterie, se lit tout le pouvoir sourd des comités révolutionnaires qui marchent « main dans la main avec l'Assemblée[34] », pour reprendre l'expression de Jean-Jacques Pauvert, car ce sont eux qui défèrent au grand tribunal révolutionnaire. Le rôle des comités révolutionnaires en était un essentiellement de surveillance policière, tel que

---

32 *Ibid.*, p. 437.
33 *Ibid.*, p. 429.
34 Jean-Jacques Pauvert, *Sade Vivant*, ouvr. cité, p. 866.

l'indique clairement la section de la Croix-Rouge lorsqu'elle créa son Comité révolutionnaire qui recevra :

> Les dénonciations signées et tenues secrètes de tout citoyen domicilié dans la section, contre les émigrés et les prêtres déportés rentrés dans la République, les auteurs, fauteurs et participes de leur séjour en France, contre les auteurs, fauteurs et adhérents de tout complot, entreprise et attentat contre la liberté et la souveraineté du peuple, contre l'unité, l'indivisibilité, la sûreté intérieure et extérieure de la République, de tout complot tendant à l'établissement de la royauté ou de tout pouvoir despotique, de tout discours tendant à opérer ou favoriser la contre-révolution et de tout crime relatif à la fabrication de faux assignats[35].

C'est dans ce dernier type d'affaires que Sade devient membre d'un juré d'accusation. Nous avons peu de détails concernant la participation du marquis aux travaux du Comité révolutionnaire de sa section en ce qui concerne cet homme ou ces hommes soupçonnés d'être faux-monnayeurs. Était-ce sa connaissance des milieux de l'imprimerie et de ceux de la fabrication des assignats qui a motivé les concitoyens de sa section à le faire entrer, à ce moment précis, au comité révolutionnaire[36] ? Ceci n'est pas impossible. Sade avait fait attester trois lettres, les 17 et 18 août 1792, par le citoyen Macarel, employé à la confection des assignats, et par son propre éditeur, Girouard, trois lettres dans lesquelles il désapprouvait l'émigration de ses enfants. Maurice Lever a judicieusement vu dans cette manœuvre un simulacre de la part de Sade pour se protéger, par avance, des conséquences négatives qu'aurait pu engendrer pour lui le départ de ses fils, s'il devenait public[37]. Il est clair, à mon avis, que Sade n'a pas passé sous silence ses liens avec Macarel et son éditeur. Fort de cette expérience, s'est-il porté lui-même volontaire ou a-t-il été plutôt désigné par l'un des citoyens de sa section qui le connaissait bien ? Je suis portée à croire que c'était Perregaux qui l'avait fait nommer, car le banquier :

> Dès l'instant où les assignats ont été mis en circulation [...] a été chargé par le gouvernement de la recherche des faussaires d'assignats tant en France que

35 Ernest Mellié, *Les sections de Paris pendant la Révolution française*, ouvr. cité, p. 181.

36 Dans la section de la Croix-Rouge, la moitié des membres étaient reconduits chaque mois, le président et le secrétaire changeant tous les huit jours (Ernest Mellié, ouvr. cité, p. 181). On peut imaginer que la section des Piques suivait la même démarche.

37 Maurice Lever, *Donatien Alphonse François, marquis de Sade*, ouvr. cité, p. 484-485.

> chez l'étranger, et jusqu'au moment où il a été établi un bureau pour cette partie à la Trésorerie nationale. Il a rempli cette mission avec un zèle et une activité qui ne lui ont laissé échapper aucun des faussaires[38].

Cette nomination montre que Sade jouissait d'un crédit considérable dans sa section (ce qui explique sa jubilation dans la lettre citée plus haut). Entre sa sortie anonyme de Charenton, nu comme un ver, comme il se plaignait, et ce 13 avril 1793, il avait accompli un travail remarquable au service de la Révolution, car les membres des comités révolutionnaires étaient composés de « patriotes sûrs et dévoués, généralement issus de la sans-culotterie[39] ». Cette ascension dans l'échelle populaire était importante, puisque l'on sait que le décret du 21 mars de la Convention, qui régularise le fonctionnement de ces comités, mentionne dès l'article deux que les membres « ne pourront être choisis ni parmi les ecclésiastiques, ni parmi les ci-devant nobles, ni parmi les ci-devant seigneurs[40] ». La section des Piques est passée outre ce décret en nommant Sade à son comité révolutionnaire. Il est vrai que les sections avaient fort tendance à se gérer elles-mêmes, jalouses de leur autonomie. Malgré tout, on demeure étonné de cette promotion. Elle ne peut s'expliquer que parce que Sade entretenait des liens avec des hommes qui, soit par leur aura politique, soit par leur richesse, voire les deux, avaient une influence déterminante dans la section. Guzman mais aussi Perregaux, de par leurs relations avec les banquiers les plus riches de la capitale ou avec des Conventionnels comme Danton, étaient des alliés puissants de Sade dans sa section. De nouveau, il convient de remarquer que la consécration populaire de Sade suit la même courbe ascendante que l'influence de Guzman qui, quelques semaines après l'entrée de Sade dans le comité révolutionnaire, prendra une part active dans l'expulsion des Girondins de la Convention lors des journées insurrectionnelles des 30 mai et 2 juin 1793.

Le pic du pouvoir politique de Sade a lieu en septembre 1793, plus précisément le 20. Ce moment correspond à l'emprisonnement de Guzman. Sade aurait été en mission à Apt, en qualité de commissaire du département de Vaucluse. Ce n'était pas la première fois que la Révolution envoyait ses émissaires dans les départements. Lors des moments de crise, elle avait recours à ce moyen afin d'appuyer son action. Ainsi, tout de

38 Albert Mathiez, *Autour de Danton*, ouvr. cité, p. 230.

39 Albert Soboul, *Précis d'Histoire de la Révolution française*, ouvr. cité, p. 249.

40 Ernest Mellié, *Les sections de Paris pendant la Révolution française*, ouvr. cité, p. 182.

suite après les événements sanglants des Tuileries, le 10 août 1792, la Commune de Paris, dès lors « maîtresse de Paris », essayait d'asseoir son pouvoir sur toute la France. Ainsi elle a décidé le 12 août d'envoyer des commissaires dans les autres départements afin d'« animer leur ardeur patriotique[41] ». Le même scénario va se répéter quelques jours plus tard, cette fois sous la férule de Danton afin de « galvaniser la défense[42] » face à l'avancée de l'armée prussienne.

La mission de Sade dans le Vaucluse aurait eu lieu une année plus tard. Quelles en sont les circonstances ? Ici, malheureusement, faute de documents solides, nous entrons dans la conjecture. En effet, d'après Gilbert Lely qui tient cette information de Maurice Heine : « Nous n'avons trouvé jusqu'à présent aucune lettre officielle de nature à étayer et à compléter cette indication d'un voyage de Sade en Provence[43] », mais ajoute aussitôt Lely : « le crédit le plus absolu doit être accordé à tout ce qu'avance Maurice Heine[44] ». Si cela devait s'avérer historiquement vrai, Sade a dû se trouver aux premières loges du pouvoir révolutionnaire central. Un autre élément important corrobore la thèse de Maurice Heine, puisque nous avons la certitude que Sade a été reçu par le Ministre de l'intérieur, à cette époque Dominique Garat, le 7 mai 1793[45]. On ne sait ce qui aurait pu justifier cet entretien. Est-ce le travail de Sade comme commissaire à la réorganisation des hôpitaux qui l'explique ? Ce serait peu probable, compte tenu du climat politique hautement survolté qui existait à Paris à cette époque où la Convention peinait à affirmer son autorité sur la Commune de Paris et que se préparaient les troubles qui allaient mener à l'expulsion des Girondins le 2 juin suivant. Le pillage du château de La Coste pourrait aussi justifier une telle rencontre, car comme le précise Paul Bourdin, « le ministre, pressé par le citoyen Sade va se mettre à l'affaire du pillage[46] ».

Nous avons vu plus haut que Sade, comme membre important de sa section, avait aussi la responsabilité des élections. Albert Mathiez, dans un article intitulé « Les pouvoirs des Commissaires du 10 août 1793 »,

41 Jacques Godechot, La *Révolution française. Chronologie commentée 1787-1799*, Paris, Librairie Académique Perrin, 1988, p. 111.

42 *Ibid.*, p. 113.

43 Gilbert Lely, *Vie du marquis de Sade*, tome II, ouvr. cité, p. 438.

44 *Id.*

45 *Ibid.*, p. 429.

46 Paul Bourdin, *Correspondance inédite du marquis de Sade*, éd. citée, p. 343.

a examiné dans le détail les responsabilités de ces commissaires envoyés par la Convention dans leurs départements d'origine pour « ranimer le courage des patriotes[47] ». L'idée d'envoyer les commissaires aux élections primaires en mission avait été lancée par Barère et elle avait été ensuite reprise par Danton et finalement précisée par Robespierre, ce que résume Mathiez en ces termes :

> Danton n'avait fait aucune distinction entre les délégués des assemblées primaires. Robespierre voulait qu'on s'assurât de leur patriotisme avant de leur confier une mission. Danton avait limité cette mission au recrutement des hommes et à la réquisition des choses. Robespierre n'entendait pas les confiner dans une besogne administrative. Il songeait à les utiliser pour épurer le personnel des autorités. Autrement dit, il voulait leur confier une mission politique[48].

En fin de compte, c'est le décret du 23 aout 1793 (celui qui organisait la levée en masse) qui finit par définir véritablement l'étendue des pouvoirs des commissaires, puisqu'il les subordonnait aux représentants du peuple. Ce sont donc ces derniers, et non pas la Convention, qui conféreraient les pouvoirs aux commissaires. Les pouvoirs des commissaires variaient donc avec les représentants[49]. Albert Mathiez cite à ce propos l'exemple du Cher où le représentant Laplanche accorda des pouvoirs très larges aux commissaires : arrêter les suspects, taxer révolutionnairement les suspects, fouiller les ci-devant châteaux, organiser la garde nationale et, dans leur lutte contre la disette, exposer les délinquants qui ne respectent pas la loi du maximum sur un échafaud, etc.[50]

D'après les sources d'Albert Mathiez, il semble que le travail des commissaires dans leurs cantons ait véritablement commencé vers la mi-septembre 1793. Cette date correspond à l'envoi de Sade dans le département de Vaucluse le 20 septembre.

Il existe peu d'enquêtes précises, à l'exemple du Cher, sur le travail des commissaires dans les autres régions de France. Il est difficile de savoir si le travail de Sade entrait dans ce cadre, car les commissaires en mission étaient intimement liés au Comité du salut public et plusieurs

47 Albert Mathiez, « Les pouvoirs des commissaires du 10 août 1793 », *Annales historiques de la Révolution française*, nº 13, janvier-février 1926, p. 70.
48 Albert Mathiez, « Les pouvoirs des commissaires du 10 août 1793 », p. 71.
49 *Ibid.*, p. 72.
50 *Id.*

ont laissé des traces dans les annales. Or, si le nom de Sade avait été associé à cette fonction, il est fort probable que l'historien Maurice Lever aurait suivi la piste lancée par Maurice Heine. Mais le premier est demeuré muet sur cette question. Si le second a avancé cette idée, c'est qu'elle pouvait certainement être plausible à ses yeux, compte tenu du crédit dont Sade jouissait dans sa section. Toutefois, je m'imagine mal Sade à la tête d'une troupe afin de fouiller un château pour y chercher du blé. En fin de compte, l'on ne sait dans quels buts et à quelles fins la Convention aurait fait de Sade son délégué dans le Vaucluse. La mission de Sade, si elle a bien eu lieu, aurait été de courte durée puisqu'une dizaine de jours plus tard, on le retrouve de nouveau à Paris où il écrit le « Discours aux mânes de Marat et de Le Pelletier ».

L'examen méticuleux des actions de Sade indique clairement qu'il s'était engagé à fond dans la Révolution. Insérés dans l'arrière-fond du pouvoir et de l'indépendance politique que détenaient les sections, ces actes tendent à prouver que Sade était l'homme de confiance non seulement de la section des Piques, mais aussi de la Commune. L'intensité du travail de Sade sous la Révolution me semble contradictoire avec les conclusions que Maurice Lever ou Laurence Bongie tirent sur Sade, à savoir qu'il était tout simplement hypocrite. L'analyse des textes de Sade composés dans le cadre de ses fonctions ne fera que confirmer mon point de vue.

SADE, ÉCRIVAIN SANS-CULOTTE

Les biographes ont beaucoup mis l'accent sur les écrits de Sade à cette époque. Ce qu'on aura appelé ses « Opuscules politiques » ou « Écrits politiques » (entre autres les diverses « pétitions » de la section à la Convention) sont bien entendu importants pour brosser un tableau des idées politiques de Sade et pour juger de sa sincérité. Toutefois, il faut souligner un aspect important de cette œuvre : nous ne connaissons pas la totalité de ces textes. Le catalogue de la Bibliothèque nationale attribue huit brochures politiques à Sade et qui sont reproduites par Jean-Jacques Pauvert, en 1957, sous le titre d'*Écrits politiques*. L'éditeur souligne dans une « note bibliographique » que le *Répertoire des Œuvres du Marquis de Sade* ne fait mention que de cinq de ces brochures. Or Pauvert omet lui-même deux textes dont Gilbert Lely avait publié soit des extraits, soit l'intégralité, dans son tome II de la *Vie du marquis de Sade* : le projet tendant à « changer le nom des rues » et les importantes « Observations présentées à l'assemblée administrative des hôpitaux ». Ces deux derniers écrits seront publiés intégralement par Maurice Lever en 1998. Existe-t-il d'autres textes rédigés par Sade, lettres, pétitions, rapports ? Certainement.

D'après les déclarations de Sade lui-même, il est clair qu'il mettait sa plume non seulement au service officiel de sa section, mais aussi à celui de ses confrères, moins doués pour le maniement des mots que lui. Cet aspect de la vie de Sade me fait songer à la jeunesse de Diderot. L'on sait que le philosophe composait des sermons pour les prêtres. Dans son cas, comme dans celui de Sade, cette production littéraire ne nous est malheureusement pas parvenue. Ces textes auraient peut-être permis dans le cas de Sade de développer une image plus précise de sa personnalité politique.

J'aimerais à présent revenir sur cinq textes révolutionnaires de Sade, qui sont aujourd'hui bien ancrés dans la bibliographie sadienne, en faisant le parallèle avec l'évolution de la section et le déroulement des événements révolutionnaires. Mais auparavant, quelques mots de l'état d'esprit de Sade et du contexte dans lequel il écrit ces textes « journalistiques ». À la suite de cet examen de la conscience de Sade, il sera plus aisé d'apprécier la finesse de sa lecture politique et j'espère qu'il sera aussi possible de nuancer, voire d'abandonner ce qualificatif de « jeu » qui pèse sur lui depuis deux siècles.

Dans la préface du deuxième volume de *Sade Vivant*, celui couvrant la période 1777-1793, Jean-Jacques Pauvert se lamentait de l'absence de documents d'époque permettant de mieux saisir la vie et l'œuvre de Sade. Aux yeux de Pauvert, ce manque est encore plus regrettable pour la période révolutionnaire où un monde tout nouveau s'est érigé sur les cendres de l'ancien. Tant d'événements dramatiques ont eu lieu qui ont changé radicalement la France et, concernant Sade, l'on sait si peu avec certitude : « Qu'a donc fait alors, exactement, le citoyen Sade ? Que pensait-il ? Comment a-t-il vu et vécu ces moments inouïs[51] ? »

51 Jean-Jacques Pauvert, *Sade Vivant*, vol. 2, Paris, Laffont, 1989, p. 8.

Peut-être est-ce en raison de ce manque de matériaux concrets suffisants pour répondre à ces questions de manière élaborée et en dépassant certaines déclarations de Sade, que la critique s'est beaucoup tournée sur les activités de théâtre de Sade. On a commenté ses pièces, ses relations problématiques avec les comédiens et la réception que le public a réservée à son œuvre. Sur ce plan, il est possible de brosser un tableau d'ensemble qui tienne compte et du point de vue de Sade, et des témoignages des contemporains. Le domaine des actions du membre de la section des Piques offre plus de difficultés. Toutefois, il me semble que certains documents d'archive permettent de formuler des hypothèses intéressantes sur l'action révolutionnaire de Sade. Deux avenues sont à explorer : les écrits dits politiques de Sade et ses gestes concrets. Dans les deux cas, il me semble que Sade a fait preuve d'une activité étonnante. Mon but ici est de revenir sur les pièces d'archives mises au jour par Gilbert Lely et Maurice Lever pour leur donner un nouveau sens. Guidé par sa thèse de l'opportunisme et des jeux de théâtre de Sade sous la Révolution, Maurice Lever est peut-être passé trop rapidement sur certains faits, en mon sens fondamentaux.

Sade a mis sa plume au service de sa section et de la cause révolutionnaire avec une intensité assez remarquable, d'autant plus qu'il continue en parallèle à écrire des œuvres de fiction et du théâtre. Il a du succès dans sa fonction de porte-plume de la cause révolutionnaire, puisque les membres de sa section ne cessent de le solliciter. Il en parle dans une lettre à Gaufridy en ces termes : « D'abord, en qualité d'homme de lettres, l'obligation où je suis ici journellement de travailler tantôt pour un parti, tantôt en faveur de l'autre, établit une mobilité dans mes avis dont se ressent ma manière intérieure de penser[52]. » Ce morceau de la correspondance de Sade est fameux, car il s'agit de la réponse de Sade à l'avocat, ce dernier ayant demandé au marquis quelle était sa « façon de penser » la Révolution. La plupart des biographes citent cette lettre, le plus souvent comme exemple de la mauvaise foi du marquis, ou à tout le moins pour illustrer le caractère vacillant de ses idées politiques, car la suite de cette missive a de quoi susciter la perplexité : « Veux-je la [ma manière intérieure de penser] sonder réellement ? Elle ne se trouve vraiment pour aucun des partis, et est un composé de tous[53]. »

52 Paul Bourdin, *Correspondance inédite du marquis de Sade*, ouvr. cité, p. 301.
53 *Id.*

Il serait injuste de voir dans cette lettre, comme le fait Maurice Lever, un « aveu clair[54] » de l'opportunisme du marquis. Il s'agit plutôt d'un constat d'impuissance face à la pression populaire qui régnait à l'époque sur les débats publics et qui dominait, malgré soi, l'esprit de quiconque prenait la parole dans une assemblée. François Furet et Ran Halévi se sont attachés à cet aspect des délibérations des États Généraux de 1789. Dans et hors de l'enceinte parlementaire règnent « la menace et l'intimidation[55] ». Les deux historiens citent à cet égard l'auteur des *Origines de la France contemporaine* : « chaque député répond de son vote, à Paris sur sa vie, en province sur celle de sa famille[56] ».

Devant la vitesse du déroulement de l'histoire et face à ce terrorisme de la pensée en ces années du début de la Révolution, Sade est loin d'être le seul à chanceler sur ses positions politiques. Le député Mounier relate ces volte-face si caractéristiques : « La plupart de ceux qui, la veille, avaient soutenu mon opinion, l'abandonnèrent subitement [...] Quant à moi, qui n'avais pu, dans un si court intervalle, en apercevoir les inconvénients, je persistai et je fis une réponse négative[57]. »

Dans un tel contexte, il faudrait par conséquent insister sur la première partie de la réponse de Sade, celle qui mentionne sa fonction de porte-parole, pour ainsi dire, de sa section. Gilbert Lely a commenté cet aspect de l'épisode de la vie du marquis en termes de « journalisme », ce dernier mot comportant, selon lui, un certain degré de « servitude inhérente[58] ». Une telle idée n'exclut en rien un certain esprit critique et une capacité d'analyse ou de synthèse. Les textes journalistiques de Sade témoignent de sa capacité à observer avec acuité la chronique des événements, la juger et la commenter pour les membres de sa section, et ce avec des mots que ceux-ci pouvaient comprendre. Compte tenu du nouveau système de valeurs apporté par la Révolution, système possédant son propre langage (en opposition avec celui de l'Ancien Régime), Sade devait forcément adapter son style s'il voulait être entendu des

---

54 Maurice Lever, *Donatien Alphonse François, marquis de Sade*, ouvr. cité, p. 457.

55 François Furet et Ran Halévi, « Introduction », *Orateurs de la Révolution française. Les Constituants*, tome 1, Paris, Gallimard, 1989, p. XXXI.

56 *Id.*

57 Mounier, *Exposé de ma conduite à l'Assemblée nationale*, cité par François Furet et Ran Halévi, « Introduction », *Orateurs de la Révolution française. Les Constituants*, tome 1, Paris, Gallimard, 1989, p. XXXIII.

58 Gilbert Lely, *Vie du marquis de Sade*, tome II, ouvr. cité, p. 384.

citoyens de la Place des Piques. Sur ce plan, on peut comprendre la servitude qui s'est imposée à Sade comme une contrainte historique. Sade s'efface habilement, sans toutefois complètement disparaître, derrière la voix révolutionnaire pour laisser parler ses lieux communs. La langue propre de la Révolution, celle qui exige de se « dispenser [...] de compliments à la fin [des] lettres[59] », qui exige de les ponctuer de « citoyen » et qui demande d'y inclure le mot égalité, est pour Sade un moyen efficace d'insertion sociale. Et s'il s'est consacré à cette tâche avec une telle énergie, c'est qu'elle lui permettait de trouver une place au sein d'un groupe.

L'activité journalistique a été une sorte de planche de salut pour Sade lorsqu'il est libéré de Charenton et il est peu de moments charnières de la Révolution qui ne soient associés à un écrit de Sade : le retour du roi à Paris le 25 juin 1791 après sa fuite à Varennes, la révision de la Constitution en 1792 (après les événements du 10 août), les insurrections des 31 mai et 2 juin 1793, la création d'institutions républicaines, l'édification de l'État. Tous les textes politiques de Sade ne sont pas d'une valeur égale. Certains sont d'une inspiration plus personnelle, d'autres semblent avoir été composés à l'instigation de la section pour refléter le contenu de discussions parmi les membres, alors qu'une autre série est le résultat d'un travail collectif dirigé par Sade et dont il assume en fin de compte la paternité.

« ADRESSE D'UN CITOYEN DE PARIS AU ROI DES FRANÇAIS »

Lorsque détenu à la maison de Saint-Lazare en mars 1794 et sommé de prouver son patriotisme, Sade rappelle alors à ses accusateurs son « Adresse d'un citoyen de Paris au Roi des Français », texte sur lequel il écrit les lignes suivantes :

> Mon premier écrit fut un mémoire tendant à prouver le danger du départ des tantes de Capet. Le royalisme régnait tellement alors qu'il me fut impossible de trouver un imprimeur qui voulut se charger de publier cette pièce. J'en fis hommage au *Président de ma section*, et fus obligé de m'en tenir à la faire circuler manuscrite[60].

59 Paul Bourdin, *Correspondance inédite du marquis de Sade*, ouvr. cité, p. 324.

60 Gilbert Lely, *Vie du Marquis de Sade*, p. 378. Je souligne.

Sous la Terreur, être modéré menait inévitablement à la guillotine et Sade devait tenter de convaincre ses geôliers que dès 1791 il était une des rares voix à condamner ouvertement la royauté. Or, son « Adresse d'un citoyen de Paris au Roi des Français » n'est pas plus audacieuse que les opuscules révolutionnaires de cette époque. Sade reprend, sous la couverture du parfait citoyen, tous les lieux communs du discours révolutionnaire modéré dominant : haine du despotisme, attachement à la Constitution, dénonciation de la funeste influence de la reine, attachement et confiance du peuple envers le souverain. Cette phrase « tous les Français parlent ici par ma bouche[61] » traduit bien le recul du locuteur. L'art d'écrire de Sade ici est à comprendre, dans une certaine mesure, comme un art de se taire pour laisser parler l'actualité politique. Gilbert Lely conclura que cet écrit est « d'une conception peu originale[62] », si on le compare au texte de « L'idée sur le mode de la sanction des lois ». En somme, au début de sa carrière de chroniqueur, Sade reste fidèle à l'événement et aux réactions qu'il suscite dans son entourage politique. On ne s'étonne pas que, dans son « Adresse d'un citoyen de Paris au Roi des Français », il fasse l'hommage de son amitié au président de sa section, de qui il devait être déjà proche.

« PÉTITION DE LA SECTION DES PIQUES »

Le deuxième écrit révolutionnaire de Sade sur lequel j'aimerais me pencher est la « Pétition de la Section des Piques aux représentants du peuple français » que Sade lut à la Convention le 15 novembre 1793. De nouveau, cet écrit est directement lié à l'actualité de la Révolution et s'inscrit dans les délibérations de l'heure, notamment celles sur la déchristianisation. Maurice Lever affirme que c'est ce texte qui a perdu Sade et a conduit à son arrestation quelques semaines plus tard. Oui et je dirais que c'est aussi la perte de ses soutiens politiques, en premier lieu Guzman, qui a précipité cet emprisonnement.

Commencée dans les départements, à l'instigation de certains Conventionnels en mission, la déchristianisation gagna rapidement Paris. Albert Soboul résume en quelques mots ce mouvement lié à la politique religieuse et à la mentalité populaire en ces termes : culte révolutionnaire

---

61 Marquis de Sade, *Écrits politiques*, ouvr. cité, p. 173.
62 Gilbert Lely, *Vie du marquis de Sade*, tome II, ouvr. cité, p. 381.

par les fêtes civiques et les cérémonies commémoratives pour remplacer l'Église et la religion[63]. Sade ne pouvait que souscrire corps et âme à un tel programme. Dans la capitale, le cercle des banquiers, en la personne de Proli, Anacharsis Cloots et de Pereira (tous proches de Guzman) ont été particulièrement actifs dans leur volonté de déchristianisation puisque le Comité central des sociétés populaires où ils « s'agitaient » rédigea une pétition demandant l'abolition du budget du culte[64].

Lorsque Sade donne lecture de sa pétition, la déchristianisation semble avoir atteint son apogée par la multiplication en octobre des processions civiques populaires à la mémoire des martyrs de la Révolution et l'interdiction du culte traditionnel. De fait, la pétition est le reflet d'une situation qui perdurait depuis plusieurs semaines : dévotion aux martyrs de la liberté, culte de la Raison, transformation de Notre-Dame en temple[65] orné des bustes de Voltaire, Franklin, Rousseau.

Il n'est pas nécessaire d'entrer dans le détail de la pétition pour saisir d'emblée que son contenu, qui reflète la volonté commune de six sections de n'avoir d'autre culte que celui de la liberté, correspondait parfaitement aux idées sur la religion qui prolifèrent dans l'œuvre de Sade. Dans la pétition des phrases telles que « Le règne de la philosophie vient anéantir enfin celui de l'imposture », « La Raison remplace Marie dans nos temples » ou encore « avec de nouvelles mœurs, nous devions adopter un nouveau culte, et celui d'un Juif esclave des Romains ne pouvait convenir aux enfants de Scévole[66] » se trouvent à peine changées dans *Justine*, *Juliette* ou *Aline et Valcour*, pour ne mentionner que ces romans.

Retenons que la Convention, en dépit du fait qu'elle avait commencé à mettre un frein à la déchristianisation, une semaine avant l'allocution de Sade, le 11 novembre[67], décerne à ce projet « la mention "honorable" », en décide l'insertion au bulletin et l'envoi au comité d'instruction publique[68].

Sade devait sincèrement jubiler de savoir que ses suggestions pour sortir l'homme des ténèbres de la religion (placer l'emblème d'une vertu morale dans chaque église, ouvrir une fois par décade la tribune des temples au peuple pour qu'il puisse y entendre des éloges de la Vertu

63 Albert Soboul, *Précis d'Histoire de la Révolution française*, ouvr. cité, p. 285.
64 *Id.*
65 Albert Soboul, *Précis d'Histoire de la Révolution française*, ouvr. cité, p. 289.
66 Marquis de Sade, *Écrits politiques*, ouvr. cité, p. 201-202.
67 Albert Soboul, *Précis d'Histoire de la Révolution française*, ouvr. cité, p. 289.
68 Maurice Lever, *Donatien Alphonse François, marquis de Sade*, ouvr. cité, p. 509.

et des hymnes en son honneur[69]) fassent partie d'un projet national de régénération morale. Le cours pris par les événements a fait en sorte que les idées de Sade développées dans cette pétition n'aient eu aucune suite. Mais ce ne fut pas toujours le cas et sous la Révolution, certains écrits de Sade ont contribué à édifier les nouvelles institutions de la nation française. Je songe à sa participation à la commission chargée de faire un rapport sur les hôpitaux dont nous avons déjà parlé en expliquant le contexte politique dans lequel œuvrait Sade.

« OBSERVATIONS PRÉSENTÉES À L'ASSEMBLÉE ADMINISTRATIVE DES HÔPITAUX »

Pour encadrer les travaux de la Commission des hospices de bienfaisance et de santé, Sade avait rédigé les « Observations présentées à l'assemblée administrative des hôpitaux ». Il s'agit d'un texte qui visait d'abord à préciser l'esprit qui devait guider les travaux de l'assemblée. Sade déplorait le fait que les commissaires étaient tous des médecins et des chirurgiens et signalait la nécessité d'inclure dans les travaux de l'assemblée des membres « qui ne tiennent en rien à l'art de la médecine » afin de « balancer [...] l'influence certaine qu'établiront [...] les gens de l'art, qui juges dans leur propre cause, pourraient bien n'extirper les anciens abus que pour en introduire de nouveaux[70] ». Une telle observation témoignait d'un souci de démocratie directe, le même que l'on retrouvait dans sa pétition sur le « mode de la sanction des lois » qui serait publiée une semaine après ses « Observations ». Ces dernières contenaient aussi des conseils pratiques et soulignaient l'importance d'encadrer scientifiquement les délibérations de l'assemblée par des « mémoires [de médecine], tant anciens que nouveaux », entre autres l'ouvrage récent de Chamousset, à l'avant-garde des soins hospitaliers[71].

Les « Observations » occupent quelques pages, mais le rapport lui-même qui en découlerait est un texte étoffé qui a pu servir de base pour formuler plusieurs recommandations visant à améliorer le sort des malades. Gilbert Lely décrivait ainsi ce rapport que l'on confond

69 Marquis de Sade, *Écrits politiques*, ouvr. cité, p. 202-203.

70 Marquis de Sade, *Écrits politiques*, ouvr. cité, p. 177.

71 Maurice Lever souligne que Claude Humbert Piarron de Chamousset dévoua son existence à soulager les misères humaines et fut à l'origine de réformes qui firent cesser l'usage de coucher plusieurs malades dans le même lit. (Marquis de Sade, *Écrits politiques*, ouvr. cité, p. 178.)

souvent avec les « Observations » : il « était composé de quatre-vingt-huit pages in-folio avec cinq petites lignes autographes de Sade[72] ». Vu l'ampleur des connaissances médicales de Sade[73], il ne fait nul doute qu'il en était un des principaux rédacteurs. Par ailleurs, ce rapport est certainement un écrit philanthropique qui traduit une sensibilité à la souffrance d'autrui et une volonté de l'amoindrir par des réformes politiques. Certains pourront éprouver de la difficulté à croire qu'il soit sorti de la plume de Sade qui, dans sa fiction, met en scène des monstres qui incendient les hôpitaux.

FRANÇAIS, ENCORE UN EFFORT SI VOUS VOULEZ ÊTRE RÉPUBLICAINS

Des lecteurs pourront objecter l'inclusion ici de ce pamphlet dans la liste des écrits politiques de Sade, et ils auront en partie raison. Ce texte est *a priori* peu comparable aux autres opuscules que nous avons analysés jusqu'ici, d'abord par sa longueur, mais surtout par ses liens étroits avec le cadre fictionnel de *La Philosophie dans le boudoir* dans laquelle il est inséré. Pour Maurice Lever et Gilbert Lely, il s'agit d'un ajout maladroit, et *Français, encore un effort* devrait se lire indépendamment du récit de l'initiation sexuelle et philosophique d'Eugénie. Hugues Jallon[74] soutient l'opinion contraire. Selon lui, le pamphlet n'acquiert toute sa signification que lorsqu'il est placé dans le lieu des plaisirs, en l'occurrence le boudoir :

> Le propre de la démarche sadienne, dans *Français, encore un effort* est de faire éclater le cadre traditionnel du discours de la philosophie politique. Déplacée dans un lieu qui n'est pas le sien, la philosophie doit désormais s'efforcer de prendre en compte les questions du corps, du désir et de la jouissance[75].

Il s'agit ainsi pour Sade de procéder sciemment à un « décloisonnement du débat politique[76] » et d'exiger « de la politique et du droit qu'ils ne se construisent plus sans ou contre le corps mais avec lui[77] ». Je ne puis que souscrire à ceci. Mais encore… Suivons un moment la démarche argumentative de Jallon.

---

72 Gilbert Lely, *Vie du marquis de Sade*, tome II, ouvr. cité, p. 426.
73 Voir notre *De la médecine chez Sade*, Paris, Champion, 2010.
74 Hugues Jallon, *Sade. Le Corps constituant*, Éditions Michalon, Paris, 1997.
75 *Ibid.*, p. 49.
76 *Id.*
77 *Ibid.*, p. 51.

Sade, marqué par son « isolisme » et imaginant sans cesse des libertins égoïstes ou cruels, ne peut-il dès lors que concevoir une République modelée sur les fantasmes sexuels qui peuplent sa fiction ? La création de maisons de débauches, d'instituts – tous patronnés par l'État – pour élever les enfants, enlevés à leurs parents, dès l'âge de cinq ans, ou de manière encore plus extrême pour notre raison commune, l'appel au meurtre pour raffermir la République, ne sont-ils que le fruit de sa tête déréglée ? Oui et non. Oui, car « Sade ne parvient pas à libérer le désir et la jouissance des formes traditionnelles de la domination[78] ». Non, puisque la pensée de Sade peut à certains égards être « si proche de Saint-Just[79] », voire de Marat.

Cette dernière conclusion rejoint ce que nous avons montré jusqu'ici : l'inscription profonde de l'actualité politique de la Révolution dans l'œuvre sadienne. *Français, encore un effort* ne fait évidemment pas exception et constitue un témoignage sur le style de vie des agitateurs révolutionnaires dont les Guzman, les Proli et les Cloots font partie. Hugues Jallon a bien établi quelques parallèles entre les événements de l'heure et ce texte. La portée de ceux-ci demeure toutefois limitée car, aux yeux de Jallon, « Sade ne s'est jamais vraiment préoccupé de politique ». Le critique concède qu'il a « certes participé aux activités de la section des Piques ». Il s'empresse toutefois d'ajouter que « c'était sans grande conviction et surtout par opportunisme [...][80] ». Nous pouvons mesurer à présent à quel point ce jugement est hâtif. Malheureusement il a empêché Jallon de mieux approfondir, par exemple, la place qu'occupe la réforme pénale de 1791 dans *Français, encore un effort*, d'autant plus que le marquis, qui publie *La Philosophie dans le boudoir* en 1795, a eu tout le loisir de réfléchir à cette question à la lumière de son expérience comme véritable bâtisseur des nouvelles institutions républicaines[81].

Dans les lignes qui suivent, il s'agira pour moi de suivre les intuitions de Jean Deprun dans sa « Notice » et ses « Notes et variantes » de *La Philosophie dans le boudoir*[82]. Celui-ci a, d'une part, montré comment les

78 *Ibid.*, p. 113.

79 *Id.*

80 *Ibid.*, p. 37.

81 Voir sur cette question les ouvrages suivants : Jean-Baptiste Jeangène Vilmer, *Sade moraliste*, Genève, Droz, 2005 et François Ost, *Sade et la loi*, Paris, Odile Jacob, 2005.

82 Sade, *La Philosophie dans le boudoir* in *Œuvres III*, Michel Delon et Jean Deprun (éd.), Paris, Gallimard, 1998.

sept dialogues sont unis au pamphlet et, d'autre part, comment ce dernier prolonge les autres opuscules politiques de Sade, composés lorsque le marquis était au faîte de son influence politique dans sa section. Les échos sont multiples entre les œuvres de 1791-1793 et celles publiées après la chute de Robespierre. Le fait qu'il soit possible que *Français, encore un effort*, ait été écrit durant la période d'activité politique la plus féconde de Sade ne fait que confirmer la nécessité de le lire à la lumière de l'actualité révolutionnaire. Aussi vais-je commenter *Français, encore un effort* en dehors du contexte des dialogues des *Instituteurs immoraux* non pas que je partage l'opinion de Maurice Lever ou de Gilbert Lely, mais parce que le rapport symbiotique entre le pamphlet et la narration des exploits érotiques des personnages a déjà donné lieu à des enquêtes fort convaincantes[83].

Par ailleurs, j'avais ailleurs analysé *Français, encore un effort* à la lumière de la philosophie de Machiavelli et de Hobbes[84]. Et j'avais effleuré au passage l'idée que ce texte n'était « ni plus ni moins intéressant ou scandaleux » que ceux des révolutionnaires dont la politique « tendait, par des mesures prescriptives institutionnalisées – fêtes, commémoration, cérémonies – à imposer un visage monolithique[85] » à la vie quotidienne. Reprenons et développons brièvement cette conclusion, à la lumière des analyses de Lynn Hunt. Il ne s'agira pas ici de s'appuyer, comme le lecteur pourrait s'y attendre, sur celles que l'on trouve dans *Le Roman familial de la Révolution française*[86] dont un chapitre est consacré à *La philosophie dans le boudoir*, mais plutôt d'ancrer mon propos dans l'étude

83 Il faudrait mentionner Michel Delon « Sade thermidorien » (dans *Sade. Écrire la crise*, Paris, Belfond, p. 99-117) qui parvient à faire ressortir la complexité de cette œuvre, en conjuguant approche littéraire, histoire économique et histoire de la Révolution. Signalons aussi l'ouvrage important de Béatrice Didier, *Écrire la révolution 1789-1799*, Paris, Presses universitaires de France, 1989. Béatrice Didier fut l'une des premières à avoir pris en compte l'expérience révolutionnaire de Sade afin de décrire sa vision politique. Finalement, je mentionnerai la préface de Patrick Wald Lasowski, « Sade furieux », de *La Philosophie dans le boudoir*, Paris, Éditions 10/18, 2014, p. V-XXVIII. Patrick Wald Lasowski replace les dialogues dans le contexte, souvent peu commenté, des travaux du Comité d'instruction publique.

84 « Le marquis de Sade et la République », in Luís Manuel A. V. Bernardo / Leonor Santa Bárbara / Luís Andrade, *Representações da República*, Vila Nova de Famalicão, Húmus, 2013, p. 111-121.

85 *Ibid.*, p. 120.

86 Lynn Hunt, *Le roman familial de la Révolution française* [*The Family Romance of the French Revolution*, Berkeley, University of California Press, 1992], Paris, Albin Michel, 1995.

classique *Politics, Culture, and Class in the French Revolution*, ouvrage qui prolonge les enquêtes de François Furet, de Mona Ozouf et de Maurice Agulhon. Ces auteurs ont mis l'accent sur les liens organiques qui unissent la politique et la culture. Bien que je me sois concentrée jusqu'à présent sur l'univers de la finance et du développement économique en France, les intuitions de Lynn Hunt peuvent apporter un éclairage historique supplémentaire qui enrichit les perspectives d'analyse de l'œuvre sadienne, d'autant plus que le texte qui nous occupe ici tient à la fois de la fiction – ne serait-ce que par son insertion dans ces dialogues imaginaires – et du traité politique.

Commençons par souligner que Sade n'aurait jamais, à l'évidence, présenté le texte de *Français, encore un effort* à sa section, tel qu'il apparaît dans *La Philosophie dans le boudoir*. Les développements sur l'instauration de bordels d'État n'étaient destinés qu'aux oreilles de ses amis, les Proli ou les Guzman, assez libertins pour fréquenter les maisons closes du Palais-Royal et assez philosophes pour goûter les références à Beccaria dans la condamnation sadienne de la peine de mort. *La Philosophie dans le boudoir* résume l'expérience sociale de Sade de l'effondrement de l'Ancien Régime : l'édification d'une République dans des lieux de débauche. J'avais souligné le rôle du Palais-Royal comme espace privilégié de rencontre et de débat politiques pour les meneurs des sections. Que l'avenir de la France puisse se jouer dans un boudoir, comme l'illustre *Les Instituteurs immoraux*, relève à peine de la parodie.

De plus, le texte souligne d'emblée le vide institutionnel dans lequel œuvrent les révolutionnaires et leur obsession de le combler rapidement par une nouvelle culture politique qui puisse se concrétiser par des comportements codifiés. Lynn Hunt développe les conséquences de ce vacuum en ces termes :

> *Because revolutionary rhetoric insisted on a complete break with the past, it called into question all customs, traditions, and way of life. National regeneration required nothing less than a new man and new habits; the people had to be re-formed in the republican mold. Every nook and cranny of everyday life therefore had to be examined for the corruption of the Old Regime and swept out in preparation for the new one*[87].

L'historienne souligne comment le texte sadien exemplifie les contradictions de l'idéologie révolutionnaire.

87 Lynn Hunt, *Politics, Culture, and Class in the French Revolution*, Berkeley, University of California Press, 1984, p. 56.

> Puisque la rhétorique révolutionnaire insistait sur une rupture complète avec le passé, elle a remis en question toutes les coutumes, les traditions, ainsi que le mode de vie. La régénération nationale n'exigeait rien de moins qu'un nouvel homme et des habitudes nouvelles ; le peuple devait se reformer dans le moule républicain. Le moindre coin et recoin de la vie quotidienne devaient être examinés afin d'y déloger la corruption de l'Ancien Régime en préparation pour le nouveau.

Sade prend acte de cet impératif dans *Français, encore un effort*. Il peint le nouveau visage de l'homme régénéré et dessine ses gestes quotidiens qui ont une haute valeur symbolique. Reprenant presque mot à mot les termes de l'« Instruction adressée aux autorités constituées des départemens [*sic*] de Rhône et de Loire, par la Commission temporaire » de Lyon[88], Sade ouvre son propos sur les mœurs par : « Français vous êtes trop éclairés pour ne pas sentir qu'un nouveau gouvernement va nécessiter de nouvelles mœurs, il est impossible que le citoyen d'un État libre se conduise comme l'esclave d'un roi despote [...][89] ».

Les devoirs, les intérêts et les comportements du républicain doivent tendre à l'insurrection permanente sur le plan politique, le tempérament du sans-culotte sera marqué par l'égoïsme le plus profond, et il fera de l'athéisme sa nouvelle religion. En un mot, le révolutionnaire, à peine fantasmé par Sade, correspond dans ses conduites privée et publique au portrait de Guzman que laissa Claude-François Beaulieu : « [Il] vivait dans l'opulence [...], se mêlait à tous les démagogues [...], il fut un des chefs de la révolution du 31 mai. Dans toutes les réunions de sections où j'ai été envoyé quelquefois, j'ai toujours trouvé Gusman prêchant les mesures les plus diaboliques[90]. » L'athée fanatique est bien entendu Sade lui-même, mais aussi c'est Anacharsis Cloots dont les élans cosmopolites ne doivent pas faire oublier qu'il se qualifie lui-même d'ardent « brochurier », qu'il est l'auteur d'un ouvrage qui fait l'éloge de l'exécution par l'État des tyrans (rois ou généraux)[91], et surtout qu'il considère l'égoïsme comme le nerf

---

88 Dans l'Instruction citée par Lynn Hunt, on peut lire : « There is nothing absolutely nothing in common between the slave of a tyrant and the inhabitant of a free state. » *Ibid.*, p. 29.

89 Sade, *La philosophie dans le boudoir*, ouvr. cité, p. 121.

90 Claude-François Beaulieu, *Essai historique sur les causes et les effets de la Révolution de France*, Paris, Maradan, 1803, tome 5, p. 85.

91 Anacharsis Cloots, *La République universelle, ou Adresse aux tyrannicides*, Paris, Chez les marchands de nouveautés, 1795, p. 5.

de toutes les conduites humaines. On peut dire que sa pensée politique dissimule « mal un cynisme de nanti[92] », comme Dolmancé.

À l'instar des opuscules que Sade a composés pour répondre à la demande de discours politiques de sa section, *La Philosophie dans le boudoir* est ancrée dans son vécu quotidien et on ne peut saisir toute la portée de cet ouvrage que si l'on garde à l'esprit la profondeur de l'engagement du marquis dans la Révolution. Ce qu'il met en scène dans *Français, encore un effort* correspond au visage des personnalités influentes du pouvoir populaire qu'il a côtoyées au début des années 1790.

« PROJET TENDANT À CHANGER LE NOM DES RUES DE L'ARRONDISSEMENT DE LA SECTION DES PIQUES »

Sade est aussi l'auteur d'un « Projet tendant à changer le nom des rues de l'arrondissement de la section des Piques ». Cet opuscule était peut-être le moins « politique » de Sade, mais il indique clairement sa participation à l'instauration d'une culture révolutionnaire qui visait à éradiquer les symboles anciens, comme a pu le montrer Lynn Hunt[93]. Il faut malgré tout souligner que cet opuscule trahit également le goût de Sade pour le simulacre. Le marquis semblait s'être visiblement amusé à contrefaire l'éloquence républicaine. On sent que ce dernier, qui jouissait d'une certaine érudition, a voulu en mettre plein la vue à certains militants sans-culottes de sa section, peu instruits en histoire romaine :

La rue Neuve-des-Mathurins se nommera : rue de Caton.

> Cet homme célèbre porta l'amour de la patrie jusqu'à l'enthousiasme. À quatorze ans, il demanda une épée pour tuer Sylla, l'un des tyrans de Rome. Il fut un des plus grands ennemis de César. Il avait pris deux partis violents, bien dignes d'un républicain : celui de s'exiler, si Pompée triomphait, celui de se tuer si c'était César. Ce dernier l'emporta. Caton, ne voulant pas survivre au déshonneur de sa patrie, tint sa parole, et s'enfonça son épée dans le cœur[94].

Quelques mois après que ce texte serait applaudi par la section et qu'elle aurait voté son adoption « à l'unanimité », Sade serait arrêté et

---

92 Guy-Robert Ikni, « Cloots » in *Dictionnaire historique de la Révolution française*, Albert Soboul (dir.), Paris, Quadrige, 2006, p. 234.

93 Lynn Hunt, *Politics, Culture, and Class in the French Revolution*, Berkeley, Los Angeles, London, University of California Press, 1984, p. 20.

94 Marquis de Sade, *Écrits politiques*, ouvr. cité, p. 205.

accusé d'être un ennemi de la République. Lorsque le comité de surveillance de sa section a dû se prononcer sur son civisme et étayer par des exemples la charge de suspect qui pesait sur lui, on se souviendrait de ce texte, car on reprocherait à Sade de faire : « continuellement dans ses conversations particulières des comparaisons tirées de l'histoire grecque et romaine pour prouver l'impossibilité d'établir un gouvernement démocratique et républicain en France[95] ».

C'est peut-être la lecture de cette phrase des membres du comité de surveillance qui permet de mesurer la distance qui séparait Sade des militants sans-culottes[96], au moment où les banquiers ont disparu de la vie politique de sa section et qu'ils sont remplacés par des militants extrémistes et agitateurs dont beaucoup appartiennent aux classes populaires de la société ; par exemple, les Lhullier (fruitier), Philippon (caissier et président de la section en septembre 1793[97]) ; ce sont eux, entre autres membres du comité de surveillance de la section, qui ont signé le rapport incriminant de la conduite de Sade. À cet égard, je citerai le jugement de Maurice Lever qui, mieux que quiconque, a saisi le fossé qui a pu exister entre Sade et la sans-culotterie populaire :

> Tout le sépare du sans-culotte : la naissance, la fortune, la façon d'être, cela va de soi. Mais essentiellement la façon de penser. Rien de plus contraire à sa nature que l'idéologie égalitariste et collectiviste. Rien ne lui répugne davantage que [...] le mépris de la culture, le terrorisme légal. Mais ce qui suscite surtout son antipathie, ce qui lui paraît sans doute le plus absurde, c'est le moralisme populaire[98].

« IDÉE SUR LE MODE DE LA SANCTION DES LOIS »

Si le texte visant à modifier le nom des rues afin de leur donner une couleur républicaine semble de moindre importance, placé dans le contexte de l'actualité politique, il n'en est pas de même de celui intitulé « Idée sur le mode de la sanction des lois » qui correspondait à un événement aussi fondamental que le retour du roi de Varennes : la révision de la nouvelle constitution.

---

95 Gilbert Lely, *Le Portefeuille du marquis de Sade*, Paris, Éditions de la Différence, 1977, p. 257.

96 Ils ont pour nom : Laurent, Vaillant.

97 Raymonde Monnier et Albert Soboul, *Répertoire du personnel sectionnaire parisien en l'an II*, ouvr. cité, p. 85-86.

98 Maurice Lever, *Donatien Alphonse François, marquis de Sade*, ouvr. cité, p. 497.

Sade a composé ce texte comme une réponse politique forte aux délibérations qui se tiennent à la Convention à la suite de l'abolition de la monarchie en septembre 1792, alors qu'il fallait revoir la Constitution de 1791. Maurice Lever, faisant écho à Gilbert Lely, juge cet opuscule comme étant « le plus solide et le plus original[99] » des écrits révolutionnaires de Sade. Cette œuvre montre que le marquis est parfaitement au courant des enjeux de l'heure. « L'idée sur le mode de la sanction des lois » est ancrée dans l'actualité la plus brûlante. Sade ne se livre pas à des spéculations théoriques sur la souveraineté du peuple. Il fait une mise en garde précise contre la tournure que prennent les débats de la Convention :

> Citoyens, vous avez pu l'entendre, on vous a déjà dit que votre sanction était inutile aux lois qui vont émaner de la Convention nationale ; on vous a dit que vos mandataires, revêtus de votre pouvoir, acquéraient, en vertu de cette seule délégation, et la puissance de créer des lois, et celle de les sanctionner. C'est-à-dire qu'ils devenaient juges dans leur propre cause. On vous l'a dit et vous vous y soumettez. Oui, sans doute, vous vous y soumettez, puisque aucune réclamation ne se fait entendre. C'est sur l'extrême danger de cette pétition de principe que je vous demande la permission de m'éclairer devant vous[100].

Plus loin, Sade revient sur les propositions concrètes qui ont été faites par la Convention et qu'il considère comme dangereuses :

> Ne doutez point, citoyens, que ce ne soit pour abréger la besogne et pour se donner, par conséquent, l'honneur de l'avoir terminée tout entière, que l'on cherche à éviter votre sanction en détail, ou à vous proposer une Assemblée sanctionnante composée d'un membre par département. Méfiez-vous des pièges cachés sous l'un et sous l'autre projet. Je vous ai fait voir ceux qu'on vous tend en voulant se soustraire à votre sanction. Vous allez découvrir tout aussi facilement ceux déguisés sous le dessein de l'érection d'une seconde Assemblée, créée pour refuser ou donner son vœu aux opérations de celle qui existe[101].

Si on prend la peine de se rappeler que la section de Sade est encore composée de nombreux banquiers protestants, on comprend mieux la place qu'occupent les références à la démocratie directe du *Contrat social* de Rousseau dans l'« Idée sur le mode de la sanction des lois ». Celles-ci

99 Marquis de Sade, *Écrits politiques*, ouvr. cité, p. 179.
100 *Ibid.*, p. 182.
101 *Ibid.*, p. 184.

sont au diapason avec les idées politiques de ces nombreux bourgeois, sensibles aux théories démocratiques, et ce malgré la réception hostile à Genève du *Contrat.* Mais depuis cette époque, les mentalités avaient évolué, l'idée du suffrage universel avait fait son chemin, et des phrases telles que « les hommes simples, libres, et vos égaux, auxquels vous ne déléguez que momentanément une portion de la souveraineté qui n'appartient qu'à vous, ne peuvent, sous aucun rapport, posséder cette souveraineté dans un plus haut degré que le vôtre[102] » ou encore « La souveraineté est une, indivisible, inaliénable[103] » sont, sous la plume de Sade, un appel puissant à l'idéal démocratique qui anime l'action de ces banquiers expatriés.

De plus, dans ce même texte, Sade ne manque pas de souligner sa solidarité avec ces protestants dans une note où il rappelle les liens qui ont existé entre la royauté et la persécution des Huguenots, bien qu'il s'agisse là d'un lieu commun du discours révolutionnaire : « Hommes du dix août, vous n'avez pas redouté d'arracher les despotes de l'orgueilleux palais où des tyrans, pour la seconde fois, allaient verser le sang du peuple* ! **On sait que des mêmes fenêtres, à quelque distance près, Charles IX tira sur les protestants*[104]. »

C'est à partir du moment où ce texte est rédigé que Sade est devenu le porte-parole respecté des membres de la section des Piques. Sa pétition, lue deux fois à l'Assemblée générale, est imprimée et envoyée aux quarante-sept autres sections de la capitale.

« PÉTITION DES SECTIONS DE PARIS À LA CONVENTION NATIONALE »

Aussi est-ce Sade qui est délégué par sa section pour donner lecture de la « Pétition des sections de Paris à la Convention nationale ». Cette pétition représente la réponse des sans-culottes face au décret de la Convention établissant dans la capitale une armée rémunérée de six mille hommes. Sade est bien entendu l'auteur du texte final qui reflète des discussions qui ont eu lieu au sein de l'ensemble des sections. Sade prononce ce discours le 16 juin 1793, mais le texte est daté du 1er juin ; en d'autres mots, en pleine crise de la lutte de pouvoir qui oppose la Convention à la sans-culotterie parisienne.

---

102 *Ibid.*, p. 181.

103 *Id.*

104 Marquis de Sade, *Écrits politiques*, ouvr. cité, p. 181. Je souligne.

Cet écrit est central dans notre propos, car il confirme la proximité de Sade des milieux financiers, par l'intermédiaire de Guzman. Pour saisir toute l'importance de cette pétition, il convient de rappeler les circonstances historiques motivant sa composition. Le décret contre lequel Sade et sa section s'insurgent avait été voté par la Convention à la suite des insurrections populaires des 31 mai et 2 juin 1793. Contrairement aux soulèvements populaires de l'année précédente, celle-ci fut sans bains de sang, mais elle marqua un pas décisif vers la consolidation du pouvoir du peuple. Ces journées insurrectionnelles eurent lieu alors que la République devait affronter les contre-révolutionnaires sur deux fronts : la menace vendéenne et les monarchies coalisées. Les divisions idéologiques entre les députés de la Montagne et de la Gironde atteignirent le stade de véritable hostilité face à la profondeur du danger et ces derniers furent accusés de collaborer avec l'ennemi. Enflammés par les discours de Marat et de Robespierre, les sections entrèrent en insurrection à l'Évêché où leurs délégués s'étaient réunis pour former un Comité insurrectionnel. Aucun historien ne résume mieux cet épisode de la Révolution qu'Albert Soboul :

> Le 31 mai 1793, l'insurrection se déroula sous la direction du comité de l'Évêché, suivant les méthodes appliquées le 10 août. *Le tocsin sonne*, la générale bat, le canon d'alarme sonne. Les pétitionnaires des sections et de la Commune se présentent à la barre de la Convention vers 5 heures du soir, tandis que la foule des manifestants cerne les abords. Tout un programme de défense révolutionnaire et de mesures sociales est présenté : exclusion des chefs de la Gironde, cassation de la Commission des Douze, arrestation des suspects, épuration des administrations, création d'une armée révolutionnaire, attribution du droit de vote aux seuls sans-culottes [...][105]

Cette journée-là les insurgés n'eurent gain de cause que sur une seule de leurs demandes mais le 2 juin, ils assiégèrent de nouveau la Convention avec 80 000 hommes de la garde nationale : « Impuissante, la Convention [...] se soumit ; elle décréta d'arrestation 29 députés girondins ainsi que les ministres Clavière et Lebrun[106]. » Avec l'expulsion de ces députés « le duel de la Gironde et de la Montagne, qui durait depuis la Législative, était terminé[107] », le règne de la sans-culotterie commençait.

105 Albert Soboul, *Précis d'Histoire de la Révolution française*, ouvr. cité, p. 255. Je souligne.
106 *Ibid.*, p. 255.
107 *Id.*

L'historien Morris Slavin affirme que la section des Piques était demeurée relativement calme aux cours de ces journées décisives. Mais l'un de ses membres y avait joué un rôle essentiel ; il s'agit de Guzman, qui sera dorénavant appelé « il tocsino » parce qu'il aurait fait sonner le tocsin pour appeler à l'insurrection, comme nous avons pu le lire plus haut sous la plume de Soboul. J'ai analysé dans un chapitre précédent le rôle politique de Guzman au cours de ces journées. Revenons à Sade et à sa pétition.

Lorsqu'il la compose, le pouvoir a basculé aux mains des Montagnards, avec l'appui des sans-culottes parisiens qui comptent dorénavant sur l'échiquier politique. Dans ce contexte, le texte de Sade doit se comprendre comme une demande de consolidation de ce pouvoir populaire que le marquis souhaite ne dépendre que des citoyens eux-mêmes. Si Sade a pu formuler un tel souhait, c'est parce que cette demande est une suite logique de la démonstration de force spontanée et réussie du peuple, démonstration dont il venait tout juste d'être témoin au cours de ces deux journées d'insurrection. Sade exprime avec véhémence le souhait que la Convention se tourne uniquement vers le courage de ses propres patriotes pour affronter les contre-révolutionnaires :

> Paris a créé la Révolution, Paris saura la maintenir. Législateurs, personne ne sait mieux que vous si les soldats de la République française peuvent vous défendre, s'ils savent discerner les traîtres et maintenir les droits des vrais représentants du peuple. Ceux qui renversèrent les murs de la Bastille, ceux qui brisèrent le sceptre du despote, n'avaient ni paye, ni engagement ; l'amour de la patrie savait seul exalter leurs âmes, et la liberté tout entière était l'unique prix de la victoire[108].

Sade s'insurge moins contre la solde versée aux membres de cette armée qu'il défend, que contre l'idée d'une armée composée de non Parisiens sans-culottes :

> Loin de prétendre à empêcher les personnes peu aisées de recevoir la récompense de leurs peines, nous demandons que le premier usage qui sera fait de la taxe de guerre soit de leur assurer une paye, chaque fois qu'elles emploieront leur temps à protéger les propriétés du citoyen, car les propriétés du pauvre, ce sont ses journées, et certes il ne doit point les perdre sans dédommagement.

---

108 Marquis de Sade, *Écrits politiques*, ouvr. cité, p. 191-192.

> Au seul citoyen de Paris appartient le droit de défendre sa ville ; et la cité qui au premier coup de tambour, met à l'instant cinquante mille hommes sur pied, suffit à sa propre défense[109].

La pétition est ainsi ancrée dans l'actualité brûlante de la contre-révolution qui prend de l'ampleur avec le mouvement fédéraliste, nourri cette fois par les Girondins de la province hostiles à la Convention. Face à cette menace, celle-ci organisa une répression armée[110], tout en combattant la révolte vendéenne et les tentatives d'invasion étrangère. Sade a bien pris note du danger auquel fait face la Convention et qui la poussa à créer cette armée soldée pour Paris, mais, à ses yeux, celle-ci ne ferait en fin de compte que le jeu de l'ennemi : « L'existence de nos ennemis intérieurs est indubitable : gardons-nous de leur composer des forces qui augmenteraient bientôt leur audace[111] », prévenait-il.

Martin Nadeau, pour sa part, voit ce texte – mais aussi l'« Idée sur le mode de la sanction des lois » – comme le lien qui unit Sade au paradigme du républicanisme classique et à « la question de la corruption inhérente à toute représentation[112] ». Les arguments que Sade avance dans cet opuscule rejoignent les thèses du républicanisme classique « pour lequel l'établissement d'une armée soldée ou permanente constitue le plus sûr moyen d'attenter à la liberté politique ». Dans le contexte de l'actualité politique du bras de fer entre la Convention et les sans-culottes parisiens, ce que craint Sade, en fin de compte, est que Robespierre et ses acolytes puissent utiliser sur une telle armée pour parvenir à leurs propres fins, situation qui n'est pas autre chose que « l'abus du pouvoir délégué[113] ».

Je partage l'opinion de Martin Nadeau qui lit le « Mode de la sanction des lois » et la « Pétition des sections de Paris » sous un même éclairage politique. Une telle cohérence de la pensée est un argument puissant qui invite à dépasser le qualificatif d'auteur « opportuniste » que certains critiques attribuent à Sade, d'autant plus que cette cohérence est palpable dans le théâtre ou le roman sadien, comme le démontre Martin Nadeau.

---

109 *Ibid.*, p. 192.

110 Albert Soboul, *Précis d'Histoire de la Révolution française*, ouvr. cité, p. 262.

111 Marquis de Sade, *Écrits politiques*, ouvr. cité, p. 191.

112 Martin Nadeau, « Mœurs, vertu et corruption : Sade et le républicanisme classique », *Annales historiques de la Révolution française*, janvier-mars 2007, nº 347, p. 29-46.

113 *Ibid.*

J'ajouterai, pour ma part, que ces deux opuscules politiques montrent que Sade était parfaitement au courant des débats et des enjeux importants qui avaient lieu à la Convention, voire ce qui se tramait dans les coulisses du pouvoir. Sa « Pétition » se poursuit en ces termes :

> Mais on a, dit-on, d'autres idées, et c'est pour d'autres vues que cette armée se lève. Législateurs, communiquez-nous ces vues ; les déguiser, c'est les rendre suspectes. Nous ne vivons plus dans ces siècles barbares où le gouvernement ne s'enveloppait des ombres du mystère que pour nous dérober des infamies. Tous les membres d'une république participant à son administration, il ne doit exister aucune espèce de secret pour eux [...][114]

Le ton assuré, défiant même, sur lequel se clôt cette pétition illustre que Sade possède l'assurance indubitable d'un véritable orateur politique. Sa section lui offrira l'occasion exceptionnelle d'exercer ses talents lors de la fête pour commémorer la mort de Marat.

MARAT ET SADE OU DES « MÂNES » QUI ONT HANTÉ LA MÉMOIRE SADIENNE

Le « Discours prononcé à la Fête décernée par la section des Piques, aux mânes de Marat et de le Peletier » est aussi un texte que Sade a composé en réponse à l'actualité des assassinats de Marat et de le Peletier, survenus quelques semaines auparavant. Sade soumet son texte aux membres de sa section le 29 septembre 1793. Maurice Lever souligne que l'Assemblée décide alors de faire imprimer le discours et de l'envoyer « à la Convention nationale, à tous les départements, aux armées, aux autorités constituées de Paris, aux quarante-sept autres sections et aux Sections populaires[115] ». Est-ce à l'instigation de Guzman, ami de Marat, que Sade compose ce texte ? Il est permis de le croire. Guzman a dû certainement faire jouer son influence pour que le « Discours » connaisse la diffusion qu'il a eue, bien qu'il ne tarderait pas à être emprisonné[116].

114 *Ibid.*, p. 192.
115 *Ibid.*, p. 193.
116 Albert Mathiez suggère que son incarcération dans une prison eut lieu vers la fin de septembre, mais il est demeuré incapable de préciser la date exacte (Albert Mathiez,

Le « Discours » a été lu par Sade lors de la cérémonie d'hommage organisée par la section, cérémonie qui aura lieu le 9 octobre. Sade a donc eu plusieurs jours pour composer son panégyrique. Il s'agit bel et bien d'un texte de commande dans lequel il est difficile de reconnaître l'originalité et la précision d'une pensée qui renverraient à un enthousiasme sincère de la part de Sade. Et le seul lyrisme qui subsiste dans le texte est celui d'une subtile dérision. Maurice Lever parle de « fatras » et juge que Sade ne fit qu'« aligner les périphrases », véritables caricatures du style sans-culotte[117]. Gilbert Lely avait porté un jugement similaire sur cette œuvre :

> C'est, écrit-il, le plus décevant des opuscules politiques de Sade. Non que ne s'y déplient sa native éloquence et le nombre heureux de ses périodes (en tant que musique sans paroles, elles pourraient charmer une oreille étrangère), mais dans ce florilège de lieux communs révolutionnaires, les mots de vertus, bonheur, patriotisme, liberté sont les cavales irresponsables du mensonge et de l'ignorance. Même l'on pourrait croire à une parodie, et, pour ce qui concerne Marat, le plus hideux vampire de la Révolution, à quelque satire par antiphrase[118].

Paradoxalement, au XVIIIe siècle, c'est à travers le roman *Justine*, et non pas ce texte, que Sade fut associé à cette période de la Révolution. Rétif de la Bretonne, dans *Monsieur Nicolas*, affirme que « Danton le lisait pour s'exciter[119] ». Un autre contemporain, Charles de Villers, fait une adéquation entre le roman et les moments les plus sanglants de la Terreur : Robespierre aurait l'habitude de lire *Justine* pour trouver l'énergie nécessaire à satisfaire sa soif du sang. Dans *Le Spectateur du Nord*, on peut lire :

> Il [*Justine*] est, parmi les livres, ce que Robespierre a été parmi les hommes. On dit que lorsque ce tyran, lorsque Couthon, St. Just, Collot, ses ministres étaient fatigués de meurtres et de condamnations, lorsque quelques remords se faisaient sentir à ces cœurs de bronze, et qu'à la vue des nombreux arrêts qu'il leur fallait encore signer, la plume échappait à leurs doigts, ils allaient lire quelques pages de *Justine*, et revenaient signer[120].

Autour de Danton, ouvr. cité, p. 221).

117 Maurice Lever, *Donatien Alphonse François, marquis de Sade*, ouvr. cité, p. 506.

118 Gilbert Lely, *Sade. Études sur sa vie et sur son œuvre*, Paris, Gallimard, 1967, p. 158-159.

119 Rétif de la Bretonne, *Monsieur Nicolas*, Paris, Gallimard, 1989, tome 1, p. 1044, p. 1555-1557.

120 *Le Spectateur du Nord*, IV, n° 12, 1797, p. 409.

Jean-Clément Martin souligne justement l'ironie d'une telle adéquation : « Le comble, affirme-t-il, sera que Robespierre soit considéré comme "sadien", participant de la même sensibilité, alors qu'il avait fait envoyer Sade en prison [...][121] »

Mais il faudra attendre le XIXe siècle et Michelet pour que le nom de Sade soit lié à Marat. Michelet souligne le fait que Marat dénonça dans son journal le marquis de La Salle qu'il aurait confondu avec le marquis de Sade. Gilbert Lely avait émis quelques doutes sur l'authenticité des faits rapportés par Michelet :

> Or, écrit-il, il est bien question dans le *Publiciste parisien* du 13 septembre 1789, des débats de l'Assemblée nationale sur la prétendue trahison et l'emprisonnement du marquis de la Salle, mais rien de ce qu'en dit Marat ne ressemble à la confusion que Michelet a signalée. Faut-il croire à une invention de cet historien pour flétrir « l'horrible de Sade, l'infâme et sanguinaire auteur[122] » ?

Aujourd'hui, il est possible d'apporter une réponse à la question de Lely qui se lamentait de n'avoir pu « mener à terme, ligne après ligne, l'examen des onze volumes qui forment la collection complète des journaux de Marat[123] ». Les progrès actuels de l'informatique permettent de saisir rapidement la vérité. Michelet n'avait pas inventé cette anecdote, mais il n'avait pas non plus rapporté les faits avec exactitude. Il faut se rapporter à la date de juin 1790 et non pas septembre 1789 pour voir apparaître le nom de Sade sous la plume de Marat.

Quels étaient les liens réels qui ont existé entre *L'Ami du peuple* et le marquis ? Les deux personnages se connaissaient de réputation et il n'est certainement pas à exclure qu'ils se sont rencontrés. Marat, lors de son premier séjour en Angleterre avant la Révolution, était au courant des frasques sexuelles de Sade. En effet les bruits de l'affaire d'Arcueil avaient traversé les frontières et dans les salons et cafés londoniens on discutait, comme un peu partout en Europe, des cruautés infligées à Rose Keller par Sade. En effet, peu après l'affaire, Mme du Deffand avait fait à Horace Walpole le récit des événements. En cette période d'avril 1768, Marat, depuis deux ans, séjournait à Londres où il fréquentait

121 Jean-Clément Martin, *Les Échos de la Terreur*, Paris, Agora, 2018, p. 139.
122 Gilbert Lely, *Sade. Études sur sa vie et sur son œuvre*, ouvr. cité, p. 165.
123 *Ibid.*, p. 165-166.

non seulement les milieux artistiques et littéraires, composés en partie des mêmes personnages rencontrés auparavant à Paris, mais aussi « les échelons supérieurs de la société londonienne[124] ».

Marat affirmera lui-même à propos de Sade dans son journal, le 26 juin 1790, sur un ton difficile à déchiffrer : « [il] a été impliqué dans tant d'affaires fâcheuses et dont j'ai eu les oreilles rebattues à Londres. » Cette phrase est à placer dans le contexte de la confusion à laquelle fait référence Michelet. L'historien a ainsi raison d'affirmer que Marat s'est excusé auprès de M. de La Salle d'avoir confondu son nom avec M. de Sade : « Irais-je, poursuit Marat, de gaieté de cœur offenser un citoyen estimable ? » Ce seront les seules phrases à propos de Sade qu'on trouve dans *L'Ami du peuple*. Ici Marat est tout au plus agacé par le personnage et il ne s'agit nullement d'une de ces dénonciations violentes pour lesquelles il est célèbre.

Les deux hommes ont des positions politiques et philosophiques diamétralement opposées. On pourrait rejeter une telle conclusion en rappelant leurs points de vue fluctuants. La difficulté de définir avec précision leurs couleurs révolutionnaires, et les accusations de jouer un double jeu politique qui pèsent contre eux brouillent immensément les cartes, mais il n'est pas exclu de dégager des tendances, certaines, il est vrai, mieux étayées que d'autres.

Bien que Marat, comme médecin, ait eu l'opportunité de côtoyer l'aristocratie et qu'il ait été monarchiste à ses débuts[125], il a rapidement préféré s'identifier au peuple et a écarté la monarchie constitutionnelle au profit d'un gouvernement républicain et il s'est tourné vers une politique axée sur l'insurrection populaire[126]. L'appel à l'action du peuple à travers la dénonciation et la violence a été la principale forme d'engagement politique de Marat. Un tel extrémisme ne pouvait que révulser Sade, d'autant plus que les campagnes haineuses de Marat visaient sans cesse l'aristocratie et les aristocrates. Si Marat se déchaîne publiquement contre la noblesse, Sade, lui, s'attaque dans sa correspondance privée au peuple et à la paysannerie, et il n'est pas, à l'instar de Marat, en reste de paroles violentes. En mai 1790, il exprime tout le mépris qu'il nourrit contre le peuple dans une lettre à son avocat Reinaud et dans laquelle il commente des soulèvements populaires en province :

124 Olivier Coquard, *Jean-Paul Marat*, ouvr. cité, p. 53.
125 Jean-Jacques Pauvert, *Sade Vivant*, ouvr. cité, p. 758.
126 Olivier Coquard, *Jean-Paul Marat*, ouvr. cité, p. 328.

> Ah ! Il y a longtemps que je disais à part moi que cette belle et douce nation qui avait mangé les fesses du maréchal d'Ancre sur le gril, n'attendait que des occasions pour s'électriser, pour faire voir que, toujours placée entre la cruauté et le fanatisme, elle se remonterait à son ton naturel, dès que les occasions la détermineraient[127] !

Toutefois, contrairement à Marat, cette violence reste toujours sur le plan général. Même quand il en a l'occasion, Sade ne s'attaque pas aux individus. Tout au plus va-t-il marquer son impatience face à un homme d'affaires qu'il considère impoli ou un comédien dont les comportements lui paraissent déplacés. Par exemple, les seuls mots que Sade écrit contre la fille de la Soton, venue de La Coste à Paris « sur un cheval » dans le but avoué de nuire à Gaufridy sont : « Cette gueuse-là me paraît fort dangereuse[128]. »

Même contre les Montreuil, ses « plus grands ennemis », Sade ne va pas recourir à la violence dénonciatrice, telle que la pratiquait quotidiennement Marat et il se contente de dire à Gaufridy : « Ce sont de plus des gueux, des scélérats reconnus, et que je pourrais perdre d'un mot si je voulais ; mais j'ai pitié d'eux, je leur rends mépris et indifférence pour tout le mal qu'ils m'ont fait[129]. »

Le 2 août 1793, le lendemain de son élection comme Président de sa section, Sade, au péril de sa propre vie, fait passer ses beaux-parents sur une liste épuratoire, leur évitant du coup la guillotine[130].

Si Sade prêche le meurtre dans ses écrits, il est certain qu'il ne souscrit pas à la violence dans la vie réelle. Les massacres de septembre l'ont horrifié et les exécutions à la guillotine étaient pour lui des scènes insupportables. Comme l'affirme Maurice Lever, « le meurtre institutionnel l'écœure[131] », contrairement à Marat qui y voyait presque un mode de gouvernement.

Sade affirmera à plusieurs reprises dans sa correspondance sa haine des Jacobins dont Marat joint le club au cours de l'été 1792[132]. À cette époque, les Jacobins sont devenus de farouches radicaux[133]. Le marquis

---

127 Marquis de Sade, *Écrits politiques*, ouvr. cité, p. 209.
128 Paul Bourdin, *Correspondance inédite du marquis de Sade*, ouvr. cité, p. 318.
129 *Id.*
130 Voir : Maurice Lever, *Donatien Alphonse François, marquis de Sade*, ouvr. cité, p. 502-503.
131 *Ibid.*, p. 503.
132 Olivier Coquard, *Jean-Paul Marat*, ouvr. cité, p. 314.
133 En juillet 1791, l'aile modérée avait quitté le club (Voir : Clifford D. Conner, *Jean-Paul Marat*, ouvr. cité, p. 63).

ne pouvait ainsi être plus éloigné des idées et des méthodes de Marat, malgré qu'une parole incendiaire puisse contribuer à les rapprocher. Mais nous avons vu que la violence des mots de Sade était loin d'avoir le même impact désastreux que celle de Marat.

La philosophie est ce qui sépare radicalement Sade et Marat. Ce dernier, en dépit de ses études de médecine et de ses nombreux écrits sur la physique et l'électricité, abhorrait le matérialisme, si populaire dans les milieux scientifiques de son époque. Marat désigne les auteurs matérialistes, tels que La Mettrie ou Helvétius, d'auteurs « fantaisistes », alors que Sade est un grand admirateur de ces derniers. La critique de Marat de La Mettrie est basée sur un rejet sans appel de la thèse de l'inexistence de l'âme, l'une des clés de voute de la philosophie de Sade. Marat reproche à La Mettrie de rapporter tout dans l'homme au corps et de ne reconnaître « que matière dans un être pensant et libre, capable de vertu et de lumière[134] ». Toutefois, cette thèse n'empêche pas Marat de concevoir le corps humain comme une machine hydraulique[135].

Que ce soit sur le plan de la philosophie ou du sens de l'action politique, il existe une incompatibilité fondamentale entre Sade et Marat. Toutefois, celui-ci ne s'attaqua jamais directement au marquis, alors qu'il connaissait parfaitement son passé. Pourquoi cette retenue de sa part ? L'amitié qui a existé entre Sade et Guzman pourrait être un élément explicatif. Marat, jusqu'à ses derniers jours, considérait Guzman comme son seul ami et on peut avancer l'hypothèse que c'était pour ne pas nuire à cette relation qu'il se retint d'attaquer Sade.

Le banquier était le seul lien véritable entre Sade et Marat, et je crois que c'est par égard pour Guzman que Sade composa son « Discours aux mânes de Marat et de Le Peletier ». Ce n'est pas avec gaieté qu'il a dû envisager l'écriture de ce texte et l'obligation dans laquelle il s'était placé, en le composant, d'en faire lui-même une lecture publique. C'était peut-être trop exiger de lui que de jouer cette farce, la seule en mon sens de son action révolutionnaire. Car on lui demandait de faire l'éloge d'un assassin des siens et il n'avait pas le choix que d'obliger son allié. Sa détresse était réelle. Une semaine après la cérémonie d'hommage à Marat, Marie-Antoinette serait guillotinée et ce jour-là, Sade écrirait dans son

134 Jean-Paul Marat, *De l'homme*, Marc-Michel Rey, Amsterdam, 1775, cité par Olivier Coquard, *Jean-Paul Marat*, p. 65.

135 Olivier Coquard, *Jean-Paul Marat*, ouvr. cité, p. 110.

carnet des phrases qu'il prête à la Souveraine en prison. Maurice Lever affirme qu'à travers ces paroles, Sade décrit son sort sous la Révolution. Mais comme ces mots ont été écrits quelques jours à peine après le discours aux mânes de Marat, je pense qu'ils font aussi référence à cette mascarade à laquelle il ne pouvait se soustraire. Voici donc les mots troublants de Sade :

> Les bêtes féroces qui m'environnent inventent chaque jour quelque humiliation qui ajoute à l'horreur de ma destinée ; elles distillent goutte à goutte dans mon cœur le poison de l'adversité, comptent mes soupirs avec délice et, avant que de s'engraisser de mon sang, elles s'abreuvent de mes larmes[136].

En fait, les seuls points communs qui ont existé entre Sade et Marat, c'est d'abord Guzman et ensuite la passion pour l'écriture, quelle fût journalistique ou libertine ; les biographies de Marat passent souvent sous silence que ses premiers essais dans la carrière d'homme de lettres ont été réalisés dans le genre licencieux avec ses *Aventures du jeune comte Potowski*, roman aussi piquant que ceux de Crébillon ou de Rétif de la Bretonne[137].

L'ARRESTATION

La carrière révolutionnaire de Sade semblait suivre un cours couvert de réussites et ce, en dépit des chutes politiques spectaculaires dont il pouvait être le témoin. Depuis sa sortie de prison, son prestige révolutionnaire n'avait fait que s'accroître au sein de sa section. Et celle-ci était une pièce importante sur l'échiquier de la Convention. En toute bonne logique, Sade ne devait avoir aucune raison de se sentir menacé et de craindre les conséquences néfastes de l'instabilité du nouveau régime politique. Et pourtant, sur la foi de certaines actions de Sade, Maurice Lever a avancé l'hypothèse que celui-ci a dû éprouver, quelques jours avant son arrestation – celle-ci a lieu le 8 décembre 1793 – un doute sérieux sur son avenir. Pour l'historien, Sade avait probablement réalisé qu'il venait de faire un faux-pas en appuyant publiquement la déchristianisation,

---

136 Maurice Lever, *Donatien Alphonse François, marquis de Sade*, ouvr. cité, p. 507.

137 Olivier Coquard, *Jean-Paul Marat*, ouvr. cité, p. 55-56.

quelques semaines plus tôt. Comme nous l'avons vu dans un chapitre précédent, il avait composé une pétition, *Pétition de la Section des Piques aux représentants du peuple français*, dans laquelle il exprimait et justifiait la volonté de la section de renoncer à tout culte, à l'exception de celui de la liberté. Il avait lui-même lu son texte le 15 novembre 1793 à la barre de la Convention. Pour Maurice Lever, ce fut une gaffe :

> Emporté par sa ferveur athéiste et son désir de bien faire, Donatien vient de commettre une énorme bévue. Sans le vouloir, il est allé à l'encontre du gouvernement. À l'heure même où les membres du Comité du salut public, Robespierre en tête, s'efforcent d'endiguer les progrès de l'athéisme et de mettre fin à la prolifération des cultes laïques, il ne trouve rien de mieux que d'exalter la fin des superstitions religieuses et de célébrer la naissance de la déesse Raison[138].

À la suite de ce discours Sade s'empressa de réclamer copie de la lettre du 3 juillet 1789, missive dans laquelle le gouverneur de Launay décrivait l'appel du prisonnier à la rébellion ; le marquis incitait également Gaufridy à la plus grande prudence. Maurice Lever voit ces deux gestes comme le symptôme de l'inquiétude politique de Sade qui aurait eu « vent de quelque menace précise[139] » suscitée par sa péroraison en faveur de l'athéisme. Pour Maurice Lever, il est clair que c'est cette pétition qui a attisé la colère de Robespierre. Il détestait Sade depuis longtemps. La pétition lui a offert l'occasion qui devait lui manquer pour l'envoyer à la guillotine.

Que Sade fût bien renseigné sur ce qui se tramait contre lui n'est pas surprenant. En tant que membre influent de sa section, il côtoyait des personnalités importantes à la Commune ; il était ainsi parfaitement renseigné de ce qui se brassait du côté de la Convention et du Comité de sûreté générale. Je ne doute pas non plus que Robespierre nourrissait une haine particulière contre lui. Et il se peut que la pétition lui ait effectivement donné l'occasion de le perdre. Malgré tout, je serais tentée de dire qu'il ne s'agissait là que d'une coïncidence. Il faut également chercher ailleurs les raisons de l'arrestation de Sade.

Lorsque Sade a composé sa pétition, il l'a fait à l'instigation de sa section et de concert avec cinq autres d'entre elles. Lors de la lecture

---

138 Maurice Lever, *Donatien Alphonse François, marquis de Sade*, ouvr. cité, p. 511.
139 *Ibid.*, p. 512.

du texte à la barre de la Convention, il fait partie d'une délégation de huit sans-culottes. Si l'athéisme avait été ici le seul enjeu, Robespierre devait logiquement les frapper tous. Or, ce fut Sade uniquement qui fut visé. Par ailleurs, la fête de la Raison a été célébrée le 10 novembre à Notre-Dame de Paris, soit cinq jours seulement avant l'allocution de Sade. Ce dernier était donc parfaitement au diapason du mouvement populaire, lui-même encore appuyé par la Convention qui attendrait jusqu'au 6 décembre pour proscrire, sur la mention de Robespierre, « toutes violences et toutes mesures contraires à toute religion ». Deux jours plus tard, uniquement Sade subit les conséquences néfastes pour un discours prononcé trois semaines plus tôt ; discours qui, rappelons-le, a eu l'aval du Comité de surveillance de sa section, qui a été imprimé et envoyé aux autres sections et qui finalement a été appuyé publiquement par six autres sections ; le texte représentait bien l'esprit de leurs patriotes sur la déchristianisation. Pourquoi Sade et pas eux ?

Il est clair que ce n'était pas la question religieuse seule qui a provoqué l'emprisonnement du marquis. La chronologie et le contexte des événements rendent cette hypothèse plutôt faible. Jean-Jacques Pauvert l'a bien senti, d'autant plus que rien ne mentionne ce motif dans le dossier d'accusation, contrairement à celui de Cloots ou Chaumette[140], par exemple, qui seront arrêtés et guillotinés expressément pour avoir répandu l'athéisme :

> Pour importante qu'elle soit à ses yeux, la déchristianisation n'est d'ailleurs qu'une des données du problème de Robespierre [...]. À partir de décembre 1793, Robespierre, fort des victoires françaises à l'extérieur et du succès de la répression en Vendée, va pouvoir engager le combat final contre l'autonomie des sections ; et entreprendre l'élimination de tous les représentants du marginalisme politique à gauche ou à droite, « Enragés » ou « Indulgents », qui vont disparaître en quelques semaines[141].

Toutefois, Jean-Jacques Pauvert n'a pas approfondi ces deux motifs, le premier lié au pouvoir politique des sections, et le second attaché à qu'il qualifie de « marginalisme politique ». Les deux sont pourtant indissociables, dans le cas qui nous occupe. Pauvert préfère s'attacher à une troisième cause : l'immoralisme supposé de Sade. Ce dernier n'a

140 Jean-Jacques Pauvert, *Sade Vivant*, Paris, Le Tripode, 2013, p. 890.
141 *Id.*

pas été emprisonné pour un « modérantisme quelconque » ou parce qu'il était un « déchristianisateur[142] », quoique cela ait certainement joué contre lui :

> Suspect banal [Sade], donc, procédure parmi d'autres ? Pas tout à fait. Sans être exceptionnelles, les accusations contre Sade le placent néanmoins de manière privilégiée dans la catégorie spéciale de ceux que Robespierre poursuit désormais d'une haine particulière : les immoraux, les dépravés[143].

Cette dernière conclusion de Jean-Jacques Pauvert est importante, surtout si nous la plaçons dans le contexte de l'influence grandissante des sections sur le peuple parisien. Pour reprendre les mots de Jean-Jacques Pauvert en les inversant quelque peu, je dirais que Robespierre a voulu frapper un militant exceptionnel en s'appuyant sur des motifs spéciaux. En effet, Sade fait partie d'un groupe formé d'étrangers aux mœurs personnelles qu'un homme comme Robespierre considérait nécessairement dépravées. Et ces quelques sans-culottes ont un pouvoir politique réel, non seulement au sein de leur propre section mais aussi au sein de plusieurs autres. Ces hommes ont le potentiel nécessaire pour agiter et mener la foule. Il n'est qu'à songer à Sade qui, de sa fenêtre à la Bastille, a réussi à provoquer un attroupement populaire, ou à Guzman qui a sonné le tocsin lors de l'insurrection des 31 mai et 2 juin 1793 et qui était connu comme un des « agitateurs » de la capitale. Pour Robespierre, le danger, mais aussi le scandale, sont là. Cela lui est particulièrement impensable, voire inacceptable, que des débauchés bénéficient d'une telle influence politique.

Le nom de Sade est bien connu des Conventionnels et des ministres, dont celui de l'Intérieur et celui de la Guerre, Jean-Baptiste Bouchotte – ses bureaux étaient le quartier général des sans-culottes – qui a reçu le marquis le 4 octobre. Il fréquente des personnages extrêmement riches dont certains font partie des Commissions de la Commune. Depuis deux ans, c'est un patriote en vue. L'aversion de Robespierre contre Sade remontait loin mais celui-ci a été intouchable jusqu'à présent.

Robespierre a bien eu une occasion de l'envoyer à la guillotine, lorsqu'il s'était, le 16 juin 1793, publiquement opposé à l'initiative de l'Assemblée de constituer une armée révolutionnaire. À ce moment, aucune action

142 Jean-Jacques Pauvert, *Sade Vivant*, ouvr. cité, p. 891.
143 *Ibid.*, p. 901.

n'est prise contre lui, tandis que « le nommé Jean Jacquemin[144] » lui, sera arrêté pour avoir exprimé son désaccord à la constitution de cette milice soldée. Au cours de l'été 1793, le cercle des banquiers autour duquel gravite Sade est intact, et il est bien protégé. Mais à partir de septembre 1793, les attaques contre les banquiers, commencées en juin, prennent une nouvelle ampleur par le décret qui leur ordonne de suspendre leurs opérations financières et qui instaurent la mise sous séquestre de leurs biens. Ces mesures, nourries par une xénophobie latente et les rumeurs d'un complot de l'étranger, eurent un impact particulièrement dramatique sur les gens d'affaires étrangers qui durent cesser leurs activités, fuir dans un autre pays, quand ils n'étaient pas tout simplement arrêtés et guillotinés[145]. Ces vagues d'arrestations ont aussi atteint les banquiers proches de Sade, marquant du coup l'effritement de ses appuis politiques.

Au début de l'automne, Sade était devenu vulnérable. Revoyons la chronologie des événements pour s'en convaincre. L'édifice a commencé à vaciller avec l'arrestation de Guzman en août 1793 (c'était sa deuxième arrestation en quelques semaines – la première avait eu lieu en juin). Il sera relâché les deux fois. À partir d'août, il demeure à domicile et garde un profil bas. On peut dire qu'à partir de ce moment, il est éliminé de la scène politique révolutionnaire. Pour Sade, cela signifie la perte d'un allié solide et influent. Toutefois, Sade a encore des amis parmi les autres banquiers dont les frères Frey. Ce sera pour une courte durée.

L'arrestation de Chabot, le 17 novembre 1793, compromis dans l'affaire de la Compagnie des Indes, est un coup dur et décisif pour les Frey. On se rappelle que leur sœur avait épousé Chabot. Les dénonciations que fit Guzman contre eux achevèrent d'assurer leur perte. Ils furent arrêtés le 23 novembre, aux côtés de leur sœur. Mais celle-ci fut remise en liberté environ un mois plus tard et ne fut plus jamais inquiétée. C'était son mari – bien que prisonnier lui-même – qui était intervenu afin d'obtenir sa relaxe.

Aussi dès la mi-novembre, les principaux soutiens de Sade étaient dans les fers et leur influence politique, liée entre autres à leurs ressources financières, était réduite à néant. Sade ne pouvait plus compter sur leur protection. Les biens de ces hommes étant mis sous séquestre, le marquis

144 *Ibid.*, p. 890.

145 Henry Heller, « Bankers, Finance Capital and the French Revolutionary Terror (1791-1794) », *Historical Materialism*, vol. 22, n° 3-4, 2014, p. 203.

se trouvait dans la situation fâcheuse de ne même plus être en mesure de leur emprunter les sommes énormes nécessaires pour soudoyer des membres éventuels du Comité de surveillance de la section des Piques afin d'obtenir une libération rapide.

La moisson d'arrestations et d'exécutions avait été riche à l'automne 1793. La courbe ne s'était pas aplanie avec l'arrivée des températures plus froides. C'est au cours de l'hiver que la grande majorité des banquiers étrangers que Sade avait côtoyés furent discrédités : Proli le 13 novembre, Perregaux le 14 décembre, Cloots le 28 décembre. En ce qui concerne le second, il sera relâché peu de temps après son arrestation et continuera à rendre d'importants services à la République. Son séjour de quelques semaines à la Conciergerie lui aura appris à exercer la plus grande prudence dans son soutien aux aristocrates.

J'ai dit qu'il fallait aussi tenir compte de la popularité de Sade au sein de sa section comme motif justifiant son arrestation. Le combat que menait Robespierre, au cours de l'automne 1793, n'était pas uniquement contre la déchristianisation mais il concernait également l'autonomie grandissante des sections qui, sous l'influence de meneurs, s'érigeaient en contre-pouvoir et défiaient l'autorité de la Convention ou de la Commune. Dans la section des Piques, Sade et Guzman étaient les hommes à abattre. Celui-ci a été neutralisé en premier ; Sade, privé de ce soutien important, n'a pas tardé à suivre.

Il existe un rapport de cause à effet entre la détention de Guzman et celle de Sade. Les deux arrestations se suivent d'assez près. L'historien Albert Mathiez prend le soin de souligner que ce fut surtout comme agent de l'étranger que Guzman fut arrêté, puis exécuté. En ce qui concerne Sade, on peut lire, entre autres, dans le réquisitoire dressé contre lui : « Sade, ex-comte, capitaine des gardes de Capet en 1792, a entretenu des intelligences et correspondances avec les ennemis de la République[146]. » Les accusations sont semblables, et ces « ennemis de la République » renvoient au cercle des banquiers. De fait, Sade ne fréquente à l'époque de son arrestation aucun autre personnage qui aurait pu être considéré par le Comité de sûreté générale comme un contre-révolutionnaire. Les « intelligences et correspondances avec les ennemis de la République » dont on l'accuse pourraient viser éventuellement Gaufridy, son chargé

146 Voir notre Appendice II.

d'affaires, royaliste convaincu et qui a dû s'enfuir, suite à son implication dans des complots. Mais la première implication directe de Gaufridy dans une conjuration monarchiste a lieu après les événements du 10 août ; il doit alors se retirer à Lyon en septembre[147], environ donc un an avant l'arrestation de Sade. Durant cette période Sade n'est pas du tout inquiété. Il ira même jusqu'à inviter Gaufridy à venir à Paris.

Le notaire sera à nouveau mêlé dans des affaires politiques à la suite des insurrections des 31 mai et 2 juin 1793 où il s'enfuit à Toulon et se range aux côtés des fédéralistes. Il est vrai que cette dernière manœuvre de Gaudrify aurait pu expliquer l'arrestation de Sade, ce dernier continuant à correspondre avec son chargé d'affaires. Maurice Lever avance ainsi l'hypothèse que les engagements politiques de Gaufridy auprès des royalistes expliquent en partie l'incarcération de Sade : « il va se soi, écrit-il, que ces lettres d'un royaliste notoire ne pouvaient manquer d'attirer l'attention du Comité de sûreté générale. » Mais ces lettres sont découvertes après l'arrestation de Sade. Elles ne peuvent donc constituer

147 Dans une lettre du chargé d'affaires de Sade, M. Reinaud, à la présidente de Montreuil, il écrit le 20 mars 1792 : « Dans plusieurs lieux du département, on a ressenti des mouvements. Apt n'en a pas été exempt, et l'agent [Gaufridy] de M. Edas [acronyme pour Sade] a été obligé de disparaître [...] », Maurice Lever, *Bibliothèque Sade (II). Papiers de famille.* Le marquis et les siens, p. 323. En octobre 1792, Reinaud écrit à la présidente de nouveau et ajoute cette phrase assez énigmatique : « Quant à M. Edas, je lui ai écrit qu'il était la cause indirecte et innocente de la retraite de son agent, obligé de s'expatrier. » (*Ibid.* p. 324). Un mois plus tard, en novembre 1792, Reinaud revient sur les causes de la fuite de Gaufridy, toujours à Mme de Montreuil : « Il est connu que son agent, pour avoir été le conseil de plusieurs seigneurs et singulièrement celui de M. Edas, a encore eu la disgrâce de quelques malveillants qui lui ont suscité du train. Ensuite une liste, fabriquée ou trouvée à Grenoble dans les papiers d'un jadis Provençal, comprenait une multitude de particuliers que l'on supposait être disposés à favoriser les contre-révolutionnaires, habitants émigrés. Sur la notice de ce papelard calomnieux, plusieurs citoyens avaient été incarcérés et furent reconnus innocents. On découvrit l'infamie de cette liste. L'agent du sieur Edas et son fils s'y trouvaient inscrits. Ils furent obligés, comme d'autres, pour éviter des emprisonnements tortionnaires et que les circonstances nécessitaient, de fuir plus loin. La vérité connue et la fausseté atroce de cette liste avérée, je travaillai pour obtenir le jugement d'absolution et de protection dont ils avaient besoin pour revenir et rester tranquillement dans leur patrie, sans être tenus à garder en prison. Nous y sommes parvenus ; ils sont maintenant dans leur foyer, après trois mois d'absence. À leur passage en cette ville, où je les fis arriver, je me concertai avec eux. L'agent avait écrit à M. Edas qu'il ne pouvait plus agir pour lui. Ce dernier jeta les hauts cris. Je fus maintes fois épistolé par lui à ce sujet, et les choses en sont au point que les fonctions de l'agent continueront avec le même zèle, mais que toute correspondance pour affaires domestiques et territoriales passera par mes mains, jusqu'à ce que le cours ordinaire soit rétabli. » (*Ibid.*, p. 326-327.)

la cause directe de son arrestation. Si les liens de Sade avec Gaufridy avaient constitué le motif premier de son arrestation, Sade aurait été inquiété bien avant le 8 décembre 1793.

Examinons à présent certains délais dans la procédure contre lui. Ils témoignent du fait qu'il bénéficiait encore, et malgré tout, de quelque soutien dans sa section, bien que cet appui était loin d'équivaloir à celui d'un Guzman.

Lorsque Sade est arrêté, il est conduit à la prison des Madelonettes. Sa première réaction a été de faire appel à sa section en lui envoyant une supplique émouvante dans laquelle il plaide son innocence et demande qu'on réclame sa libération. Mais le président des Piques est un certain François Pierre Garnier-Launay, un des hommes de Robespierre, et une personnalité importante des Jacobins[148]. C'est à peine s'il donne connaissance à l'assemblée générale de la lettre de Sade, s'empressant de passer à l'ordre du jour. Aucun commentaire n'est fait au sujet de cette affaire. C'est comme si Sade n'avait jamais existé. En réalité le marquis est devenu un homme embarrassant et aucun sans-culotte n'ose se mouiller, du moins ouvertement. À cette assemblée, personne ne prend la parole pour justifier cette arrestation ou… la condamner. C'est dans la logique des choses, vu le climat de suspicion généralisée quand un geste maladroit, un propos ambigu suffissent à vous rendre suspect et à faire de vous un candidat à la guillotine.

Les patriotes de la section connaissaient parfaitement l'engagement révolutionnaire de Sade et cette arrestation devait leur sembler incompréhensible, mais dire un mot en sa faveur c'était soulever les foudres de Robespierre. À l'opposé, ceux qui ne portaient pas Sade dans leur cœur avaient aussi intérêt à se taire. Sade, qui quelques jours auparavant avait ses entrées dans les ministères, pouvaient encore avoir quelque soutien, peut-être même au sein de cette assemblée du 8 décembre parmi les commissaires ou parmi les membres du puissant tribunal révolutionnaire. Le plus prudent était de feindre l'indifférence, d'expédier les affaires courantes… et de retarder la procédure.

En effet, un détail concernant cette procédure la rend assez problématique. Le comité de surveillance de la section des Piques enverra son « Rapport sur la conduite du citoyen Sade au Comité de sûreté générale »

148 Raymonde Monnier et Albert Soboul, *Répertoire du personnel sectionnaire parisien en l'an II*, Paris, Publications de la Sorbonne, 1985, p. 83.

seulement trois mois après l'arrestation de Sade, soit le 8 mars 1794[149]. Quelles peuvent être les raisons qui expliquent ce délai ? Le comité de surveillance de la section des Piques avait-elle des raisons pour différer l'envoi d'un tel rapport ? Si oui, quelles étaient-elles ? La section avait toutes les raisons de retarder l'envoi de ce document afin de produire un texte qui ne compromette pas davantage d'autres membres de la section en les associant à Guzman ou à d'autres banquiers par l'intermédiaire de Sade.

Le Comité de surveillance de la section avait l'obligation de faire parvenir au Comité de sûreté générale le rapport sur la conduite du marquis dans un délai de 8 jours. Il mit trois mois à le faire, comme je viens de le mentionner. L'arrestation de Sade mettait la section dans le plus grand embarras. Il avait été leur homme de confiance et leur porte-parole depuis de longs mois. Il était un orateur et un écrivain habiles. Nombreuses sont les pétitions qu'il a signées, qui ont reçu les éloges de ses camarades et qui ont été imprimées, puis envoyées aux autres sections pour l'édification républicaine de la sans-culotterie parisienne. Condamner Sade revenait à condamner l'ensemble des actions politiques de la section. Ceci demandait réflexion.

Le Comité de surveillance a trouvé le moyen de s'exonérer en déterrant le passé scandaleux de Sade, passé qui n'impliquait que lui et qui aurait – c'était l'objectif – la vertu de discréditer son implication dans la Révolution tout en sauvant la face des membres de la section.

Le réquisitoire de Fouquier-Tinville contre le marquis demeure très général, voire impertinent et il ne cite ni nom ni action. Le rapport qui devait être envoyé au Comité de sûreté générale exigeait expressément des détails sur les « liaisons » et les « relations » du prisonnier ; or s'il n'en contient aucun – hormis une vague référence à des « lettres déposées à la Mairie » contenant des « correspondances avec des ennemis de la République » – c'est que la section était demeurée silencieuse sur ce point. On doit se rappeler que celle-ci fourmillait de banquiers. Par conséquent, tous ceux qui les ont côtoyés, de près ou de loin, sont de facto suspects. Ainsi, un membre de la section des Piques, un certain Piron, apparaît dans le réquisitoire de Fouquier-Tinville (le même jour du jugement de Sade). On l'accuse d'être :

149 Maurice Lever, *Donatien Alphonse François, marquis de Sade*, ouvr. cité, p. 520.

> suppôt de l'agiotage, associé des Calonne, des Veymerange[150], pour opprimer le peuple, par le système désastreux d'opérations qui consistaient à épuiser la plus pure subsistance des citoyens victimes de ces vampires insatiables, ne s'est montré en faveur de la Révolution que pour faire tourner au profit de Capet et de ses frères, et enfin de la tyrannie et du despotisme. [...] On l'a vu en 1794, enrichi des dépouilles de ses malheureux créanciers, fuir le territoire français, pour se joindre sans doute au conspirateur d'Artois. Il n'est revenu qu'en 1792[151].

On peut ailleurs mesurer l'imprécision des accusations portées contre Sade en les comparant en outre à celles d'autres prisonniers qui comparaissent avec lui dans la Salle de l'Égalité[152]. Toutes contiennent des informations factuelles, des dates, des pièces saisies. Fouquier-Tinville accuse par exemple une parente de Sade, Le Roux Maillé, d'être une contre-révolutionnaire en s'appuyant sur « ses correspondances avec les ennemis intérieurs[153] » et celles-ci font l'objet d'une énumération en bonne et due forme : imprimés, lettres d'un monarque suédois défunt et d'autres qui trahisent son soutien financier à des prêtres réfractaires. Plus loin, l'accusateur public dénonce un homme de loi et pointe sa complicité avec un certain « scélérat[154] » du nom de Mandat. On peut aussi lire que Pierre Louis Montcrif et César Montcrif « ont collaboré à l'émigration du nommé Menneville, en retirant chez eux les meubles et effets de ce contre-révolutionnaire[155] ». Dans le cas de Sade, un voile épais pèse sur le nom de ses correspondants, voire sur leur état civil ; on laisse à l'imagination des juges la tâche d'élaborer un scénario de « complicité dans la conspiration du tyran[156] ».

150 Palteau de Veymerange. Il a dirigé pendant un certain temps le Club de Valois qui se réunissait au Palais Royal. Son nom associé ici à Calonne indique clairement qu'il appartenait à un cercle de gens d'affaires, banquiers ou financiers, sympathisants de la monarchie, voire contre-révolutionnaires. Palteau de Veymerange devait être un banquier privé. L'insulte (vampire) que lui adresse Fouquier-Tinville est courante à l'époque pour rabaisser les hommes qui se livrent à des transactions financières ou à la spéculation. Voir notre chapitre : D'une nouvelle forme de sociabilité sadienne : la finance et l'aventure révolutionnaire, p. 53-79.

151 Voir notre Appendice II.

152 *Ibid.*

153 *Ibid.*

154 *Ibid.*

155 *Ibid.*

156 *Ibid.*

La chute de Sade n'est pas sans lien avec le combat de Robespierre afin de mettre un terme à l'autonomie des sections, menaçante pour les pouvoirs centraux. Le marquis est ainsi mis aux fers comme un meneur sans-culotte dangereux. En plus de Guzman, d'autres membres de sa section sont également arrêtés, à peu près à la même époque et pour des motifs qui, dans les faits, étaient les mêmes que ceux qui envoyèrent Sade derrière les barreaux : la remise en question de la légitimité de la Convention et la revendication du pouvoir populaire. On peut nommer parmi ces patriotes François Mangin qui a été dénoncé au Comité de sûreté générale comme « homme haineux et vindicatif qui a toujours à la bouche le mot de sans-culotte[157] » ou Nicolas Paris, membre de la société populaire de la section, « pour avoir dit "qu'on avait déjà réduit les assemblées de section aux décades et que sous peu de jours on les anéantirait... que les Assemblées étaient le soutien de la République"[158] ».

Les arrestations que nous venons de voir dans le personnel révolutionnaire de la section des Piques sont fondées dans des rumeurs, des on-dit. Comme pour Sade, aucune preuve solide pour justifier l'incarcération, sinon que ces hommes étaient des militants – haut placés dans la hiérarchie de la section – qui jouissaient d'un charisme politique populaire capable d'enflammer la foule, et qui réclamaient toujours plus d'autonomie pour la rue. Robespierre avait fraîchement à l'esprit les insurrections des 31 mai et 2 juin 1793 où, au cours de trois jours, l'assemblée populaire des sans-culottes réunie à l'Évêché gouvernait de fait la France. On se souvient du rôle que Guzman avait joué dans ce soulèvement populaire[159]. Aux yeux de Robespierre, Sade était un ennemi politique. Son seul crime était qu'il était devenu un ennemi de la République car il était de ceux qui s'opposaient au centralisme de la Convention dont les Guzman, Mangin ou Paris.

Le rapport du Comité révolutionnaire de la section sur la conduite de Sade est un monument d'incohérences. Sade n'ayant commis aucun faux-pas, le Comité a dû recourir à des rumeurs, certaines remontant à l'Ancien Régime, pour alourdir son dossier. Il est clair que cette procédure, quoique courante, n'a pas dû aller de soi dans le cas de Sade, si on

---

157 Raymonde Monnier et Albert Soboul, *Répertoire du personnel sectionnaire parisien de l'An II*, Paris, Publications de la Sorbonne, 1985, p. 84.

158 *Ibid.*, p. 87.

159 Voir notre chapitre : Les noceurs : Guzman et Proli, p. 53-65.

en juge par le retard de la section à transmettre ce rapport au Comité de sûreté générale. Il convient maintenant d'examiner brièvement ce document que nous reproduisons en appendice.

« Le rapport sur la conduite du citoyen Sade au Comité de sûreté générale » se présente, comme pour tout autre suspect, sous la forme d'un « tableau » avec des colonnes, au nombre de six, en haut desquelles six questions sont imprimées (par exemple dans la première colonne on peut lire : « nom du détenu, son domicile avant sa détention, son âge, le nombre de ses enfants »). Le comité de surveillance de la section est invité à remplir chaque colonne avec les renseignements exigés.

Les colonnes cinq et six sont les plus intéressantes car on y pose des questions sur les « relations » de Sade et sur son « caractère et [ses] opinions politiques » au cours des grandes journées révolutionnaires des mois de mai, juillet, octobre 1789, 10 août, etc.

Maurice Lever a été frappé par la conclusion de la réponse sur les relations de Sade, et à juste titre, car on y évoque des ragots pour affirmer, tout de même avec une certaine prudence, que Sade est « un homme très immoral très suspect et indigne de la société si l'on en croit les notes contre lui dans le tome trois de l'*Espion anglais* ou dans le tome 1 de la *Liste des cy devant nobles*, page 89, N° 28 ». Plus loin, les charges sont plus sérieuses car on reproche à Sade de « contrefaire le patriote » depuis le 10 août, mais on s'empresse d'ajouter aussitôt que personne n'en a été « la dupe » ; mensonge maladroit du Comité de surveillance pour se couvrir car comme l'on sait, Sade a été admis aux plus hautes fonctions. L'accusation qui semble vraiment porter est celle d'avoir pris le parti de Roland, mais encore Sade n'aurait mentionné que l'absence de « preuves matérielles » dans les reproches sévères adressées à l'ancien ministre. Ce fait que l'on reproche à Sade n'a certainement pas été inventé. Ce que suggère cette association à Roland ne fait que confirmer à mes yeux l'insertion de Sade dans un cercle d'hommes d'affaires. Sade n'aurait pu rester indifférent face au sort probable qui attendrait Roland dont il devait certainement admirer l'érudition économique – ses thèses sont proches de celles des physiocrates – et qui avait des liens étroits avec la haute finance parisienne.

La conclusion essentielle de cette accusation est toutefois ailleurs. Elle traduit la sagacité de Sade et son courage à une époque où la Terreur faisait des ravages non seulement en termes de vies humaines, mais aussi dans l'esprit des hommes. C'est le cas de le dire, Sade a su garder sa tête sur ses épaules. Ses paroles – les preuves qu'il réclame – se veulent un appel à la raison et au fondement de toute justice. De ce point de vue, sa façon de penser a été cohérente. Tout au long de la Révolution, elle s'est caractérisée par un refus des débordements irrationnels qui mènent à la violence, quelle qu'elle soit, et le rejet des simulacres de procès, qu'ils aient lieu au sein de la section ou à l'échelle de la nation. Je ne peux dans le cadre de cette enquête envisager Sade et la Terreur et je me contenterai de renvoyer le lecteur aux récentes études de Jean-Clément Martin qui fait le point sur cette question en synthétisant plus de cinquante années de recherches sadiennes[160]. Pour conclure cette partie, je dirai que Sade fut « modéré » lorsqu'il s'agissait de justice expéditive, mais son énergie révolutionnaire était celle d'un diable dans l'eau bénite en ce qui concernait les fondements politiques et philosophiques de la chute de l'Ancien Régime. Approfondissons cette hypothèse à la lumière de ce que nous avons découvert jusqu'à présent.

QUEL SADE ?

L'intensité des gestes de Sade, la multiplication de ses interventions sur la scène révolutionnaire par ses pétitions, me laissent croire qu'il ne s'agit pas là d'un engagement de circonstance, motivé par la peur ou le goût du simulacre. On a jusqu'ici certainement sous-évalué l'importance politique de Sade sous la Révolution. Il avait un réel pouvoir au sein de sa section. Ses relations avec le cercle des banquiers le prouvent. Marat, célèbre pour ses dénonciations violentes des aristocrates et de ceux qu'il considérait de faux-patriotes, ne s'en était jamais pris au marquis, tant bien même qu'il était parfaitement au courant de son identité, de son passé scandaleux et de son engagement dans sa section. Ceci s'explique par le fait que Sade avait développé des liens d'amitié avec Guzman, proche de Marat. J'ai décrit avec abondance les liens du premier avec les riches banquiers étrangers résidant à Paris, pour bien mettre en relief que Sade bénéficiait d'alliés riches et puissants.

160 Jean-Clément Martin, *Les Échos de la Terreur*, Paris, Belin, 2018.

Ignorant les amitiés sadiennes que j'ai mis au jour, de nombreux biographes ont mis l'accent sur les divergences entre ce que Sade confie à Gaufridy dans l'intimité de la lettre et ce que disent ses péroraisons républicaines. Les thèses de l'opportunisme, de la mystification, des jeux de théâtre ont été tour à tour évoqués pour expliquer ces dissonances. Par contre, on n'a jamais posé le problème du point de vue des destinataires des écrits politiques de Sade, les sans-culottes. Ceux-ci ont crû pendant trois ans à la parfaite sincérité de Sade. Il est difficile de croire que Sade ait réussi à berner l'ensemble de sa section sur un laps de temps aussi étendu. S'il y a eu des doutes dans l'esprit de certains patriotes, l'influence politique de Guzman, ses relations, ses richesses, les ont fait taire.

Reste à présent à donner, en quelques mots, un sens à toute son action politique, qui transcenderait les discours reçus jusqu'à maintenant. L'engagement de Sade dans la Révolution peut surprendre, à l'instar de l'implication des banquiers comme Guzman ou Frey. À propos de Sade, on voit fréquemment la critique sadienne citer cette célèbre phrase d'une de ses lettres à Gaufridy, datée du 5 décembre 1791 : « Que suis-je à présent ? Aristocrate ou démocrate ? Vous me le direz s'il vous plaît, avocat, car pour moi, je n'en sais rien[161]. » Toutefois, plusieurs mois plus tard, le 30 octobre 1792, au moment où il jouissait d'un grand crédit dans sa section, il écrivait, toujours à son avocat : « Il n'y a pas de jour où l'on ne m'emploie. Le petit écrit que je joins ici, et qui a été fort goûté, en est la preuve[162]. » L'écrit dont il est question est son *Idée sur le mode de la sanction des lois*. Que s'était-il donc passé au cours de ces mois pour que vers la fin de l'année 1792, Sade devienne le porte-parole officiel de sa section, l'homme à qui on s'adresse pour émuler les partisans, refondre le système, écrire des pétitions, résumer les délibérations, bref pour produire un discours révolutionnaire ? Sade a réussi à se créer une persona qui lui permettait de se réinsérer avec succès dans la société. C'était la consécration de ses talents d'écrivain, car sa plume avait le pouvoir de changer la réalité et il était admiré de ses camarades de section pour cette qualité. Lorsqu'il était emprisonné en 1793, les détenus faisaient appel à sa plume, devenue célèbre, afin de rédiger leurs défenses. À Gaufridy qui lui demandait son aide afin

161 Maurice Lever, *Donatien Alphonse François, marquis de Sade*, ouvr. cité, p. 471.
162 *Ibid.*, p. 499.

d'obtenir sa grâce et celle de son fils[163], il répondait, le 16 frimaire an III, en lui rappelant son expertise dans ce genre de situation :

> La malheureuse habitude que dix mois de prison m'a fait acquérir de faire des pétitions tant pour moi que pour mes camarades de malheur, *qui tous s'adressaient généralement à moi*[164], cette malheureuse habitude, dis-je, rend parfaitement inutile la consultation que vous voulez que je fasse pour vous. Dès en recevant votre lettre je me suis rempli de votre affaire, et j'ai rédigé une pétition pour vous au comité de sûreté générale ; j'ai fait plus, je l'ai mise au net moi-même, et voilà pourquoi vous devez trouver ma main un peu fatiguée car la multitude de vos notes nécessitait un mémoire fort long. Enfin le voilà fait[165]...

Si Sade évoque ici une « malheureuse habitude », habitude qui remontait à ses premiers engagements politiques dans la section des Piques, c'est pour souligner le poids de ce travail qui ne lui laissait aucun répit et la nécessité où il se trouvait de continuellement adapter sa plume à l'actualité sans cesse changeante. En effet, dès le 5 décembre 1791, il confiait à Gaufridy : « [...] en qualité d'homme de lettres, l'obligation où je suis ici journellement de travailler tantôt pour un parti, tantôt en faveur de l'autre, établit une mobilité dans mes avis dont se ressent ma manière intérieure de penser[166]. » Il est nécessaire de replacer cet aveu dans le contexte du début de l'engagement de Sade, et de voir dans ces mots la sincérité d'un homme qui désirait être sur tous les fronts afin de ne pas manquer le bateau de l'Histoire. La voix de Sade ici est loin d'être celle d'un hypocrite. C'est celle d'un homme qui n'est pas encore sûr de ses repères et il l'avoue franchement. Michèle Vallenthini, en enquêtant sur la fiction du temps chez Sade, a posé un regard très juste sur l'homme pour qui l'expérience de la Révolution a pu être « bouleversante » et son œuvre témoigne de son inconfort existentiel face à la « fuite irrémédiable du temps » et à « l'opacité d'un monde en mutation[167] ».

Sade, dans sa lettre à Gaufridy, confesse également son rôle de porte parole d'autrui, rôle dans lequel il excelle, non pas parce qu'il

163 L'avocat avait été mêlé dans un complot contre-révolutionnaire.
164 Je souligne.
165 Paul Bourdin, *Correspondance inédite du marquis de Sade*, ouvr. cité, p. 362.
166 *Ibid.*, p. 301.
167 Michèle Vallenthini, *Sade dans l'histoire*, Paris, Classiques Garnier, 2019, p. 11.

est doué naturellement pour le mensonge, mais parce qu'il l'assume avec sérieux et qu'il est doué d'une faculté d'adaptation exceptionnelle. À mon avis, c'est ce qui se dégage avant tout de ces propos. Sade affine son écriture afin de se rendre utile et de répondre à une demande.

Aussi est-il possible de poser autrement la question de la sincérité de la participation de Sade à la Révolution en nous concentrant également sur les qualités d'écriture de ces opuscules et sur leur réception par les sans-culottes.

Chaque texte correspond à un événement politique important sur lequel Sade pose un commentaire qu'on ne peut interpréter comme étant nécessairement le sien propre, mais comme un amalgame des positions des citoyens de la section, voire une synthèse de toutes leurs voix. Les sans-culottes se sont reconnus dans les mots de Sade qui a réussi à recréer un instantané de la réalité de leurs opinions politiques. Le marquis s'est fait en quelque sorte le dépositaire d'une certaine mémoire collective.

La section des Piques a fait imprimer et circuler auprès des autres sections de Paris les discours de Sade. Une telle duplication renvoie non seulement à une volonté d'émulation, elle se veut l'attestation fantasmatique que l'écriture sadienne est celle d'une voix révolutionnaire fédératrice, capable d'unifier les points de vue divers qui se côtoient au sein de la section, ceux des artisans, des riches bourgeois, des étrangers, qu'ils soient modérés ou de tendances plus radicales.

Sade est la machine qui nourrit la machine discursive de sa section mais il en est aussi la victime. Au sommet de sa production patriotique, il confesse qu'il est écrasé dans sa section[168] par la quantité de travail ; malade, il n'a pas le temps de se guérir et doit continuellement écrire. Les effets néfastes sur son équilibre mental ne sont certainement pas non plus négligeables. La mobilité dans ses avis dont il a été question plus tôt trahit sans doute un malaise intérieur.

Malgré tout, l'écriture demeure, comme cela avait été le cas en prison, sa planche de salut. Son rôle de chroniqueur officiel de sa section, voire de la Révolution, lui permet de se servir de sa rhétorique pour ses

168 *Ibid.*, p. 322.

fins personnelles. Sade peut alors rediriger ses qualités corrosives pour rabaisser, humilier ou intimider ceux dont il dépend : Gaufridy, ses paysans de La Coste. Paradoxalement, il balaie l'égalitarisme et réussit à redevenir grand seigneur. C'est avec une phrase telle que « Le décret de l'Assemblée nationale égalise les hommes, mais il n'assimile point, il ne réunit point l'homme à la bête[169] » qu'il parvient à effacer d'un coup de plume le nouvel ordre social né de la Révolution et à faire taire les médisances à son égard.

C'est certainement dans la gestion de ses affaires en Provence que Sade se sert le plus de la Constitution pour tenir les Costains, qu'il déteste, en respect. À l'Assemblée du village qui a voté la destruction des créneaux du château il réplique par ces mots :

> Mes créneaux vous déplaisent… C'est à la société entière que je m'adresse ici ; je ne demande que la gloire de vous les sacrifier moi-même au premier voyage que je ferai dans votre département ; la constitution d'une main, le marteau de l'autre, je veux que nous fassions une fête civique de cette démolition. Pacifions, en attendant, messieurs, et respectons les propriétés. C'est de la constitution même que je transcris ces paroles ; vous les vénérerez comme moi, j'en suis sûr, et vous vous souviendrez, ainsi que je l'écrivais hier à MM vos municipaux, que Brutus et ses partisans n'avaient ni maçons ni incendiaires à leur suite quand ils rendirent à Rome cette liberté précieuse que lui ravissaient des tyrans[170].

Du haut de ses « tréteaux républicains », le marquis se permet aussi de faire la leçon à Gaufridy dont, dans les faits, il est à la merci financière : « On voit bien, messieurs des départements, que vous n'êtes pas encore À LA HAUTEUR de la Révolution[171]… »

Si nous ajoutons aux opuscules politiques que nous avons décrits les discours ou les mémoires circonstanciés, les écrits révolutionnaires de Sade sont probablement bien plus importants que l'on a coutume de le penser. Nous savons avec certitude qu'ils ont bénéficié d'un grand succès, qu'ils ont été fort « goutés[172] », comme Sade le souligne lui-même, et cette production littéraire a largement contribué à son insertion sociale, en qualité « d'homme de lettres », au service de la chronique

169 Maurice Lever, *Donatien Alphonse François, marquis de Sade*, ouvr. cité, p. 474.
170 Paul Bourdin, *Correspondance inédite du marquis de Sade*, ouvr. cité, p. 315.
171 Maurice Lever, *Donatien Alphonse François, marquis de Sade*, ouvr. cité, p. 499.
172 *Id.*

de la Révolution. Elle lui a également servi à asseoir son autorité auprès de ses vassaux, cette fois non pas en s'appuyant sur ses prérogatives de seigneur – emportées par la Révolution – mais sur le discours révolutionnaire qu'il a lui-même contribué à ériger comme porte-parole officiel de sa section.

Parallèlement à cette fonction, Sade continuait à ériger l'œuvre pour laquelle il est devenu célèbre. La critique s'est surtout attachée à *La philosophie dans le boudoir* lorsqu'elle commente l'expérience sadienne de la Révolution. Certains passages d'*Aline et Valcour* et de l'*Histoire de Juliette* sont aussi convoqués à cet effet. Dans la dernière partie de ce travail, je me tournerai vers ces deux romans, mais aussi vers *Justine* et *Les crimes de l'amour* afin de mesurer l'ampleur de l'influence qu'a eu la fréquentation de Sade de l'univers des banquiers. On souligne souvent que dans les *Infortunes de la vertu*, première version de *Justine* écrite en prison, le père des deux héroïnes est un « riche négociant ». Sade a remanié son texte à peu près au moment où il a rencontré Guzman, et a transformé le père en un « riche banquier » dans la deuxième version du roman. Il ne s'agit pas là d'un hasard, d'autant plus qu'avec *La Nouvelle Justine*, les références à la haute finance et à l'économie se multiplient. Il s'agira donc de décrire la production romanesque sadienne de la Révolution sous cet angle afin de montrer comment l'univers des banquiers a été une source d'inspiration pour Sade.

Auparavant, il conviendra de remonter à quelques années en arrière, alors que Sade est en prison et qu'il lit les physiocrates dont les préceptes économiques sont non seulement proches de sa vision du monde mais qui sont aussi les pères du capitalisme. Leur doctrine ne se limite pas à faire de l'agriculture le moteur de la production de la richesse de l'État. À l'époque de Sade, en matière d'économie, leur doctrine est la plus achevée, la plus cohérente. La fréquentation intellectuelle des physiocrates est chose courante pour des banquiers érudits et curieux, tels que Junius Frey ou Cloots, et leur théorie du laisser-faire économique est fort goûtée par ces aventuriers. J'ouvrirai ainsi la troisième partie de cette enquête par un chapitre sur les physiocrates. Leurs théories permettent de comprendre pourquoi Sade a pu si naturellement peindre le capitalisme dans son œuvre fictionnelle.

TROISIÈME PARTIE

ÉCONOMIE, FINANCE ET ÉCRITURE

SADE ET LA PENSÉE ÉCONOMIQUE DE SON TEMPS OU LA TENTATION CAPITALISTE

LE MERCANTILISME ET LES « ÉCONOMISTES[1] »

Sade a été immergé dans le monde des banquiers dès sa sortie de prison. Ces hommes ne limitaient pas leurs affaires aux valeurs mobilières, ils ont aussi massivement investi dans le rachat des biens nationaux, dont les propriétés qui appartenaient au clergé ou encore à des émigrés. De fait, eux seuls avaient les moyens d'acquérir les plus grandes et les plus rentables, entre autres celles qui opéraient selon des principes d'exploitation capitalistes.

La compréhension que Sade avait du monde économique devait être en grande partie imprégnée dans sa psyché avant sa rencontre avec les banquiers de la Place-Vendôme. Ceci expliquerait ainsi la facilité avec laquelle il a pu s'insérer dans ces cercles financiers à la fin de sa détention. Les sujets, certainement fort concrets, qui y étaient discutés et les manières d'être de ces hommes habitués à manipuler de larges sommes d'argent devaient à la fois l'intriguer et lui être vaguement familiers, car cet univers renvoyait aux récits de son père de son amitié avec François Poisson. Tout ceci tend à montrer que le Sade des années 1790 ne peut se réduire à la figure d'un féodal réactionnaire ; une bonne part de cet homme est un bourgeois capitaliste. Comment le marquis a-t-il pu développer une connaissance si concrète de l'économie, connaissance qui l'amènera à se comporter en véritable investisseur ? Ce chapitre

1 Les physiocrates s'appelaient eux-mêmes de ce nom. On fait aussi référence à l'École physiocratique. Ses détracteurs, dont Grimm ou Galiani, ont pu qualifier le mouvement de « secte ».

tâchera d'apporter des éléments de réponses à cette question. Pour ce faire, il faudra revenir sur les deux conceptions de l'économie qui se font concurrence au XVIIIe siècle : le mercantilisme et la physiocratie. C'est celle-ci qui aura le plus fortement marqué Sade. Aussi conviendra-t-il de s'y attacher longuement. Au moment de l'apogée de la physiocratie, lorsque Turgot est à la tête des finances publiques, cette école accentue sa tendance libérale et le capital, sous toutes ses formes, devient un pilier essentiel de ce système économique. Pourrais-je finalement conclure ce long chapitre en affirmant que Sade possédait à sa sortie de prison tous les outils théoriques pour se comporter en capitaliste avisé ? Je crois que oui.

Le mercantilisme est certainement moins structuré du point de vue de la diffusion de ses thèses et des noms moins connus y sont attachés qu'à la physiocratie. Toutefois, le mercantilisme occupe une place importante dans l'histoire économique et à l'instar de la physiocratie, ses présupposés théoriques ont orienté l'action politique. Adam Smith dans sa *Richesse des nations* a donné une description précise des deux systèmes dont le but commun est d'enrichir l'État. Seuls les moyens d'y parvenir diffèrent. Smith précise que le système mercantile est « le plus connu » en Angleterre au moment où il écrit. Historiquement cette théorie est la plus ancienne et malgré le succès de la physiocratie en France entre les années 1760 et 1770, le mercantilisme a toujours conservé ses adeptes. De plus, le gouvernement des affaires économiques du royaume n'a jamais été totalement et exclusivement sous l'influence d'un seul système. Il est juste toutefois d'affirmer qu'avant 1756, les principes mercantilistes guident les interventions de l'État. Quels sont-ils ? Je répondrai à cette question sans entrer dans le détail de ce système qui a eu une influence moindre sur Sade que le système des physiocrates.

Le mercantilisme se fonde sur la croyance que la richesse d'un peuple est proportionnelle à l'argent qu'il possède et qui lui permet de se procurer des choses. Le mercantilisme insiste sur cette accumulation d'argent dans le pays, plutôt que l'échange d'argent contre des marchandises, jugé désavantageux puisque l'argent est durable et les marchandises périssables.

Le deuxième aspect du mercantilisme à considérer est sa tendance à vouloir limiter les importations de marchandises étrangères par la mise en place de « forts droits », expression d'Adam Smith, afin d'assurer à l'industrie nationale un monopole sur son propre sol et à accorder des primes à l'exportation pour que les marchands puissent vendre à l'étranger à des prix aussi avantageux que ceux de leurs rivaux.

Système favorisant avant tout les marchands et les manufacturiers, le mercantilisme est interventionniste par nature, et il tend à nier les notions « d'égalité, de liberté et de justice », selon Adam Smith. Incarné par Colbert en France, le mercantilisme appuie, dans la direction des affaires économiques, un plan qui distribue de grands privilèges à certaines affaires d'industrie, tout en entravant lourdement l'action de certaines autres. À la lumière de ce qui précède, on pourrait croire que l'esprit compulsif du marquis de Sade, porté aux contrôles maladifs et à la création de barrières, aurait pu s'accommoder aisément des principes mercantiles. Or il n'en était rien. Le mercantilisme voyait en l'État une instance supérieure fédératrice, imposant droits de douanes, taxes, etc., régulant les marchés afin qu'ils profitent au royaume. Rien ne pouvait être plus éloigné de la sensibilité rationnelle de Sade qui a toujours vu de manière très défavorable l'intervention de l'État dans le cours des affaires tant privées que publiques. Ce rejet est certainement lié aux aventures scandaleuses qui l'ont mené en prison et il a souvent blâmé la justice humaine, incarnée par sa belle-mère, comme la cause de son infortune judiciaire.

Sade a été surtout séduit par la physiocratie. De nombreuses raisons expliquent cette préférence. Ce système est incarné par des philosophes de grande réputation. De plus, ses thèses ont été largement diffusées sur une longue période. Finalement c'est son assise théorique même, ancrée dans une interprétation matérialiste de la nature humaine, qui attire Sade.

Dans l'histoire du développement de l'économie politique, on peut dire que c'est la physiocratie qui s'est imposée par son esprit systématique[2], mais aussi par sa pérennité et l'intérêt intellectuel qu'elle a suscité tout au long du siècle. Les physiocrates ont posé les bases d'une théorie de l'économie dont le but était d'assurer, par des mesures privilégiant l'agriculture, non seulement la richesse de l'État, mais aussi celle des individus. La fortune des idées physiocratiques a été telle que même des

---

2 Le détail de la pensée économique peut varier d'un physiocrate à l'autre. Par exemple la productivité des pêcheries est vue différemment par Quesnay et par Mirabeau. Mais dans l'ensemble, tous s'entendent sur la place première, et exclusive, de l'agriculture dans la production des richesses.

révolutionnaires ont été inspirés par elles et ont partiellement appliqué certaines parties de leur programme économique. Le premier nom qui vient à l'esprit lorsqu'on évoque l'école physiocratique est celui de François Quesnay. Il est considéré comme le père du mouvement. J'avais montré ailleurs que Sade connaissait ses écrits médicaux, largement diffusés par l'*Encyclopédie*[3]. Il en est de même pour sa doctrine économique. Un lien essentiel unit les deux domaines. Quesnay pose sur le corps humain et sur l'économie le même regard matérialiste. Ses théories économiques ont été publiées dans deux articles de l'*Encyclopédie* : « Fermiers » et « Grains », ce qui leur a assuré une large diffusion. Dès 1756 Sade a ainsi pu bénéficier d'un accès direct aux idées fondatrices de la pensée des physiocrates. Les théories de Quesnay ont connu « un retentissement extraordinaire[4] » et ont suscité le débat au sein des philosophes. Il est certain que Sade, grand lecteur et au fait des idées qu'on discutait dans la République des lettres, connaissait bien les concepts clés de la physiocratie.

Le deuxième représentant de la physiocratie en France est le marquis de Mirabeau, voisin des Sade en Provence. Georges Weulersse le peint sous les traits d'un « demi-féodal » qui fonde la stabilité de l'État dans la religion et l'autorité. Il nourrit une aversion contre les philosophes et il est loin d'être un esprit libertin comme le comte[5]. Malgré tout, on se souvient que ce dernier avait fait parvenir à Mirabeau un faire-part du mariage de Donatien. Et je ne serais pas surprise que Mirabeau lui ait envoyé un exemplaire de sa *Philosophie rurale ou Économie générale et particulière de l'agriculture, réduite à l'ordre immuable des lois physiques et morales qui assurent la prospérité des empires*, rédigé avec Quesnay en 1763, ou son *Mémoire sur l'agriculture envoyé à la très louable Société d'agriculture de Berne*, publié en 1760. Le comte jouissait de la belle réputation d'homme de lettres.

Sade a eu ainsi maintes occasions d'avoir sous la main, dans la bibliothèque paternelle ou même dans celle de son oncle l'abbé de Sade[6],

---

3 Voir notre *De la médecine chez Sade : disséquer la vie, narrer la mort*, ouvr. cité.

4 Eugène Daire, *Physiocrates* [1846], « Notice sur la vie et les travaux de François Quesnay », Genève, Slatkine Reprints, 1971, p. 12.

5 Georges Weulersse, *Le mouvement physiocratique en France de 1756 à 1770*, Paris, 1910, p. 109.

6 Sous le nom de Victor Riqueti de Mirabeau paraît en 1767 les *Éléments de la philosophie rurale*, La Haye, Chez les libraires associés, 1767. « L'Avis de l'éditeur » de cette œuvre

lui-même fort érudit[7], une des œuvres de ce père de la physiocratie. Les disciples de la physiocratie ont mené une campagne vigoureuse de vulgarisation et de diffusion[8] de leur conception de l'économie et de la politique. Sur ce plan, il faut mentionner l'œuvre de Paul Pierre Lemercier de la Rivière, *L'Ordre naturel et essentiel des sociétés politiques*, publiée en 1767 et destinée selon l'interprétation courante à faire connaître auprès d'un large public la pensée politique de Quesnay[9]. L'ouvrage est largement commenté puisque le *Mercure de France*, le *Journal des Sçavans*, *Le Journal de Trévoux*, sans mentionner les *Ephémérides*, lui consacrent une chronique[10]. *L'Ordre naturel* connaît ainsi un succès éditorial important et Sade ne pouvait l'ignorer. Je rappelle aussi que les idées de Mirabeau ont été diffusées par Dupont de Nemours qui a regroupé en 1768 le premier volume des écrits de son maître sous le titre général de *Physiocratie*, nom qui désignera le mouvement.

Aussi les canaux par lesquels Sade a pu connaître les idées centrales de ce mouvement étaient multiples et variés. Dans les murs de sa prison, le marquis a eu tout le loisir de poser un regard critique sur les théories de Quesnay ou de Mirabeau, et de les intégrer à sa vision du monde. Les travaux des physiocrates n'auront pas manqué de l'intéresser, en dépit de la place privilégiée qu'ils accordaient à l'agriculture au détriment des autres secteurs de l'activité humaine, idée qui aurait pu paraître incongrue à un noble tel que Sade dont le patronyme le désignait d'emblée aux plus grandes fonctions à la cour ou dans l'armée ; par ailleurs, le marquis a toujours en général jeté un regard méprisant sur ses fermiers et ses paysans, alors que les physiocrates les considèrent comme essentiels à la richesse de l'État, mais avant tout à celle des propriétaires. C'est donc précisément cet aspect concret de la physiocratie qui captivera le plus l'attention de Sade et qui lui permettra de balayer ses préjugés de classe. Sade comprend que dans un tel contexte économique, ses terres

met toutefois en garde les lecteurs que l'édition en a été faite en l'absence de l'auteur. Il se peut que le père de Sade ou son oncle ait aussi possédé cet ouvrage, bien que le comte soit décédé en 1767.

7 L'abbé de Sade est un écrivain bien connu. On lui doit une remarquable *Vie de Pétrarque*. Il était un des correspondants de Voltaire.

8 À cet effet, ils disposaient de leur propre journal : *Les Éphémérides du citoyen*.

9 Bernard Herencia, « L'Optimum gouvernemental des physiocrates : despotisme légal ou despotisme légitime », *Revue de philosophie économique*, 2013/2, vol. 14, p. 120.

10 *Ibid.*, p. 128.

constituent une source importante de capitaux et qu'elles sont son meilleur atout financier afin d'accéder rapidement à l'aisance financière qui lui a fait défaut jusqu'ici. À ses yeux l'exploitation agricole devait mener à une rentabilité immédiate et certaine ; c'est une conviction théorique.

Par ailleurs, Sade n'est pas le seul noble à s'intéresser à l'agriculture. Plusieurs aristocrates se passionnent pour ce secteur. Il s'agit d'un intérêt intellectuel fort qui les incite à lire des traités d'agronomie et qui les pousse jusqu'à l'expérimentation afin de perfectionner leurs cultures. On peut citer à titre d'exemple les essais de Lavoisier sur ses propres terres afin de promouvoir la nouvelle agronomie : introduction de prairies artificielles, culture de la pomme de terre et de la bette champêtre, installation sur ces terres des béliers et des brebis d'Espagne[11]. Lavoisier est peut-être un noble d'exception mais des esprits moins géniaux se sont intéressés avec autant de passion que lui à l'exploitation agricole : le marquis de Turbilly, le duc d'Harcourt, le duc de Charost et le duc de La Rochefoucauld-Liancourt[12]. Grâce au succès mondain de la physiocratie, il est dans l'air du temps de s'intéresser à la culture des champs et d'en faire concrètement l'expérience. De fait, l'intérêt pour l'agriculture et son commerce est général. Si la plupart des financiers et des bourgeois, mais aussi de nombreux représentants de la noblesse[13], n'y voient qu'un moyen de générer des capitaux, pour certains nobles cela relève de la passion scientifique. Sade se positionne entre ces deux groupes. Le développement capitaliste de la terre lui offre une porte d'entrée dans l'aisance, et c'est à peu près tout. Son intérêt concret pour l'agriculture est réel mais limité ; il possède à La Coste des ouvrages fort pratiques, comme nous le verrons plus loin dans cette enquête. Par contre sa curiosité est profonde et elle l'a conduit à lire les physiocrates dont la pensée est vaste et complexe. Bien qu'ils fassent de l'agriculture la source de la richesse d'une nation, ils insèrent cette idée dans un discours philosophique large sur la nature et la nature humaine. De

---

11 Georges Weulersse, *La physiocratie à l'aube de la Révolution*, Paris, Éditions de l'École des Hautes Études en Sciences Sociales, 1985, p. 55.

12 *Id.*

13 En 1789, *L'Ami du cultivateur* reproche au seigneur féodal de ne pas résider dans son fief et d'en confier la gestion à son inspecteur qui d'ailleurs ne visite les propriétés que pour passer les baux avec les fermiers. Voir : Georges Weulersse, *La physiocratie à l'aube de la Révolution*, ouvr. cité, p. 73. Au cours de sa jeunesse et durant les deux premières années de la Révolution, Sade pouvait correspondre à ce portrait.

plus, ils en tirent une véritable économie politique débouchant sur la forme idéale de gouvernement. Tout chez les physiocrates interpelle l'imagination sadienne : leurs positions sur les possibilités concrètes de s'enrichir, aussi bien que leurs discours philosophiques, proches du matérialisme. Par sa lecture des physiocrates, Sade a ainsi développé une vision capitaliste des rapports économiques qui dépasse l'idée que l'agriculture est la seule source de richesses. Plus largement, c'est toute sa vision du monde qui est modelée par les théories physiocratiques et sa fiction en porte les traces.

Quels sont donc ces concepts qui auraient suscité sans partage son enthousiasme ? C'est d'abord cette idée fondamentale de « droit naturel », chère aussi aux Lumières, mais dont les physiocrates font une interprétation restreinte. Il faut aussi se tourner vers la notion de gouvernement despotique. Il s'agit là de la transposition politique des idées physiocratiques. Les positions d'un Lemercier de la Rivière qui affirme sans complexe, au nom du droit naturel, que le chef est « nécessairement despote[14] » ont eu un attrait particulier sur Sade. L'exaltation de l'agriculture comme source de richesses et la valorisation du capital foncier qui accompagnent cette idée n'ont pu laisser Sade indifférent. Lui qui possédait trois domaines d'exploitation agricole, avait bel et bien compris que les maximes physiocratiques pouvaient le conduire vers la prospérité financière. Finalement la dénonciation vigoureuse par les physiocrates des freins imposés à la liberté de commerce renvoie aux appels les plus véhéments de Sade à une liberté inconditionnelle pour l'homme dans ses rapports avec autrui. Dans les parties qui suivent, il s'agira d'approfondir ces fondements de la physiocratie – ils renvoient à un programme économique étayé par une politique et une philosophie – en mettant en relief certains de leurs aspects qui correspondent aux positions philosophiques de Sade.

14 Cité par Bernard Herencia, « L'Optimum gouvernemental des physiocrates : despotisme légal ou despotisme légitime », art. cité, p. 140.

AGRICULTURE, CIRCULATION DES RICHESSES ET CAPITAL

L'agriculture et son développement constituent les piliers de la physiocratie. Les économistes ont élaboré leur programme économique autour du secteur agricole qui est, d'après eux, la source principale, mais non pas unique comme on le verra plus loin, de la richesse de l'État. Michel Vovelle affirme que Sade ne s'intéressait pas véritablement à la campagne qu'il mentionne très peu dans son œuvre et que le seul traité d'agronomie que l'on ait retrouvé dans le catalogue de la bibliothèque de La Coste est le *Manuel des champs* de l'abbé Champvallon[15], au nom évocateur. Contrairement à l'opinion de Michel Vovelle, je dirais que la présence même de ce texte dans la bibliothèque de Sade est un indice suffisant de son intérêt pour ce domaine, d'autant plus que Sade à cette époque était un jeune libertin dont la curiosité était surtout dirigée vers les plaisirs des sens. Et s'il a pu acquérir un ouvrage si précis, c'est qu'il devait nécessairement s'intéresser à l'agriculture. Par ailleurs, comme nous l'avions mentionné plus tôt, les écrits traitant d'agronomie, surtout ceux des physiocrates, sont largement diffusés par l'*Encyclopédie* et Mirabeau, le père, a dû faire parvenir au comte de Sade quelques-uns de ses textes. Finalement, les mentions de la campagne, bien que limitées, sont fondamentales dans l'œuvre sadienne, notamment dans *La Nouvelle Justine*, sur laquelle j'aurai l'occasion de revenir dans un chapitre qui suit.

Sade devait ainsi avoir un intérêt philosophique, voire pratique pour l'agriculture qui était la source principale des revenus dont il disposait. En ce sens, sa situation particulière correspondait aux théories des physiocrates pour qui l'agriculture est à l'origine de la richesse. Ceux-ci invitaient ainsi les fermiers – propriétaires ou pas – à faire fructifier leurs terres, d'abord pour leur propre intérêt, mais aussi pour le bonheur de l'État tout entier (à travers la perception de l'impôt).

Une exploitation saine des ressources agricoles devrait contribuer aussi à l'épanouissement matériel de la société et au sain accroissement de la population :

15 Michel Vovelle, « Sade et Lacoste, suivi de Mirabeau et Mirabeau. Réflexions sur le déclassement nobiliaire dans la Provence du XVIIIe siècle », *Provence Historique*, tome 17, fasc. 68, 1967, p. 165.

> [I]l suit que, plus la production agricole donnera de produit net, ou plus considérable sera l'excédant des valeurs produites sur celles consommées en frais d'exploitation, plus l'industrie, le commerce, les sciences, les lettres et les beaux-arts prendront d'essor ; plus l'État pourra trouver, dans l'impôt, des ressources disponibles pour activer la civilisation ; plus cette civilisation pourra s'étendre, et la population s'augmenter, sans que son accroissement nuise au bonheur général[16].

Dans son élan philanthropique, Mirabeau n'oublie pas de souligner que ce bien-être matériel doit aussi s'étendre à ceux qui se situent au bas de la pyramide sociale :

> [Les] hommes pénétrés des sentiments d'humanité [...] n'ignorent pas qu'un paysan qui ne peut rien conserver, ne travaille que pour se procurer le nécessaire rigoureux ; qu'il s'abandonne à la paresse dans les années où les vivres sont à bas prix ; qu'il est brutal, nuisible, braconnier, vagabond, larron, insolent, insensible à l'honneur, parce qu'il est méprisé, parce qu'il n'a rien à perdre ni à ménager [...][17]

On pourrait croire que cet intérêt pour le paysan se justifie uniquement parce que ce dernier est celui qui travaille la terre, source privilégiée de la richesse dans le système physiocratique. Il semble que ce soit surtout par pragmatisme économique que Mirabeau se préoccupe de leur bien-être, car il voit avant tout dans le paysan un ouvrier, objet indispensable de la machine à produire des richesses :

> le paysan qui peut se procurer de l'aisance, qui peut la conserver, est excité au travail pour ne la pas perdre, pour l'augmenter, et pour procurer le bien-être à sa famille [...]. Il est animé par le succès ; il est honnête [...] il les [ses enfants] éloigne de l'ivrognerie, du dérèglement, de la rapine, de la bassesse, de la mendicité, de toute action ignominieuse et reprochable [...], il est paisible, parce qu'il est continuellement occupé au travail [...][18]

D'autres énoncés montrent pourtant que Mirabeau va plus loin et ne limite pas ses théories au profit matériel, il en vient ainsi à affirmer que son système économique est le plus apte à réformer la société et à produire une meilleure classe d'hommes et de citoyens. Malgré tout, je

16 Victor-Riqueti Mirabeau, *Mémoire sur l'agriculture envoyé à la très louable Société d'agriculture de Berne*, in *L'Ami des hommes*, « Cinquième partie », 1760, p. 66.

17 *Id.*

18 *Id.*

ne peux manquer de souligner que ce bonheur du plus grand nombre passe nécessairement par le meilleur état possible d'une classe particulière de la société, celle des propriétaires fonciers[19], au rang desquels se situe le marquis.

Sade pouvait être témoin que le modèle développé par les physiocrates correspondait à bien des égards à sa terre de La Coste, « unité économique de production » à la « physionomie sociale dominée par le monde rural[20] ». Là, de nombreux paysans sont propriétaires de leur parcelle de terre, infime il est vrai – deux ou trois hectares – qu'ils exploitent à leurs profits. En d'autres mots, il ne s'agit pas d'un « salariat sans terre[21] » mais l'étendue restreinte de leurs propriétés les range dans la catégorie de la paysannerie pauvre, puisque les paysans aisés jouissent de terres variant de 25 à 60 hectares[22]. Toutefois, leur situation foncière leur permet de maintenir un niveau de vie qui les tient en dehors de la misère.

Parallèlement à ces Costains propriétaires, on retrouve sur les domaines de Sade une proportion peu négligeable de travailleurs non-propriétaires (25 %)[23]. Ils forment la main-d'œuvre indispensable au développement agricole du terroir, attestant du coup de la présence à La Coste d'un prolétariat paysan. La ferme de 42 hectares que Sade possède renvoie ainsi à un modèle de ferme capitaliste dont il est indirectement au sommet pour ainsi dire ; son fermier, dès lors « le plus gros exploitant de la commune », faisant office d'intermédiaire entre lui et les travailleurs. Ces derniers se situent au bas de l'échelle sociale, et louent quotidiennement leur force de travail contre un salaire, leur source unique de subsistance contrairement aux paysans propriétaires qui vivent des produits issus directement de leur terre.

Le fermier de Sade à La Coste est, souligne Michel Vovelle, « un étranger à la communauté » qui y jouit « d'une place enviable[24] »

19 Eugène Daire, *Physiocrates*, « Introduction », ouvr. cité, p. LVI.
20 Michel Vovelle, « Sade, seigneur de village », *Le marquis de Sade*, Paris, Armand Colin, 1968, p. 25.
21 *Ibid.*, p. 26.
22 Anatoli Ado, *Paysans en révolution : terre, pouvoir et jacquerie, 1789-1794*, Paris, Société des études robespierristes, 1996, p. 55.
23 Michel Vovelle, « Sade, seigneur de village », voir son tableau « Part des non-propriétaires dans la société costaine », art. cité, n. p.
24 *Ibid.*, p. 26.

du point de vue financier. En effet, le fermier est à la tête d'un nouveau type d'entreprise agricole qui est bien implantée dans le nord de la France, mais qui est aussi présente dans le Sud, quoique dans une moindre mesure, soit la ferme capitaliste dont le fermier est la cheville ouvrière. Celui-ci est rarement le propriétaire de la terre et il l'exploite avec un matériel agricole (et surtout un bétail) qui lui appartiennent. La productivité accrue de la terre qui fait son apparition au cours de la seconde moitié du siècle, jointe à un contexte de croissance économique général et à la libération du commerce du blé favorisent les activités de cette classe de gens d'affaires. Turgot les qualifie, à juste titre, de « capitalistes entrepreneurs de culture[25] ». Ils créent de la plus-value non seulement pour eux, mais aussi pour le propriétaire ; à La Coste c'est bien entendu le marquis, à qui ils versent une rente de « caractère capitaliste[26] ». La Coste est de loin la terre la plus profitable du marquis[27]. Et il était parfaitement conscient que ses ressources agricoles étaient une valeur sûre, d'autant plus que ni lui ni son père n'ont jamais réussi à obtenir de la cour une charge quelconque. Sade pouvait trouver la concrétisation de la maxime première de Mirabeau, « La terre est la mère de tous les biens[28] », simplement en balayant du regard ses propriétés, perché au haut de son château à La Coste.

Comme nous l'avons vu, les physiocrates sont les véritables pères du capitalisme. Et leurs théories ne sauraient se limiter à faire l'éloge de l'agriculture. Ils indiquent également la nécessité de la circulation des richesses. Dès 1760, dans son *Mémoire sur l'agriculture*, Mirabeau se fait l'apôtre de ce principe économique qui sera relayé par Adam Smith :

> Toute richesse vient de la terre ; on sait cela. Des denrées qu'elle rapporte, les unes passent en consommation et servent à l'aliment des hommes ; les autres, transformées en marchandises par les soins de l'industrie, pourvoient aux nécessités secondes et aux commodités. Appropriées à la durée et au transport, celles-ci vont chercher au loin la rétribution des travaux de l'agriculteur, celle

25 Anatoli Ado, *Paysans en révolution*, ouvr. cité, p. 51.

26 *Id.*

27 Mazan lui rapporte annuellement à la même époque 3 800 livres et Arles 3 700 (Voir : Michel Vovelle, « Sade, seigneur de village », tableau des baux du marquis de Sade, art. cité, n. p.).

28 Victor-Riqueti Mirabeau, *Tableau économique avec ses explications* in *L'Ami des hommes*, « Cinquième partie », ouvr. cité, p. 126.

> du fabricant et du voiturier ; et comme toute richesse ne peut être échangée que contre une autre richesse d'une mesure et d'un prix déterminés, transportable et divisible, qui est, dans l'échange des marchandises, le gage intermédiaire de leur valeur vénale. Mais tout ici bas fait un cercle exact, et tout ce qui sort de ce cercle perd tous ses attributs d'utilité. De même donc que de ce qui sort de la terre, tout ce qui passe en consommation prochaine doit retourner à la terre, soit en engrais, soit en travail, soit en influence résultante de la présence du maître, toute portion aussi qui est transformée en marchandise, et qui va chercher au loin sa rétribution, doit y retourner en argent[29].

Un banquier et économiste comme Necker a reproché aux physiocrates d'avoir en horreur « le commerce et les manufactures » et de proscrire « toute autre industrie que la charrue[30] ». De fait, les physiocrates ne considéraient pas du tout l'industrie manufacturière et commerciale comme inutiles. Cette confusion est venue du qualificatif « stériles » que Quesnay a employé dans son *Tableau économique*. Cette épithète n'avait pour but que de signifier le rôle de premier plan occupé par l'agriculture, par rapport aux autres secteurs de l'activité économique :

> Il est manifeste que cette qualification [...] n'impliquait pas plus la pensée de méconnaître l'importance du rôle que jouent l'industrie, le commerce et le travail intellectuel dans l'œuvre de la richesse et de la félicité publiques, que celle de porter atteinte à la dignité propre de chaque classe de travailleurs[31].

Les physiocrates n'ont ainsi fait que tracer dans la nomenclature économique leur doctrine sur la nature de la richesse et « [d]ans la réalité, l'industrie ne leur semblait pas moins productive qu'à la science moderne[32] ».

Ce que Quesnay a voulu mettre en relief est le caractère premier de l'agriculture dans la dynamique de la production de la richesse. Celle-ci est liée à un mouvement circulaire qui tire son origine et trouve sa fin dans l'exploitation de la terre.

Dans les explications du *Tableau économique*, Mirabeau dresse un véritable circuit de la consommation qui sera repris par Karl Marx :

---

29 Victor-Riqueti Mirabeau, *Mémoire sur l'agriculture envoyé à la très louable Société d'agriculture de Berne* in *L'Ami des hommes*, « Cinquième partie », ouvr. cité, p. 128.

30 Eugène Daire, *Physiocrates*, ouvr. cité, p. 10.

31 *Id.*

32 Eugène Daire, *Physiocrates*, ouvr. cité, p. 13.

> Les trois réunies [la dime, le revenu public, le revenu du propriétaire], [...] entretiennent indirectement, et par le tribut de la nécessité, toute la partie ouvrière de la nation, tant cultivateurs, qu'ouvriers de main-d'œuvre ; de manière que ceux-ci, qui jusqu'à la récolte n'avaient vécu que sur leurs avances, vivent ensuite sur le *revenu*, qui se reverse chez eux pour acheter leur superflu, et leur donne moyen de reverser à leur tour chez ceux qui ont en superflu, et à vendre les choses qui manquent, et qu'ils n'ont pas recueillies ou fabriquées.
>
> C'est là toute la machine de la circulation qu'on représente ici par le pécule, qui n'est point substance, mais seulement facilité pour les échanges, reçue chez tous les peuples.
>
> C'est cette circulation qui est figurée dans le Tableau qu'on va représenter, et dont on doit suivre l'explication[33].

Qu'en est-il par contre du « capital » ?

Mirabeau était trop bon observateur de la réalité matérielle pour méconnaître ou sous-estimer son rôle dans les rouages de la production de la richesse. Si cette dernière est ancrée avant tout dans l'exploitation de la terre, une telle exploitation ne peut en aucun cas se passer de capitaux. Dans son *Mémoire sur l'agriculture*, on ne sera pas surpris de le voir avoir recours à une métaphore agricole pour expliquer son rôle dans son système : le capital est le « fumier[34] » de la terre, écrit-il. Elle ne produira ses richesses que si elle bénéficie de fortes avances en capitaux qui doivent continuellement nourrir le système. Il y a une nécessaire circulation de capitaux sur laquelle s'appuient les gros fermiers, véritables colonnes vertébrales de la prospérité de l'État :

> ces gros fermiers, dis-je, ont besoin d'avoir devant eux des fonds considérables pour les frais de la culture, et pour parer aux calamités trop ordinaires, aux fléaux des saisons, des mortalités des bestiaux, des non-valeurs etc. : sans cela le premier malheur accable pour toujours, et avec eux le territoire[35].

Les « fonds » évoqués ici par Mirabeau sont considérables et ils sont de deux sortes : l'un fixe et l'autre circulant. Ce dernier doit comme le premier augmenter sans discontinuer récolte après récolte[36].

Le système économique des physiocrates est ainsi loin d'être orienté vers une agriculture de subsistance. Dans la réalité, comme l'indique

33 Victor-Riqueti Mirabeau, *Tableau économique avec ses explications* in *L'Ami des hommes*, « Cinquième partie », ouvr. cité, p. 67.

34 *Ibid.*, p. 64.

35 *Ibid.*, p. 64-65.

36 Eugène Daire, *Physiocrates*, « Introduction », ouvr. cité, p. LV.

clairement Mirabeau, leurs concepts économiques s'appliquent à l'État, transformé en vastes champs agricoles. Le *Tableau économique* est destiné à refléter la production agricole d'un grand territoire. Car, comme l'explique Mirabeau :

> Si l'homme cultive la terre avec ses bras, il n'en retirera que sa subsistance et celle de sa famille, en vivant même bien pauvrement. Il faut donc qu'il se procure de l'aide qui lui fournisse plus de produit, et qui lui demande moins d'entretien. D'entre ces biens, tout ce que consomme celui qui la cultive est subsistance ; il n'y a que ce qu'il peut vendre, qui soit richesse[37].

Ce sont ainsi de véritables fermes capitalistes, à l'exemple de celles de l'Angleterre à la même époque, qui produiront la richesse. Elles emploient outillage sophistiqué, bêtes performantes et main-d'œuvre salariée sur une large échelle. Le tout nourri par un afflux continuel et important de capitaux. Mirabeau résume ce « rouage économique » sous forme de maximes. À la base de ce système se trouve ainsi l'agriculteur entouré de ses diverses aides : « machines, [...] bestiaux, [...] froment ou [...] engrais etc.[38] » pour lesquelles il doit payer et c'est à partir de là que se met en branle « la machine » :

> Toutes ces choses ont un prix, dont le montant compose le bloc des *avances primitives.*
>
> Comme ces choses consomment et s'usent au travail, il leur faut un entretien et des réparations, dont le montant joint aux frais de consommation de ceux qui les font aller, aux semences etc, sont ce que nous appelons *avances annuelles*, attendu que tous les ans il faut réparer et compléter son atelier, vivre, travailler et semer avant de recueillir.
>
> Le fruit d'une bonne culture doit être une forte récolte qui fournisse, 1⁰ la rentrée des avances annuelles, pour prévenir et préparer la récolte future ; 2⁰ l'intérêt des avances primitives, c'est-à-dire, un honnête profit, qui serve de revenu des fonds employés en machines, bestiaux, engrais etc 3⁰ un excédent et profit en rapport, que le cultivateur puisse vendre ou échanger.
>
> C'est cet excédent que nous appelons *revenu.* C'est la seule richesse, parce que c'est la seule portion disponible ; tout le reste étant nécessairement engagé à l'entretien indispensable du rouage de la machine économique[39].

---

37 Victor-Riqueti Mirabeau, *Tableau économique avec ses explications* in *L'Ami des hommes.* « Cinquième partie », ouvr. cité, p. 126.

38 *Ibid.*, p. 126-127.

39 *Ibid.*, p. 127.

La physiocratie n'est ainsi pas incompatible avec les activités économiques ancrées dans les valeurs mobilières, celles par exemple qui sont associées aux banquiers ou aux financiers, loin s'en faut. La production agricole et son financement par des emprunts et des investissements, nécessitant le recours à un capital mobile, vont de pair. On peut dès lors ne manifester aucune surprise lorsque les riches bourgeois des villes, banquiers ou autres, vont investir de larges sommes dans les fermes de Beauce et d'Île-de-France, sous la Révolution. Ce n'était certainement pas par patriotisme et pour encourager l'effort révolutionnaire, mais simplement parce que ces investissements se justifiaient par une logique économique qui avait fait ses preuves sur le terrain.

LE DROIT NATUREL, LA PROPRIÉTÉ ET LES JOUISSANCES ILLIMITÉES

Pour les physiocrates, l'homme n'est guère éloigné de l'animal, tous deux sont « dominés par l'instinct de la conservation et du bien-être[40] ». Lors de son passage de la nature à la société, ses comportements ne changent guère et Mirabeau pourra écrire : « En tout état de cause, la nation a voulu que l'homme n'aspirât qu'à ses avantages qu'à ses besoins[41]. » L'utilitarisme est à la base de la physiocratie et ce principe ne varie pas d'un auteur à un autre. De fait, il découle d'une réflexion d'inspiration matérialiste sur la nature de laquelle émerge le concept de « droit naturel » et d'« ordre naturel ». Que faut-il entendre par ces termes ?

Dans la *Physiocratie ou Constitution naturelle du gouvernement le plus avantageux au genre humain*, on peut lire : « Le droit naturel de l'homme peut être défini vaguement le droit que l'homme a aux choses propres à sa jouissance[42]. » Plus loin, Dupont de Nemours précisera que ce droit à la jouissance ne saurait connaître de bornes. Cette maxime signifie avant

40 Eugène Daire, *Mémoire de M. Eugène Daire sur la doctrine des physiocrates*, Paris, Imp. de Hennuyer, 1847, p. 2.

41 Victor-Riqueti Mirabeau, « Éloge de Fénelon », cité par Georges Weurlesse, *La physiocratie en France à la fin du règne de Louis XV*, ouvr. cité, p. 105.

42 Dupont de Nemours, *Physiocratie ou Constitution naturelle du gouvernement le plus avantageux au genre humain*, Yverdon, 1768, tome I, p. 1.

tout que l'homme est poussé naturellement à rechercher son bien-être et que c'est en grande partie par son travail qu'il se le procure. En ce qui concerne l'« ordre naturel », il s'agit d'une notion fondamentale d'où découle le droit naturel : « l'ordre naturel est la constitution physique que Dieu même a donné à l'univers, et par laquelle tout s'opère dans la nature[43]. » L'ordre naturel renferme à la fois les biens physiques propres à satisfaire les besoins de l'homme mais aussi l'institution sociale propre à l'humanité. Aussi peut-on voir que la physiocratie établit une sorte de ligne continue entre la nature et la société. D'où cette acception restreinte du terme « lois naturelles ». Celles-ci forment « les conditions essentielles selon lesquelles tout s'exécute dans l'ordre institué par l'Auteur de la Nature[44] ». Il ne faut pas lire dans cette déclaration une profession de foi chrétienne, mais plutôt une sage prudence car les écrits des physiocrates montrent une tendance nette au matérialisme. Pour Dupont, en vérité, le philosophe doit se préoccuper seul de la Nature en ce qu'elle offre à l'homme les « moyens d'accroître et d'assurer [son] bonheur[45] ».

Se conformer au droit naturel relève de l'obligation, peu importe les contraintes qui pourraient lui être imposées[46], par exemple par le « droit *légitime* », ou lois humaines, par ailleurs bien moins parfaits. Mirabeau exprime ceci sans détour et sur le ton de l'évidence même :

> Souvent le droit légitime restreint le droit naturel, parce que les lois des hommes ne sont pas aussi parfaites que les lois de l'Auteur de la nature, et parce que les lois humaines sont quelquefois surprises par des motifs dont la raison éclairée ne reconnaît pas toujours la justice ; ce qui oblige ensuite la sagesse des législateurs d'abroger des lois qu'ils ont faites eux-mêmes[47].

La preuve de la supériorité du droit naturel est aussi fournie par « la multitude des lois contradictoires et absurdes établies successivement chez les nations[48] ».

---

43 Dupont de Nemours, *Physiocratie ou Constitution naturelle du gouvernement le plus avantageux au genre humain*, « Discours de l'éditeur », Yverdon, 1768, tome I, p. VIII.

44 *Ibid.*, p. IX.

45 *Id.*

46 Dupont de Nemours, *Physiocratie ou Constitution naturelle du gouvernement le plus avantageux au genre humain*, ouvr. cité, p. 6.

47 *Ibid.*, p. 6-7.

48 *Ibid.*, p. 7.

Dupont de Nemours soutient donc que le droit naturel ne se borne pas à l'état de pure nature ; il « s'étend à tous les états dans lesquels les hommes peuvent se trouver respectivement les uns aux autres[49] ». Le droit naturel continue d'exister lorsque les hommes vivent en société et il ne mène pas à un état de guerre entre eux afin de « s'emparer les uns et les autres de leur droit illimité[50] ». La raison en est que le « droit naturel de chaque homme » est limité dans la réalité par le travail qu'il est capable de fournir afin de se procurer ses jouissances. Ces dernières forment le fruit de ses efforts qui n'appartient qu'à lui et ses possessions sont ancrées dans l'ordre naturel. Il n'est pas à craindre qu'un autre individu tente de les lui ravir ; il serait contraire aux lois naturelles qu'un homme perde son temps à se livrer à une guerre « qui n'apporterait que de l'obstacle[51] » aux soins nécessaires pour pourvoir à sa subsistance.

La rationalisation de l'idée de propriété, et de jouissances illimitées, par une conception matérialiste de la nature est au cœur de la pensée physiocratique.

Les commentateurs de Sade passent rarement sous silence le rapport paradoxal que ses personnages – et certainement lui-même – entretiennent avec la nature. Une des prémisses essentielles de leurs raisonnements est que c'est la nature qui dicte à l'homme la recherche et la multiplication des jouissances. La main-basse que les libertins font à la fois des objets et des personnes afin d'assurer que leurs goûts soient satisfaits est une manifestation concrète, dans le champ de la sexualité, de ce principe physiocratique fondamental.

LIBERTÉ, GOUVERNEMENT DESPOTIQUE ET ESCLAVAGE

Si la propriété, premier principe physiocratique, et la recherche exclusive de jouissances illimitées qui lui est associée appartiennent au droit naturel, il en est de même de la liberté. Sous la plume des physiocrates,

49 *Ibid.*, p. 9.
50 *Ibid.* p. 7.
51 *Id.*

la liberté, deuxième principe cher à leurs yeux, est le droit naturel de l'homme de faire tout ce qui lui est avantageux[52].

La maxime physiocratique « laissez faire, laissez passer » est ainsi celle la mieux connue de l'École. Les physiocrates ont préconisé une liberté totale non seulement pour l'agriculture, mais aussi pour le commerce, l'industrie, le travail[53]. Cet appel à la liberté dans l'ordre social découle du fondement philosophique même de la physiocratie : le droit naturel d'accroitre ses jouissances. La liberté est intimement liée au droit de propriété. Et de fait, à l'instar de tous leurs principes, la liberté n'est pas une notion philosophique abstraite, elle est liée à un acte, à un exercice, celui de l'intérêt personnel. Pour Mirabeau, l'addition des intérêts particuliers a pour résultat l'intérêt général : « Chacun est ou se croit libre dans sa sphère, et chacun est entraîné par la vue de son propre bien à concourir au bien universel[54]. »

Laissez faire et *laissez passer* deviennent dès lors les seuls objets de la justice qui n'a ainsi que l'obligation de les appliquer. L'appareil législatif de l'État est dès lors réduit à sa plus simple expression. Réduire le nombre de lois créé par les hommes est ainsi une conséquence logique de la philosophie du droit naturel. J'avais mentionné plus haut à quel point les physiocrates étaient critiques des lois humaines dont la prolifération faisait davantage ressortir leur contradiction et leur relativité. Leur conviction profonde est que l'État devrait très peu intervenir dans les affaires économiques afin de laisser jouer « l'offre et la demande, le cours du marché général du monde commerçant, la nature des choses[55] ».

La perspective d'un retrait du gouvernement des affaires économiques, donc d'une partie importante de la sphère publique, afin de les reléguer dans l'ordre du privé a certainement fait les délices intellectuels de Sade.

Pour les physiocrates, seul un gouvernement qui assurerait à ses membres la pleine possession de leur droit naturel serait le plus avantageux au genre humain :

---

52 Eugène Daire, *Mémoire de M. Eugène Daire*, ouvr. cité, p. 2-3.

53 Georges Weulersse, *Le mouvement physiocratique en France de 1756 à 1770*, tome 2, ouvr. cité, p. 17.

54 Quesnay, *Philosophie rurale*, cité par Georges Weulersse, *Le mouvement physiocratique en France de 1756 à 1770*, tome 2, ouvr. cité, p. 95.

55 Eugène Daire, *Physiocrates*, « Introduction », ouvr. cité, p. LIII.

> [...] dès l'instant où l'homme en société serait parfaitement assuré de l'entière jouissance de tous ses droits de propriété personnelle, mobiliaire et foncière, il ferait un usage complet de son droit naturel, [...] il serait aussi heureux qu'il lui soit possible de l'être[56].

Le pragmatisme de cette conception du gouvernement qui évacue tout principe moral illustre bien l'écart idéologique qui sépare les physiocrates des théories politiques de Montesquieu. En effet, pour les premiers c'est le despotisme qui, comme forme de gouvernement, est en mesure d'assurer une telle abondance matérielle. Des nuances existent entre le despotisme de Quesnay qu'il qualifie de *légitime* et celui de Lemercier de la Rivière, nommé *légal*. Et je ne peux dans le cadre de cette étude m'attacher aux différences, ni approfondir ce concept. Pour les buts de ma démonstration, je me contenterai de mettre en relief quelques aspects du despotisme des physiocrates qui rejoignent les discours des libertins sadiens. De fait, dans le domaine politique, c'est surtout chez ces penseurs qu'il est possible de trouver des échos sadiens. Le despotisme de Lemercier de la Rivière ou même de Quesnay correspond à l'empire des lois naturelles sur les hommes ; à leurs yeux, en ce sens, il ne saurait être condamnable. Une telle position a passablement heurté les contemporains[57] qui, à la suite des idées de Montesquieu, ne voient le despotisme que comme la dégénérescence d'un système politique et en aucun cas il ne saurait constituer une forme de gouvernement légitime. Même l'idée du despotisme éclairé, envisagée un temps par quelques philosophes comme une alternative à la monarchie absolue, n'a pas résisté à l'épreuve de l'examen pratique. Et un Diderot s'est vite rendu compte, après son séjour en Russie, que le despotisme était inconciliable avec les idéaux des Lumières.

Si Lemercier de la Rivière et Quesnay font du despotisme une forme de gouvernement acceptable et de fait la seule compatible avec la physiocratie, c'est que tous deux partent du principe philosophique de « l'évidence » de l'empire du droit naturel sur la société humaine. Puisque les lois de la nature sont évidentes, elles ne sauraient être récusées à l'instar des vérités mathématiques. Elles s'imposent, du coup elles sont despotiques. Aussi un gouvernement qui se conforme à l'ordre naturel

---

56 *Ibid.*, « Discours de l'éditeur », p. LVI.

57 Bernard Herencia, « L'optimum gouvernemental des physiocrates : despotisme légal ou despotisme légitime ? », art. cité, p. 139.

ne saurait être que despotique et ce gouvernement ne saurait s'incarner, selon l'argumentation de Lemercier de la Rivière, que dans la personne d'un seul individu commandant au nom du droit naturel. Le caractère évident de l'ordre naturel permet au physiocrate d'en arriver à une telle conclusion :

> C'est pour cette raison que cet ordre essentiel n'admet qu'une seule autorité, et par conséquent un seul chef : l'évidence ne pouvant jamais être en contradiction avec elle-même, son autorité est nécessairement despotique, parce qu'elle est nécessairement une ; et le chef qui commande au nom de cette évidence, est nécessairement despote, parce qu'il se rend personnelle cette autorité despotique[58].

Le despotisme est la seule forme de gouvernement naturel. On ne peut s'étonner d'une telle affirmation qui est le résultat logique des présupposés philosophiques de l'école car concrètement, la science économique n'est que l'étude des lois relatives à la subsistance de l'homme, écrit Mirabeau[59]. Quoiqu'il qualifie ces lois de « divines », il ne fait aucun doute qu'à l'instar de Dupont, il comprend la notion de « droit naturel » comme le résultat des conditions naturelles imposées aux hommes, et comme la conséquence des interactions que ceux-ci entretiennent les uns avec les autres. Mirabeau est indifférent aux vérités révélées dont il ne s'occupe nullement. Son « Discours préliminaire » des *Éléments de la philosophie rurale* s'ouvre par ces mots : « Je vis, j'existe. Savoir d'où je viens, où je vais, appartient à la révélation. Mais ce qui m'importe, à moi, c'est d'apprendre ce que je dois faire pendant mon passage[60]. » Dans la quête pour connaître, par exemple, les devoirs que l'on doit à la société, la morale ne saurait être un guide satisfaisant :

> J'examine, et d'abord la morale s'offre pour guide à mon entendement, et trouve dans mon cœur le germe des sentiments que doit exciter sa doctrine. Je me livre à sa conduite, mais plus j'avance, plus la carrière devient étendue, et se partage en divers sentiers qui m'embarassent sur le choix. Qu'est-ce que la morale ? Quel est son appui ? J'en vois de tant de sortes [...] Bientôt je sens

58 Lemercier de la Rivière, 1767, *L'Ordre naturel et essentiel des sociétés politiques*, cité par Bernard Herencia, art. cité, p. 140.

59 Victor-Riqueti Mirabeau, *Éléments de la philosophie rurale*, « Discours préliminaire », p. XIII.

60 *Ibid.*, p. II.

> sous mes pas le sable mouvant des hypothèses métaphysiques, et je cherchais le terrain solide des réalités. Je reviens donc au physique[61].

Ainsi, son seul guide dans la recherche de la vérité est cette « évidence[62] » issue de l'observation et de l'interrogation de la nature[63], comme je l'ai mentionné plus tôt.

La logique derrière les prises de position philosophiques extrêmes de Sade est semblable à celle de certains physiocrates qui ont embrassé le despotisme. La toute-puissance de la nature et l'impossibilité de se soustraire à ses lois sont *in fine* les balises des hommes tant sur le plan de la vie en société que sur celui de l'intendance des passions dans la sphère privée.

Les physiocrates peuvent ainsi, dans le cadre de la liberté totale, balayer du revers de la main toutes ces lois et convenir qu'un despote dont le pouvoir est de faire respecter une seule loi, celle de la nature, est le seul dirigeant digne d'un gouvernement physiocratique. Et ceci me mène naturellement à examiner brièvement la question de l'esclavage dans le système des physiocrates.

Sur l'esclavage, il faut d'abord souligner que, d'un physiocrate à l'autre, les convictions varient. Par exemple, Mirabeau le condamne sans appel, alors que Quesnay ne prend explicitement aucune position dans le débat[64]. Pour plusieurs physiocrates, la question de l'esclavage est exclusivement économique et leur condamnation ou encouragement de l'esclavage est lié au coût de production. C'est le cas de Dupont de Nemours pour qui les esclaves sont des pions dont on fait usage en se basant sur le critère de la rentabilité[65]. Sur ce point, il est évident que la fiction sadienne s'accorde parfaitement avec les positions de Dupont de Nemours. Sade universalise le rapport maître-esclave qui s'étend ainsi à tous les rapports humains. Et je pourrai ajouter que dans sa vie, le peu de respect qu'il a manifesté envers ses jeunes femmes domestiques – je songe ici à l'affaire des petites filles – ou encore son dédain profond des prostituées témoignent de son parti pris de voir certaines

61 *Ibid.*, p. III.

62 *Ibid.*, p. XXIII.

63 *Ibid.*, p. XVI.

64 Pierre Le Masne, « La colonisation et l'esclavage vus par les physiocrates », *L'économie politique*, n° 71, 2016, p. 101-112.

65 *Ibid.*, p. 108.

catégories de gens comme des esclaves dont la seule raison d'existence est de participer à l'accroissement du bien-être du maître. De nombreux passages de la fiction sadienne sont sans équivoque à ce sujet. Ils auraient probablement laissé indifférent Dupont de Nemours mais Mirabeau, en les lisant, les aurait dénoncés comme hautement immoraux et fort éloignés des principes physiocratiques. Toutefois, Sade ici ne fait que tirer, avec lucidité, les conséquences extrêmes de l'idée de propriété et de jouissance exclusives qui chez lui trouve un équivalent unique, celui de l'égoïsme intégral, et il s'étend à la possession sans partage, tant des individus que des biens matériels.

Ainsi se trouvent fusionnées, chez Sade, les pratiques du libertinage enseignées, je le rappelle, dès la jeune adolescence par son père, devenues excessives par la suite, et une perspective économique matérialiste qui va jusqu'à déshumaniser l'être humain, celui-ci devenant un objet qui peut être monté, démonté ou possédé, à volonté. Ces deux aspects, perçus simultanément, peuvent aider à expliquer le sadisme de Sade, tant dans sa vie privée que dans son œuvre.

SADE, PROPRIÉTAIRE TERRIEN

L'OBSESSION DU GAIN

Il est couramment admis dans la recherche actuelle que Sade ne peut aucunement se réduire à une entité monolithique et qu'il existe comme le souligne Michel Delon des *vies* de Sade. Tout au long des chapitres qui ont précédé, j'ai brossé le portrait d'un Sade auquel on était peu habitué, en précisant des aspects de son action révolutionnaire dont on avait sous-estimé l'importance ou que l'on connaissait mal. Les biographes de Sade n'avaient pas saisi les liens de Sade avec les milieux financiers parisiens. De même, ils avaient négligé le pouvoir que possédait Sade au sein de la section des Piques : il a été pendant près de trois ans l'homme de confiance des sans-culottes.

La Révolution a offert à Sade une opportunité extraordinaire de se réinventer. Toutes les conditions étaient réunies avec la chute de l'Ancien Régime pour lui permettre d'intégrer avec succès les rangs de la nouvelle classe dominante des bourgeois manieurs d'argent, mettant ainsi fin à ses besoins de capitaux toujours inassouvis. Lorsque Sade sortit de prison en 1791, il savait qu'il était à la tête d'un important patrimoine terrien dont il comprenait l'importance économique. Les banquiers, hommes d'affaires expérimentés, polyvalents et aventuriers qu'il fréquentait n'ont certainement pas manqué de le rassurer sur cette question, Guzman le premier. Ce dernier entamait un projet d'entreprise agricole axée sur ce qui semblait être une invention pour un « moulin à deux meules ». Il prévoyait acheter le procédé aux inventeurs, messieurs Dubois père et fils, pour une somme qui aurait varié entre 12 000 et 14 000 livres, tout en partageant avec eux les bénéfices de l'entreprise établie d'abord « dans l'enceinte de Paris », puis généralisée à toute la France[1].

1 Archives nationales, Série T : 752.

Sade peut être considéré, dans une large mesure, comme un bourgeois qui aura vu dans le développement agraire capitaliste de la France une occasion de s'enrichir. Guidé par la logique du maximum de profits, le langage du calcul est à l'avant-scène de sa correspondance avec ses avocats. À partir de 1790, il s'agit pour Sade de réclamer des sommes d'argent ou de dresser les états de ses revenus avec une insistance qui pourrait s'apparenter à la même manie qui l'habitait en prison[2], lorsqu'il cherchait dans les chiffres des signes pouvant lui indiquer la date de sa libération.

Entre avril 1790 et la fin de la même année, dans la correspondance qui lie le marquis à ses chargés d'affaires en Provence, au moins trois demandes insistantes d'argent sont parvenues jusqu'à nous. Je ne citerai que la dernière à cause de sa valeur symptomatique d'une certaine névrose, rappelant les fabulations du prisonnier. Dans une lettre datée du 26 novembre, Sade exigeait des fonds sur un ton qui n'admettait qu'une réponse favorable :

> Je puis donc compter, mon cher avocat, sur mes trois sommes de trois mille trois cent trente livres ; savoir l'une au premier janvier 1791, la seconde au premier mai, et la troisième au premier septembre ? Voilà qui va à merveille, sans doute, mais une clause, et une clause très importante, c'est que les envois me parviennent exactement aux termes exacts et précis des premiers janvier, mai et septembre[3].

Pour Maurice Lever, Sade ayant toujours entretenu un « rapport névrotique avec l'argent », ce lien prendra, à partir de sa libération, « des formes obsessionnelles ». L'historien pose sur ce besoin d'argent le regard d'un psychiatre. Il interprète sur le mode sadique les nœuds qui attachent Sade à ses hommes d'affaires :

> La demande d'argent équivaut chez Donatien à une volonté de puissance : il domine Gaufridy, comme ses autres intendants, dans l'exacte mesure où il peut le presser de ses exigences. Répéter ces exigences – et l'on sait que le besoin d'argent constitue le *leitmotiv* de sa correspondance – c'est rétablir inlassablement le protocole du dominant au dominé, c'est renouveler la volupté du harcèlement. Il jouit de sa propre impatience, parce qu'elle lui renvoie l'image de son pouvoir. C'est dans cette dialectique entre le besoin et la demande d'argent, plus que dans ses pratiques amoureuses, que Sade

2 Maurice Lever aura interprété cette obsession comme un moyen employé par le prisonnier pour ne pas sombrer dans la folie.

3 Paul Bourdin, *Correspondance inédite du marquis de Sade*, ouvr. cité, p. 275.

> eût mérité l'adjectif qui porte son nom : les sévices (moraux) qu'il inflige par ce moyen ne valent assurément pas moins que quelques coups de martinet sur une paire de fesses[4].

On peut exprimer des réserves quant à la pertinence de cette interprétation. Ce qui ne fait pas de doute, c'est qu'au fil des mois ses demandes d'argent sont intenses, mais il convient de rappeler que cette obsession s'ancre dans la dure réalité du besoin. Fraîchement libéré, Sade est sans le sou et il doit se loger, manger, etc. Il prend soin de dresser d'abord, dans les lettres fréquentes qu'il fait parvenir à Gaufridy, le tableau général de la situation désastreuse causée par la dépréciation de l'assignat. Loin de se placer en retrait d'une description des effets néfastes de la rareté de l'argent, il crée un récit dont il occupe la place centrale, au même titre par ailleurs que son boucher et son boulanger à qui il donne la parole pour illustrer de manière encore plus frappante le refus qui lui sera octroyé de lui servir à manger, conséquence du fait, écrit-il, qu'il n'avait « ce jour-là [...] pour tout bien qu'un assignat de 50 livres dont personne ne voulait parce que l'argent était au 21 pour cent ». Plus loin, il ajoute « qu'il est extrêmement pénible de mourir de faim [...] avec plein son portefeuille de billets[5] », phrase que l'on retrouve dans la bouche de Saint-Florent, le négociant de sa *Justine.*

Sade n'exagérait pas. En mars 1790, la marquise relate les mêmes problèmes que Donatien affrontera peu de temps après, lorsqu'il sera finalement libéré. Dans ses lettres à Gaufridy, elle se plaint de la difficulté de s'approvisionner et de la disparition de la monnaie métallique : « Les marchands refusent de vendre parce que l'on va acheter pour changer les billets[6] », écrit-elle. Plus tard, elle ajoute quelques anecdotes afin que Gaufridy saisisse bien les difficultés économiques de la vie quotidienne :

> L'argent est au poids de l'or ; pour vous en donner un exemple, un marchand a été obligé, après avoir coupé pour cent soixante livres de marchandise, de la reprendre faute de quarante livres à rendre sur un billet de deux cents livres ; une autre personne, on lui a pris cinquante livres sur cent écus ; une personne montra un louis à un marchand, il tomba en extase comme s'il voyait quelque chose de très extraordinaire et ne revenait pas de voir cette pièce. Ce ne sont pas des histoires, ce sont des faits que je vous mande[7].

4 Maurice Lever, *Donatien Alphonse François, marquis de Sade*, ouvr. cité, p. 441.

5 Paul Bourdin, *Correspondance inédite du marquis de Sade*, ouvr. cité, p. 288.

6 *Ibid.*, p. 261.

7 Paul Bourdin, *Correspondance inédite du marquis de Sade*, ouvr. cité, p. 261.

Sade réclamait de l'argent à ses hommes d'affaires avec une force et une insistance peu communes. Le contexte économique désastreux a contribué à exacerber le côté tyrannique de sa personnalité, d'autant plus qu'il ne comptait pas vivre modestement. Il avait beaucoup dépensé[8] afin de s'installer confortablement, comme nous l'avons vu, dans le riche quartier de la Chaussée d'Antin où fourmillaient financiers, grands seigneurs et gens à la mode[9]. Maurice Lever qualifie cette nouvelle vie de Sade de « bourgeoise ». Cela est fort vrai. Pourtant de mon point de vue, ce n'est pas tant parce que Sade mène une « vie douillette[10] », entre ses livres et sa douce compagne, Constance, mais parce qu'il songe sérieusement à rentabiliser ses propriétés.

On doit entrer dans le détail économique des biens du marquis pour dépasser l'idée que le lien à l'argent relève encore, au moment de sa libération, de la manie. Je ne vais pas nier qu'il s'agisse là d'un aspect de sa personnalité qui ne disparaîtra jamais, mais d'autres motifs, tout à fait rationnels et calculateurs viennent se greffer à son besoin obsessionnel de réclamer de l'argent. Si Gaufridy est la victime de sa rage, c'est qu'il sent que son avocat n'est pas au-dessus de la situation, qu'il n'agit pas adéquatement et que sa nonchalance lui coûte une fortune. Comme nous le verrons, Sade n'a pas tout à fait tort. Il s'endette certes, mais ses revenus devraient être plus élevés que ce qu'ils ne le sont.

LE « PÉROU » PROVENÇAL

Maurice Lever affirme que Sade, aveuglé par son obsession de l'argent, s'intéresse peu aux détails de la gestion de ses biens. Seul compte le revenu. À cet égard, l'historien cite cette lettre éloquente à Gaufridy et dans laquelle le marquis établit un modèle de rapport que devra suivre l'avocat :

---

8 Maurice Lever affirme que Sade aurait « bien assez de quoi vivre », et ce « [m]ême avec un patrimoine effrité » (Maurice Lever, *Donatien Alphonse François, marquis de Sade*, ouvr. cité, p. 442).

9 *Ibid.*, p. 432.

10 *Ibid.*, p. 434.

« La Coste lui rapporterait net en poche. . . . . .
Idem Mazan. . . . . . .
Idem Arles. . . . .
Idem Saumane. . . . .
Total[11]. . . . . . . »

Sade insiste : « Je ne veux ni détail ni dissertation. Je veux savoir ce que j'ai net par an, ce qui me reviendra juste par an dans ma poche – et voilà tout ! N'y mettez pas une ligne de plus qu'il n'y en a dans ce modèle[12]. » Une telle attitude de détachement semblait avoir été assez loin. L'avocat Reinaud, un de ses chargés d'affaire, écrivait à la présidente de Montreuil pour lui confier que le marquis lui « a dit souvent qu'il ne voulait plus se charger de gestion, que cela l'accablait à un point extraordinaire[13] ». Cette lettre date du 16 janvier 1791, quelques mois seulement après la libération de Sade.

Michel Vovelle, dans l'enquête qu'il consacrait à Sade et la Provence avait fait un constat qui allait dans le même sens que celui de Maurice Lever : « Sade ne s'intéresse pas à la terre[14]. » D'après l'historien, la présence d'un titre unique (le *Manuel des champs* de Chanvalon) sur l'agriculture dans la bibliothèque de Sade témoigne de l'indifférence du marquis. Je serais d'accord, n'était-ce la complexité et l'exhaustivité de cet ouvrage qui contient tout ce qu'il est possible d'imaginer dans ce domaine. C'est une sorte d'encyclopédie en miniature. Si Sade avait possédé la *Nouvelle édition revue, corrigée et considérablement augmentée* (1765, puis 1769), il n'aurait eu besoin d'aucun autre ouvrage pour développer une large connaissance concrète de l'agriculture. De fait, Sade possédait un autre ouvrage sur ce sujet et dont la présence dans la bibliothèque de La Coste a semblé avoir échappé à Michel Vovelle : l'*Économie générale de la campagne ou Nouvelle maison rustique*, par Louis Liger, en deux volumes, publiés en 1770. Cette œuvre est aussi une encyclopédie pratique « de tous les biens de la campagne » (intitulé apparaissant dans le titre à partir de la troisième édition, revue et augmentée). Cet ouvrage contient des énoncés fort précis sur l'élevage, les récoltes, mais aussi sur le « commerce du bois ». C'est aussi un traité de médecine vétérinaire

11 *Ibid.*, p. 442.
12 *Id.*
13 Maurice Lever, *Bibliothèque Sade. Papiers de famille*, tome 2, ouvr. cité, p. 307.
14 Michel Vovelle, « Sade, seigneur de village », art. cité, p. 37.

qui traduit de la part de l'auteur un véritable amour des animaux. Bien que cet ouvrage montre le parti-pris subjectif de l'auteur pour la vie champêtre, il était utile à Sade pour développer un regard aguerri sur les ressources de ses terres.

Il faut remettre le jugement de Michel Vovelle sur le détachement de Sade dans le contexte de sa détention ; il est certain qu'il s'éloigne émotivement de La Coste. Son emprisonnement, à partir de 1775, est probablement la cause de cet éloignement ; pour le marquis, l'urgence au cours des mois, puis des années, à venir est d'œuvrer à son élargissement et toutes ses énergies sont dirigées vers ce but. Il prend soin malgré tout, avant d'entrer dans la forteresse de Vincennes, et dans l'urgence, de donner de longues instructions très précises à Gaufridy pour l'administration de ses affaires, preuve qu'il n'était pas si indifférent que cela à la gestion de ses biens. Il possédait également dans sa bibliothèque un ouvrage fort utile à cet égard : les *Instructions pour les seigneurs et les gens d'affaires*, composées par un certain M. R., avocat au Parlement de Toulouse, qui entrent dans le détail de la gestion des propriétés foncières avec le souci aigu d'en tirer bien évidemment le maximum de rapport. À propos des baux à ferme, cruciaux pour Sade, on peut lire ceci :

> Pour tirer parti d'une terre, on ne juge point du produit futur par le produit passé ; mais le Régisseur doit faire un état de tous les biens fonds appartenant au Seigneur, en distinguant ce qui est affermé et régi.
>
> On afferme ordinairement les terres labourables, droits de champarts, dimes inféodés, prés, pâtures, vignes, forges, moulins, fours banaux, étangs et droits de pêche. Pour s'instruire du produit des terres labourables, le régisseur doit savoir d'abord, que les terres légères et faciles à cultiver ne demandent qu'un labour superficiel, et que le fond des terres fortes demeure froid, immobile et sans action, si ces terres naturellement compactes ne sont ouvertes profondément ; et ensuite il doit connaître : 1° La quantité et qualité du terrain en labour qui appartient au seigneur. 2° Calculer combien l'arpent produit de gerbes ordinairement chaque année, en distinguant le terrain bon, médiocre et mauvais. 3° Combien une ou dix gerbes rendent en blé, année commune, fixer en conséquence la quantité de blé que chaque arpent peut produire, et le prix annuel eu égard à la situation des lieux et au commerce ; vérifier si les terres en labour ont des pommiers, poiriers, noyers ou mûriers, en constater le revenu, et ensuite distraire les frais de culture, semence, et les charges du fermier[15].

15 M. R., *Instructions pour les seigneurs et les gens d'affaires*, Paris, Lottin l'aîné, 1770, p. 67-69.

Certaines lettres de Sade, écrites sous la Révolution, comme celles que j'ai citées plus haut, peuvent laisser croire que Sade est détaché de ses terres de Provence. Par contre, d'autres laissent entendre un son de cloche totalement opposé.

Écarté de la gestion de ses biens pendant treize ans d'enfermement à Vincennes, puis à la Bastille, Sade, dès sa libération en avril 1790 a semblé vouloir rattraper immédiatement le temps perdu en s'imposant, aux yeux de Gaufridy, comme l'unique administrateur de ses biens. Bien que sa carrière d'écrivain dramatique soit importante, il veut également tenir les rênes de ses affaires, comme en témoigne le ton de cette lettre : « Je vous donne avis, mon cher M. Gaufridy, que je suis libre enfin, et qu'au moyen d'une sentence rendue, laquelle annule l'administration établie de mes biens, *moi seul* maintenant en jouis, *moi seul* maintenant les dirige. Ce n'est donc plus qu'à *moi*[16] que vous aurez affaire [...][17]. » Il faut ainsi prendre avec précaution cette phrase affirmant que « Donatien n'aspire plus à 51 ans qu'à couler des jours paisibles d'homme de lettres : son unique préoccupation consiste à faire jouer ses pièces[18] ».

Cette forte tentation de Sade de prendre en main la direction de ses affaires ne me paraît pas superficielle, en dépit de sa lassitude à la fin de l'année 1790. Le marquis indique plus d'une fois à Gaufridy qu'il veut y mêler ses enfants. Ce vœu n'est pas sans signification et j'y lis le désir – certainement fantasmatique – de ne pas perpétuer les mêmes erreurs que son père qui lui a légué un « patrimoine [...] ébréché[19] ». On peut aussi interpréter ces mots de manière plus cynique en disant que Sade désirait simplement éloigner ses enfants des Montreuil qui les avaient élevés et de qui ils étaient proches.

Dans la réalité, Sade est parfaitement conscient que ses terres sont de gros atouts. Pour l'aristocratie provinciale – c'est le cas du marquis – qui n'a pas de hautes charges militaires ou parlementaires, la richesse est intrinsèquement liée à la terre et à son exploitation, comme le suggère le *Manuel des Champs* de l'abbé de Chanvalon[20] ; il s'agit d'un livre

16 Je souligne.

17 Paul Bourdin, *Correspondance inédite du marquis de Sade*, ouvr. cité, p. 262.

18 Maurice Lever, *Donatien Alphonse François, marquis de Sade*, ouvr. cité, p. 433.

19 Michel Vovelle, « Sade, seigneur de village », art. cité, p. 36.

20 Cet ouvrage, ainsi que celui de Louis Liger, *Économie générale de la campagne ou Nouvelle maison rustique*, complètent ses lectures, plus théoriques, en agronomie.

d'agronomie d'inspiration physiocratique. Sade développe de véritables ambitions financières pour les propriétés terriennes et il va aspirer, à l'exemple de beaucoup de ses compatriotes aristocrates, à s'enrichir en employant les mêmes moyens de développement économique que la bourgeoisie, détentrice de capitaux et bénéficiaire de l'effondrement des structures de production propres à la féodalité. Sade, comme propriétaire terrien, a en mains tout le nécessaire pour se bâtir une fortune respectable. Certaines terres de Provence semblent être, à ses yeux, un véritable « Pérou[21] ». Revenons sur celle de La Coste.

Nous avons vu que le marquis possède 42 hectares de terre, ce qui représente six pour cent du terroir de La Coste. Toutefois il faut souligner une particularité propre au paysage rural du sud de la France : l'étendue des communaux[22]. Or, les seigneurs, sous l'Ancien Régime, ont tendance à les accaparer comme les leurs propres. Mais c'est le contraire à La Coste, ce sont les bourgeois qui y chassent et les dévastent[23]. Il n'est pas insignifiant de mentionner la diversité des cultures à La Coste : oliviers, vignes, arbres fruitiers (on se rappelle la passion de Sade pour les confitures) et les récoltes issues des terres labourables.

Audibert est le fermier à La Coste entre 1787 et 1793[24]. Comme j'ai pu le souligner auparavant, il appartient à cette classe de riches industriels bourgeois qui, comme le souligne l'article « fermiers » de l'*Encyclopédie*, possède de gros capitaux leur permettant de cultiver la terre en utilisant les chevaux (alors que le paysan pauvre ou le métayer ne dispose que de bœufs) et d'engager de la main-d'œuvre paysanne. L'article met l'accent sur le prestige économique de ce nouveau riche « qui cultive en grand, qui gouverne, qui commande, qui multiplie les dépenses pour augmenter les profits ». Sous la Révolution, Jacques Hébert les qualifie « de fermiers aristocrates » et enrage que leurs carrosses encombrent la rue Vivienne. On comprend dès lors que Sade puisse à la fois les détester et aspirer à la même aisance financière dont ils jouissent.

La propriété du marquis offre toutes les conditions de rentabilité. La main d'œuvre locale est présente et en nombre suffisant. De plus,

21 Paul Bourdin, *Correspondance inédite du marquis de Sade*, ouvr. cité, p. 376.
22 Anatoli Ado, *Paysans en révolution. Terre, pouvoir et jacquerie. 1789-1794*, ouvr. cité, p. 31.
23 Michel Vovelle, « Sade, seigneur de village », art. cité, p. 27-28.
24 *Ibid.*, n. p.

les cultures pratiquées à La Coste permettent au fermier de transiger à la fois sur le marché intérieur et local, avec la vente du blé, et sur le marché extérieur, grâce à l'exportation du vin, deuxième au rang des exportations françaises. Sade passe successivement des baux d'une durée de 6 ans avec trois fermiers. Les revenus venant de La Coste sont importants, car il rapporte à Sade environ 6 000 livres de rentes, alors que Mazan, ne rapporte pas plus de 3 800 livres. De plus, seuls les revenus de La Coste ont augmenté entre 1780 et 1787, date de la signature du second bail.

Sade, pour vivre avec une certaine aisance comme il le souhaite, devra composer avec ses fermiers qui, écrit-il, « sont logés comme des princes et achètent tous les jours des bastides, à mes dépens[25] ». Le langage de l'homme d'affaires, bien que hautain, qu'il adopte est, à certains égards, atypique d'un aristocrate seigneur de village figé dans des valeurs ancestrales. Pour la signature des baux avec les fermiers, pierre angulaire du développement économique agricole, il se montre attentif et féroce. Il est guidé par la logique du profit maximal. À la veille de son incarcération à Vincennes il écrit à Gaufridy :

> L'affaire importante à présent à la Coste est le bail. J'ai donné ma parole par écrit à Sambuc, le garde, qui le porte à cinq mille six cent livres, offre infiniment plus forte que celle de Chauvin dont je ne veux absolument plus pour mon fermier. [...] Ne passez jamais les baux que pour six ans. C'est une grande duperie de les passer pour neuf. Observez bien cela, je vous prie[26].

Il semble que Sade, par cette recommandation de limiter la durée des baux, aille à contre-courant des physiocrates pour qui des baux trop courts, en l'occurrence de six ans, constituent un obstacle au développement de l'agriculture ; mais cette théorie physiocratique semble être en décalage par rapport au contexte économique des années 1770, au moment où la France connaît une période de prospérité et une intensification du développement agricole dont le moteur est « le développement de l'industrie et l'accroissement de la population[27] ».

Les nouvelles donnes du jeu économique sont *a priori* favorables à Sade : hausse des prix agricoles, augmentation de la production des

25 Paul Bourdin, ouvr. cité, p. 374.
26 Paul Bourdin, *Correspondance inédite du marquis de Sade*, ouvr. cité, p. 124-125.
27 Anatoli Ado, ouvr. cité, p. 33.

grains, expansion du commerce extérieur favorisant les investissements agraires. Limiter la durée des baux permet à Sade de s'adapter au marché et de profiter rapidement de l'essor de l'agriculture. Toutefois, malgré ses efforts, le revenu de La Coste reste stable et n'augmente plus à partir de 1787 (6 025 livres), le montant est le même six ans plus tard. Cette situation est surprenante car, comme le souligne Michel Vovelle, la « rente progresse en tous lieux[28] ». Stagnation d'autant plus inexplicable que le fermier de La Coste l'est à la fois des terres et des droits seigneuriaux, ce dernier type d'affaire étant fort lucratif[29].

Comment alors comprendre ce déclin de la source principale de revenus du marquis ? Il faut certainement se tourner vers des facteurs internes. Michel Vovelle avance plusieurs explications : revenus dépensés par anticipation, endettement[30]. Il convient d'ajouter que Sade hérite déjà d'un « domaine mal en point », son père, le comte de Sade, s'étant ruiné à force de dettes. Si on ajoute à cela la prodigalité du fils qui dépense sans compter pour satisfaire ses goûts libertins, on comprend mieux les difficultés du marquis à redresser ses comptes lorsqu'il est libéré. De plus la Révolution va précipiter le déclin par « la suppression des droits féodaux » et « le rachat des rentes foncières[31] ».

Est-ce qu'il ne faudrait pas aussi blâmer la gestion lointaine, peu convaincue, voire maladroite de Gaufridy. Le marquis s'en prendra souvent à lui. Michel Vovelle ne peut affirmer si Sade avait tort ou raison. À la décharge de l'avocat, l'historien constate que celui-ci n'a rien « aliéné » du capital. À sa charge, l'historien compare sa gestion qui se « définit en termes de passivité », à celle des hommes d'affaires de Mirabeau, « véritables régisseurs », « attentifs », « actifs[32] ».

Une autre hypothèse qu'il faudrait explorer pour expliquer ces problèmes financiers est celle de la responsabilité de l'un des frères du comte, Richard Jean Louis de Sade, dit « le bailli de Sade » qui décéda le 20 septembre 1789. Maurice Lever nous apprend que c'est lui, grand prieur de Toulouse, qui gérait

28 Michel Vovelle, « Sade, seigneur de village », art. cité, p. 37.
29 Anatoli Ado, *Paysans en révolution*, ouvr. cité, p. 45.
30 Michel Vovelle, « Sade, seigneur de village », art. cité, p. 37.
31 *Id.*
32 Michel Vovelle, « Sade et Lacoste, suivi de Mirabeau et Mirabeau dans la Provence du XVIIIe siècle. Réflexions sur le déclassement nobiliaire », art. cité, p. 164.

> depuis longtemps en maître [les] terres et affaires de M. le marquis de Sade, son neveu, en Provence et dans le Comtat, attendu de l'absence de ce dernier [durant son incarcération]. Il fut même nommé administrateur par ordonnance de M. le lieutenant civil au Châtelet de Paris du 21 juin 1787, à la suite du verbal d'assemblée des parents. La famille de M. le marquis de Sade, à qui il promettait tout et qui espérait beaucoup de lui, adhérait et se prêtait aveuglément à tout ce qu'il désirait. La moindre contradiction lui eût donné de l'humeur ; il était même dans son caractère de n'être pas contredit, aussi le ménageait-on à l'excès. Le sieur Gaufridy, avocat de la ville d'Apt, adjoint de l'administration, était spécialement chargé d'exécuter et remplir tout ce qui serait désiré et prescrit par le bailli de Sade[33].

Dans une longue lettre qui constitue une sorte de bilan de l'administration du bailli de Sade, non signée et datée après le 7 novembre 1789 – le bailli de Sade était mort le 20 septembre – on peut lire que cet oncle de Sade, qui « disposait tellement en maître absolu », précise la lettre, a entrepris d'importants travaux de plus de 6 000 livres au château de Mazan qu'il désirait habiter. Le tout au frais du marquis[34]. La lecture de cette correspondance indique que le bailli de Sade ne se gênait pas pour puiser, pour son propre compte, dans la fortune qui lui avait été confiée et qu'il semblait être un personnage malhonnête, bien qu'il en imposât à la belle-famille de son neveu. Nous sommes peu surprise de cette absence de probité. Ni le comte de Sade, ni l'abbé de Sade, ni le marquis n'était connu pour leur grandeur morale.

Avant sa détention, Sade est loin d'être un seigneur pauvre, et sa fortune « peut encore paraître honorable » et le revenu de ses biens (La Coste, Saumane, Mazan et le mas de Cabanes) s'élève à 17 500 livres par an vers 1770[35]. Lorsqu'il est libéré, Reinaud et Gaufridy semblent avoir toutes les peines du monde à établir avec exactitude son revenu – autre indice de l'opacité de la gestion du bailli de Sade. Un premier calcul lui donne « 14 000 livres[36] ». Ceci sera rectifié plus tard et le montant s'élève désormais à environ 11 000, « médiocre fortune[37] », admet tout de même Reinaud. En 1792, le dépérissement est imputable à la situation politique qui échappe totalement au contrôle des hommes

33 Maurice Lever, *Bibliothèque Sade. Papiers de famille*, tome 2, ouvr. cité, p. 293.
34 *Ibid.*, p. 295.
35 Michel Vovelle, « Sade, seigneur de village », art. cité, p. 36.
36 Maurice Lever, *Bibliothèque Sade. Papiers de famille*, tome 2, p. 301.
37 *Ibid.*, p. 306.

de loi, voire de Sade. Gaufridy confesse à son collègue des difficultés auxquelles il est impossible de remédier :

> Ce que je dois te dire, et ce qui fait mon embarras pour fournir, c'est que je n'ai que La Coste et Arles proprement à y compter. Encore La Coste, affermé à 6 024 livres, souffre une diminution considérable par rapport à la suppression de la banalité et à l'imposition de la taille, outre la diminution par la retenue du quint sur les coupes et tasques…
>
> À Saumane, je ne retire rien depuis deux ans à cause des troubles du Comtat, et à Mazan presque rien. Si le calme revenait, nous aurions des fonds[38].

En dépit du déclin de ses revenus apporté par la Révolution, Sade aurait eu de quoi vivre assez confortablement.

Au cours de l'été 1791, Sade apprend que la maison qu'il loue 1 200 livres par an, sera mise en vente, il souhaite en faire l'acquisition ; mais pour cela, il lui faut vendre une parcelle de son mas de Cabannes, en Arles. En temps normal, l'ensemble de la propriété est très lucratif et lui rapporte autant, et même plus, que sa terre de La Coste[39]. Dans cette négociation, Sade fait preuve d'un esprit éclairé pour les affaires. S'il a besoin rapidement de 24 000 livres, il ne se laisse pas imposer des conditions qui seraient à long terme contre ses intérêts. Aussi entend-il fermement ne pas céder la parcelle la plus rentable, il insiste pour conserver le privilège de l'accès aux eaux, essentielle dans une exploitation agricole provençale, et il veut être payé en or ou en écus, surtout pas en assignats[40]. Maurice Lever nous apprend que son notaire Gaufridy[41] était convaincu qu'il s'agissait d'une mauvaise affaire pour le patrimoine familial. Quoi qu'il en soit, les exigences que Sade voulait imposer à son acheteur obéissaient à une logique du profit maximal. La même qu'il applique lorsqu'il veut vendre à Mazan vers la fin de l'année 1794. Il rappelle ainsi à son régisseur : « Souvenez-vous bien qu'en vendant Mazan à madame de Villeneuve ou à tout autre, je ne vends que la seule maison, sa cour et son jardin parterre. Il faut bien se garder de vendre autre chose et conserver surtout avec grand soin le jardin fruitier qui, dit-on, est un vrai Pérou[42]. »

---

38 *Ibid.*, p. 322.

39 Michel Vovelle, « Sade et Lacoste, suivi de Mirabeau et Mirabeau », art. cité, p. 163.

40 Maurice Lever, *Donatien Alphonse François, marquis de Sade*, ouvr. cité, p. 436.

41 *Id.*

42 Paul Bourdin, *Correspondance inédite du marquis de Sade*, ouvr. cité, p. 376.

Il serait juste de dire que c'est plus cette rationalité du bénéfice qui guide Sade que le besoin maladif et inconditionnel d'argent dont on s'est plu à caractériser ses comportements. Après sa libération, à la suite de la chute de Robespierre, ses raisons de réclamer des fonds sont motivées par des opérations financières qui paraissent être de l'ordre de l'investissement spéculatif. Il est aussi vrai qu'il avait contracté des dettes importantes en prison. Sade semble toutefois être tout à fait au courant des « bonnes affaires » à réaliser. Sa fréquentation des banquiers avant son arrestation permettrait d'expliquer l'œil qu'il a développé pour les affaires rapportant rapidement de gros profits.

Il connaissait le contexte du marché immobilier qui était à son avantage, car il écrit ceci à son notaire :

> Terminez donc cette vente de la Grand'Bastide de Saumane, mais vendez cela comme il faut, car vous n'ignorez pas que les biens se vendent aujourd'hui des prix fous dans votre département. Je dois avoir au moins trente ou trente-cinq mille francs de cet objet ; c'est au moins ce que m'assure un homme de ce pays-là qui connaît mon bien comme sa chambre[43].

Cet homme qui le renseigne sur la valeur de sa propriété est peut-être Quinquin, le fermier de Mazan, mais peu importe l'identité de cet informateur, l'essentiel est que cela démontre que Sade prend des mesures afin d'être adéquatement au courant de la situation économique. Et il est à l'affût des moindres nouvelles qui pourraient affecter ses revenus. Par exemple, en l'an III, l'État oblige « les cultivateurs à rente sûre à payer la moitié de leur loyer en grains ». Sade réagit rapidement à cette nouvelle et cherche à en tirer le meilleur avantage. Il « presse aussitôt ses régisseurs d'augmenter "prodigieusement" les baux qu'ils passent, d'exiger le paiement en nature des fermiers qui ne sont pas à terme et une indemnité pour l'excès des gains qu'ils ont déjà faits[44] ».

Je ne peux omettre de mentionner que Sade pouvait être fripon dans les affaires. En l'an III et IV de la République, quand la France était à l'apogée de la crise économique et que les dérapages causés par le papier-monnaie étaient à leur comble, Sade constatait, avec raison, que seuls les spéculateurs qui avaient réussi à survivre à la Terreur tiraient leur épingle du jeu. Et la lucidité et la rapacité du marquis s'accommodaient

---

43 *Ibid.*, p. 362.
44 *Ibid.*, p. 354.

parfaitement de leurs pratiques douteuses des affaires. Il n'hésitait pas à les imiter, offrant ici des pots de vin afin de hâter la conclusion d'une vente, menaçant là de faire jouer ses influences au Comité de sûreté générale pour accélérer le paiement de sommes dues[45].

Maurice Lever trace un portrait de Sade au début de l'année 1795 ; c'est celui d'un homme qui a les qualités pour réussir en affaires, mais dont le rapport à l'argent demeure somme toute ambigu :

> [I]l possédait tous les dons de l'agioteur ; il aurait pu, comme ces Turcaret du Directoire, bâtir fortune sur la famine du peuple ; il ne manquait ni d'effronterie, ni d'indélicatesse, ni d'égoïsme, ni enfin d'aucune des qualités nécessaires au jeu de la spéculation. Avec un peu plus d'hypocrisie et moins de maladresse, il roulerait aujourd'hui carrosse sur les boulevards, le teint vermeil et la panse rebondie. Mais il méprise trop l'argent pour cela ; s'il sait, à l'occasion se montrer rapace, il n'a jamais cédé à l'appât du gain[46].

De fait, ce sont surtout les circonstances politiques et la malchance qui ont mis un frein à l'enrichissement de Sade et qui l'ont acculé au mur de la faillite.

Le « détachement vis-à-vis de la terre et en même temps de la Provence[47] » que Sade manifeste, d'après Michel Vovelle, a pu arriver à compter de la deuxième ou troisième année de la Révolution, mais il n'est pas total. D'abord, il reste entiché de Saumane dont il est « fou » et où il veut « finir [ses] jours[48] », d'après une lettre à Gaufridy. Ensuite, et c'est ce qui est important pour notre propos, il jette sur ses terres le regard avide d'un affamé de capitaux. Elles sont pavées d'or :

> Assurément, je vous loue fort d'avoir refusé le remboursement des capitaux ; tel qui les reçoit dans ce moment-ci, se ruine évidemment [...] sachez cela au juste ; refusez tant que vous pourrez et, quand vous ne pourrez absolument pas, faites-moi passer ces fonds-là tout de suite, parce qu'en attendant que les choses s'arrangent il y a ici d'excellentes façons de faire travailler son argent [...][49]

Peu de temps après, il revient sur la même question : « Vous n'imaginez pas le tort que vous me faites en ne m'envoyant pas ces trois sommes. Je

45 *Ibid.*, p. 359.
46 Maurice Lever, *Donatien Alphonse François, marquis de Sade*, ouvr. cité, p. 545.
47 Michel Vovelle, « Sade, seigneur de village », art. cité, p. 38.
48 Paul Bourdin, *Correspondance inédite du marquis de Sade*, ouvr. cité, p. 376.
49 *Id.*

gagnerais ici des sommes immenses avec cet argent [...] Il y a des placements uniques à faire dans ce moment-ci, quand on s'y entend [...][50]. »

Quels sont ces placements, à faire *ici* et *dans ce moment-ci*, qui rapporteraient gros ? Nul doute qu'il s'agit du rachat des biens nationaux. La forte dévaluation de l'assignat sous la Terreur avait fait de la vente des biens des émigrés et de celle du Clergé une affaire extrêmement profitable, pour peu qu'on ait un minimum de capitaux. En vendant La Coste, Sade obtient une somme considérable dont, dans une logique spéculative, il se sert pour acquérir des terres en Beauce, bonnes terres « de rapport », proches de Paris, nous apprend Michel Vovelle[51]. Je reviendrai en conclusion sur ce dernier investissement de Sade avant son internement à Charenton.

RÉACTION NOBILIAIRE ET RETOUR À LA TERRE

Si Sade négocie avec une telle âpreté la valeur des baux qu'il passe avec ses fermiers, c'est que l'affermage de ses terres est une voie sûre d'enrichissement, du moins en théorie. Quelques décennies avant la Révolution, la France connaît une évolution économique de type capitaliste et le pays subit une hausse générale des prix. Comment alors s'adapte « le monde seigneurial aux conditions économiques en cours d'évolution[52] » ?

Cette question revient à soulever le problème de ce que les historiens appellent « la réaction féodale[53] ». Et elle se pose de manière particulièrement aiguë dans le cas du marquis : était-il réactionnaire ? Pour répondre à cette question, il convient d'abord de s'attacher à la signification de ce concept.

À la fin du XVIIIe siècle, une acception particulière du mot « réaction » se met en place afin de traduire les comportements rétrogrades

50 *Id.*

51 Michel Vovelle, « Sade, seigneur de village », art. cité, p. 40.

52 Anatoli Ado, *Paysans en révolution*, ouvr. cité, p. 43.

53 Certains historiens emploient le terme de « réaction seigneuriale », d'autres, comme Albert Soboul, emploient aussi bien « réaction féodale » que « réaction aristocratique ».

de la noblesse qui s'oppose aux changements amenés par la Révolution et qui souhaitent le rétablissement des institutions antérieures. *La réaction féodale* est ainsi un phénomène particulier, historiquement daté, en réponse à l'ascension de la bourgeoisie amenée par la fin de l'Ancien Régime. Elle n'en est pas pour autant opposée aux valeurs bourgeoises, comme je tâcherai de le montrer un peu plus loin.

Pour Albert Soboul, la réaction féodale commence bien avant la prise de la Bastille. Celle-ci n'a fait qu'accentuer ce phénomène. Face à sa stagnation, voire son appauvrissement économique, la noblesse exigeait « avec d'autant plus d'âpreté l'application de ses droits traditionnels qu'elle était plus près de la ruine ». Une manifestation de cette attitude était d'abord la volonté de l'aristocratie de « monopoliser toutes les hautes charges de l'État, de l'Église, de l'armée ». C'est ensuite, sur le plan du système seigneurial, l'accaparement par les seigneurs du « tiers des biens appartenant aux communautés villageoises ». Mais surtout, c'est ce réflexe des aristocrates de procéder aux « réfections des terriers, registres renfermant l'énumération de leurs droits ; par là, ils comptaient remettre en vigueur d'anciens droits tombés en désuétude et exigeaient exactement tout leur dû ». Albert Soboul conclut qu'il s'agit d'une véritable « course à l'argent[54] ». Ceci n'est pas surprenant, car comme le confirme Anatoli Ado, la « possession d'une seigneurie avec tous ses droits, ses prérogatives et ses privilèges, offre encore de nombreuses possibilités de profit[55] ».

Quelle place Sade a-t-il occupée dans la réaction féodale ? Son histoire personnelle et familiale le destinait tout naturellement à la réaction. Michel Vovelle a bien montré que l'itinéraire économique de Sade en Provence prend la forme d'une courbe descendante : entre 1767 et 1792, il s'agit en gros de « l'histoire d'une faillite » dont l'origine remonte au règne du père, le comte de Sade, qui a aliéné des parts importantes du patrimoine familial[56]. Le marquis n'a, paraît-il, fait que précipiter le déclin financier. Il faut aussi souligner que la situation des Sade est typique d'une certaine noblesse provençale. Aussi ne serait-il pas surprenant que Donatien partage les mêmes réflexes que sa caste devant l'appauvrissement qui le guette immanquablement.

54 Albert Soboul, *Précis d'histoire de la révolution française*, ouvr. cité, p. 25.

55 Anatoli Ado, *Paysans en révolution*, ouvr. cité p. 43.

56 Michel Vovelle, « Sade, seigneur de village », art. cité, p. 35-36.

Face à la présence effacée, pour ne pas dire absente, de Sade de ses propriétés, Michel Vovelle précise que dans un tel contexte « la réaction seigneuriale [...] va se polariser, dans le cas de Sade comme dans celui de Mirabeau, autour du problème des communaux, des terres gastes [*sic*] ». Toutefois, c'est pour Sade comme « un combat en retraite ». En effet, Sade fait plutôt figure de victime que d'agresseur, puisque ce sont paysans et bourgeois qui accaparent la montagne. Il ne lui reste que des protestations et des coups de colère face à ces « délits[57] ». Du coup, la manifestation d'une réaction féodale qui aurait pu se traduire, en ce qui concerne les communaux, par « l'accaparement par la voie du triage ou du cantonnement[58] » – couramment pratiqué par la noblesse – n'a jamais pu avoir lieu dans le cas du marquis.

Pour que le concept de réaction puisse véritablement être pertinent dans le cas de Sade, il faudrait se tourner vers son attitude générale face à ses paysans pour lesquels il n'a généralement que du mépris. S'aventurer sur ce terrain, c'est s'éloigner périlleusement de la définition de ce phénomène historique pour entrer dans la logique des préjugés de caste. Toutefois, les comportements du père de Sade offrent un exemple de réaction féodale plus révélateur. La volonté du comte de placer son fils dans la hiérarchie militaire n'est pas en soi réactionnaire, c'est l'insistance avec laquelle il mène ce projet et le désespoir qui le caractérise qui le sont.

Le comte de Sade a tenté par tous les moyens de doter son fils d'une place prestigieuse dans l'armée. Normalement, cela aurait été une affaire relativement aisée, puisque la famille du père appartenait aux plus anciennes noblesses du royaume, et la mère était une princesse du sang. Sade passa ainsi de cornette au régiment des carabiniers, corps des plus prestigieux de l'armée, à capitaine dans une compagnie de cavalerie. Finalement le comte se démet en faveur de Donatien de sa charge de lieutenant général des provinces de Bresse, Bugey, Valromey et Gey. Les ambitions du comte pour son fils sont limitées par l'état déplorable de ses finances[59]. Les quartiers de noblesse de la famille pouvaient ouvrir

57 Michel Vovelle, « Sade et Lacoste, suivi de Mirabeau et Mirabeau dans la Provence du XVIIIe siècle. Réflexions sur le déclassement nobiliaire », art. cité, p. 167.

58 *Id.*

59 Cette situation aura aussi une conséquence défavorable pour le mariage de Donatien. Compte tenu des dettes du père, le fils devra se contenter d'une union avec les Montreuil, de noblesse récente et beaucoup moins prestigieuse que celle de Sade.

à Donatien tous les postes dans l'armée, mais les charges convoitées n'étaient pas à la portée de la bourse du comte. En dépit de cette réalité, l'insistance avec laquelle il réclame une charge pour son fils sur la seule foi de sa naissance, et en faisant fi de la très mauvaise réputation du jeune homme, traduit en soi un esprit réactionnaire. Les démarches et sollicitations inlassables qu'il entreprend auprès des ministres, secrétaire d'État et des nobles influents de la cour, témoignent de son esprit traditionnaliste rigide. Le père de Sade réalisait peu que le monde autour de lui changeait au début des années 1760 et que l'opinion publique tolérait de moins en moins les frasques spectaculaires des libertins aristocratiques, dussent-ils appartenir à une antique noblesse. Sade, à cause de son libertinage effréné, ne pouvait raisonnablement prétendre à un grade prestigieux au service de sa Majesté Très Chrétienne. Un grand nom n'équivalait plus nécessairement à une grande place. La réaction du père prend ainsi des allures sociales. Une génération plus tard, celle du fils prendra des formes économiques.

La « vérification minutieuse des terriers[60] » est la forme la plus connue de la réaction chez les nobles. Sade n'est pas allé jusqu'à faire appel à un feudiste afin de passer au peigne fin ses terriers afin d'en extraire le moindre droit qui aurait pu avoir été négligé, mais lorsque le 19 juin 1792 l'Assemblée législative décréta la destruction de tous les titres généalogiques tenus dans les dépôts publics et qu'il a assisté le même jour à l'autodafé, Place-Vendôme, de six cents volumes dans lesquels étaient inscrits les titres de noblesse, il a immédiatement saisi la portée économique de cet acte – l'auteur des *Instructions pour les seigneurs et les gens d'affaires* insistait particulièrement sur une tenue détaillée et exacte des registres de tous les droits et redevances féodales afin qu'aucune source de revenus ne soit omise. Aussi Sade s'est-il empressé d'écrire à Ripert pour lui recommander vivement de mettre à l'abri ses précieux parchemins :

> Ayez le plus grand soin de mes livres terriers et de mes titres. On vient de brûler hier ici, sur la Place-Vendôme, tous ceux de la noblesse. Cette fantaisie-là pourrait prendre dans vos cantons. Préservez-en mes papiers, je vous conjure, en les mettant dans un endroit sec et où âme qui vive ne puisse les trouver. Où a-t-on mis le grand chartrier de Saumane, en 20 ou 22 volumes, recueillis avec tant de soin par M. l'abbé ? Mettez toutes ces choses bien à couvert, je ne saurais trop vous le recommander, et écrivez sur-le-champ de

60 Anatoli Ado, *Paysans en révolution*, ouvr. cité, p. 43.

> ma part une lettre à M. Gaufridy pour lui enjoindre la même chose. Cela est plus essentiel que jamais, vu tout ce qui arrive[61].

L'exemple que je viens de décrire traduit un réflexe de panique, mais il possède une certaine éloquence. La réaction a ici la couleur du désespoir. Pour Sade, face à la décadence économique, ses droits ancestraux sont une porte de salut, du moins s'il parvient à présenter un titre. Il reviendra donc sur cette question quelques semaines plus tard lorsqu'il écrit à Gaufridy : « Je vous remercie des peines que vous vous donnez pour tâcher de fouiller les titres qui peuvent me faire payer ce qui m'est dû[62]. » Il s'agit ici d'un geste typique de réaction féodale.

Malgré tout la noblesse du XVIIIe siècle est loin d'être monolithique et sur cette question de la réaction nobiliaire, Guy Chaussinand-Nogaret fait entendre un son de cloche légèrement différent :

> Telle qu'elle se définit au XVIIIe siècle, la noblesse, loin d'être cette classe légère, spirituelle et dissolue [...] constitue au contraire une classe dynamique confiante dans l'avenir et consciente des possibilités que lui offre la décadence d'une monarchie languissante et contestée, et les ressources d'une réflexion politique en plein essor et les transformations d'une technique dont elle suit avec intérêt les rapides progrès[63].

Plus loin, l'historien va souligner la vocation « mercantile » qui s'empare d'une partie de la noblesse qui s'associe à la bourgeoisie aisée. Chez l'une comme chez l'autre, on observe les mêmes comportements économiques :

> Dans toute une série d'activités et d'entreprises, la noblesse a montré, seule ou associée à des représentants de la grande bourgeoisie d'affaires, son dynamisme, son goût pour l'invention, l'innovation, sa capacité d'élite économique : entendons sa capacité à orienter le capital d'origine foncière ou fiscale vers des activités productrices, à choisir les investissements en fonction de leur productivité et de leur modernisme, enfin, dans la dernière décennie de l'Ancien Régime, à transformer des formes de production en ébauchant avec de grandes entreprises sidérurgiques dont le modèle est fourni par Le Creusot, la révolution industrielle[64].

---

61 Cité par Maurice Lever, *Donatien Alphonse François, marquis de Sade*, ouvr. cité, p. 481.

62 Paul Bourdin, *Correspondance inédite du marquis de Sade*, ouvr. cité, p. 342.

63 Guy Chaussinand-Nogaret, *La noblesse au XVIIIe. De la féodalité aux Lumières*, Paris, Hachette, 1976, p. 120-121.

64 *Ibid.*, p. 122.

Mes efforts jusqu'à présent avaient pour but de mettre en lumière ce côté bourgeois de Sade qui a atteint sa plénitude au cours de la Révolution, par le fait de côtoyer des banquiers comme Perregaux qui justement prenait une part active au développement capitaliste de la France en investissant dans les grandes entreprises commerciales de la distribution de l'eau de la Seine de Paris et de la fonderie de Chaillot[65]. Bien que Sade ne soit jamais allé aussi loin qu'un Perregaux – il n'avait ni les moyens ni l'expertise de celui-ci – il n'empêche qu'il s'est lancé dans les affaires avec les atouts qu'il avait en mains : le capital issu de la vente de ses propriétés de Provence. Il mise sur le développement agricole des larges fermes capitalistes à proximité de Paris, en Beauce. Mirabeau avait pour sa part procédé au même type d'investissement.

Albert Soboul avait décrit le phénomène, très intéressant pour l'historien, du « ralliement de l'aristocratie à la nation propriétaire ». Cette réconciliation de la noblesse avec la Révolution avait été le fait paradoxal de l'émigration qui avait apporté son lot de nostalgie de la terre : « À mesure que se prolongeait l'exil, les souvenirs et les regrets se cristallisaient autour de la terre natale. Dépossédés de leurs propriétés foncières par la confiscation, les émigrés en découvraient maintenant la valeur sentimentale[66]. »

Ne faudrait-il pas en fin de compte mettre entre parenthèses les jugements de féodal réactionnaire qui accablent Sade et voir plutôt en lui un exemple inusité de ce phénomène dans lequel « [é]migration aristocratique et bourgeoisie possédante se rejoignaient après dix ans de révolution. Malgré tout ce qui avait pu les opposer, elles s'accordaient maintenant par les voies secrètes du sol natal et de la propriété foncière[67] ».

Sade a été considéré, à tort, comme émigré tout au long de la Révolution et il ne parviendrait jamais, en dépit d'efforts extraordinaires, à faire rayer son nom de la liste des émigrés des Bouches-du-Rhône. Ce sentiment de dépossession a dû certainement avoir un impact sentimental sur lui, similaire à celui qu'avaient ressenti les émigrés authentiques, d'autant plus qu'il manifestait un attachement viscéral pour Saumane[68], comme

65 *Ibid.*, p. 146.

66 Albert Soboul, *Précis d'Histoire de la Révolution française*, ouvr. cité, p. 517.

67 *Ibid.*, p. 518.

68 L'oncle de Sade, l'abbé, habitait le domaine de Saumane et, très jeune, Sade y était envoyé pour y passer ses étés : Saumane représente pour lui, écrit Maurice Lever, « le lieu des

nous l'avons vu plus tôt. Investir dans la terre comme substitut de celle perdue de l'enfance est un réflexe sentimental ; arrêter son choix sur des propriétés extrêmement rentables est un choix éclairé, guidé par une logique capitaliste et bourgeoise. Pour de nombreuses raisons, qui de prime abord peuvent paraître contradictoires, Sade a choisi de regarder vers l'avenir.

---

premiers souvenirs. Il aime à retrouver par la pensée cette vieille forteresse, ses salles voutées et ses ténébreux souterrains. Il lui suffit de fermer les yeux pour se revoir, à l'âge de cinq ans, trébuchant parmi les genévriers ou grimpant le vaste escalier de pierre aux caissons sculptés pour se précipiter hors d'haleine dans les bras de l'abbé. » (*Donatien Alphonse François, marquis de Sade*, ouvr. cité, p. 548).

UNE FICTION CAPITALISTE

LECTURES CAPITALISTES DE L'ŒUVRE SADIENNE

Dans ce chapitre, mon objectif est de montrer comment la fiction sadienne n'ignore en rien les rouages de l'univers économique de son époque. Il est certain que le marquis n'est pas le seul écrivain libertin à se préoccuper d'économie. Dans une enquête très récente, Michel Delon a montré la fortune de l'image associée à la lettre de change[1], pilier du capitalisme marchand, dans le roman licencieux du XVIIIe siècle. Sade va au-delà de la métaphore et prend tout particulièrement acte des théories des physiocrates qui forment souvent la toile de fond de ses récits. Le marquis a aussi en tête le monde des banquiers de la Révolution et leurs investissements dans le rachat des biens nationaux lorsqu'il compose *Justine* et *Juliette*. Avant de me pencher directement sur *Aline et Valcour*, *Les Crimes de l'amour* ou la saga des deux sœurs, je vais revenir sur les idées clés de l'enquête de Dany Dufour, afin de les situer dans le prolongement de la critique sadienne – entre autres les analyses de Marcel Hénaff et de Michel Delon – qui s'était auparavant attachée aux aspects capitalistes de l'œuvre de Sade.

La pulsion de jouissance associée au capitalisme remonte à l'époque de la mort de Louis XIII, d'après Dany Dufour, et elle s'incarne en tout premier lieu chez Pascal par la réhabilitation que ce philosophe puritain a fait de « l'amour de soi[2] ». À partir de Pascal, va se déployer chez d'autres penseurs, surtout protestants, l'idée « perverse » que « le monde pourrait se réarranger, en mieux, en se fondant sur la *concupiscence*,

1 Michel Delon, « Effet de commerce. La circulation d'une image », *Recherches sur Diderot et sur l'Encyclopédie*, 54, 2019, p. 7-15.

2 Dany Dufour, *La Cité perverse : Libéralisme et pornographie*, Paris, Denoël, 2009, p. 55.

consubstantielle à l'amour de soi[3] ». Dufour analyse ainsi sous cet angle l'œuvre de Pierre Nicole, Pierre Bayle, Mandeville et Adam Smith, bien entendu. Le nom de Sade dans cette longue liste de penseurs libertins, incarnation du capitalisme, pourrait surprendre, d'autant plus que Dufour va très loin dans ses conclusions en affirmant que le marquis est « l'aboutissement » même de ce système économique. Comment en effet, Sade, qu'on perçoit souvent comme un féodal, tourné vers les valeurs du passé où la richesse est loin d'être associée au travail – aussi pervers soit-il – mais à un inéluctable destin, lié à la naissance, peut-il incarner le capitalisme dans sa forme la plus achevée ?

J'ai déjà donné quelques éléments de réponse à cette question, lorsque j'ai évoqué plus haut l'intérêt de Sade pour les versants pratique et philosophique de la physiocratie. Parmi les philosophes mentionnés par Dany Dufour, aucun nom n'est inconnu de Sade. Il est parfaitement au courant de la pensée de Pascal ou celle de Bayle. Par ailleurs, il est certain qu'il a aussi lu Adam Smith, très traduit en France. Le philosophe « pervers » qui l'aura le plus séduit est toutefois Mandeville et sa « Fable des abeilles », publiée pour la première fois en 1704. Dany Dufour mentionne que Sade a aussi lu cette fable et que certains de ses éléments sont précisément repris dans l'*Histoire de Juliette* et *La philosophie dans le boudoir*. Je souscris entièrement à cette analyse.

Le fait que Mandeville était à la fois médecin et économiste[4] et surtout son recours à l'allégorie pour concrétiser sa pensée ont suscité la curiosité de Sade au plus haut point et il n'aurait pas manqué de s'accaparer de la morale de la fable : la vertu est pauvre et le vice prospère. On pourra sans peine ici reconnaître le programme philosophique que Sade développe dans ses deux romans les mieux connus, *La Nouvelle Justine ou les malheurs de la vertu* et l'*Histoire de Juliette ou les prospérités du vice*[5]. La morale de la fable de Mandeville, à l'instar de certaines de La Fontaine, est explicite : « Avec le commentaire, où l'on prouve que les vices des particuliers tendent à l'avantage du public. » Tout l'édifice moral sadien est bâti sur le principe que l'égoïsme dans la recherche

3 *Id.*

4 La question du regard médical jeté sur le corps est cruciale chez Sade, grand lecteur de traités de médecine et de chirurgie. Voir mon enquête : *De la médecine chez Sade. Disséquer la vie, narrer la mort*, Paris, Champion, 2010.

5 Dany Dufour, ouvr. cité, p. 143.

de ses plaisirs est la voie au bonheur, non seulement de l'individu mais de l'ensemble de l'édifice social. Comme Mandeville, Sade affirme sans détour et sans hypocrisie que le vice est dans la nature. Celle-ci pousse les hommes à s'y complaire. S'opposer à cette loi naturelle conduit infailliblement au désastre.

Dany Dufour trace ainsi avec minutie les prolongements de Mandeville dans les grands romans sadiens. Il n'examine pas systématiquement toutes les références précises à l'économie en tant qu'objets concrets de la fiction[6], se limitant essentiellement à montrer en quoi la jouissance sadienne est envisageable comme une industrie. Par exemple, il arrive à la conclusion que « l'approvisionnement en matières premières », pivot essentiel du capitalisme, se traduit dans le monde sadien par les corps morcelés des organes « bons à être intégrés morceau par morceau dans l'industrie de la jouissance[7] ».

Marcel Hénaff, dans *L'invention du corps libertin*, avait procédé de façon similaire et avait décrit certaines structures sadiennes à la lumière du capitalisme. Faite dans la foulée des études structuralistes, l'analyse de Marcel Hénaff lie elle aussi la jouissance, telle que décrite par Sade dans *Les Cent vingt journées* et l'*Histoire de Juliette*, à un mode de production dont les rouages renvoient à des processus économiques d'essence capitaliste. À une différence près : le refus de « la logique de la productivité ». De fait, pour Marcel Hénaff, c'est le mode de production féodal qui « surdétermine » l'image sadienne de l'industrie capitaliste naissante de la fin du XVIIIe siècle. Féodalité, capitalisme, mais aussi « institution monacale » cohabitent dans l'univers fictionnel sadien[8]. Cela peut faire beaucoup pour une seule conscience, à moins bien entendu que l'on se tourne vers l'inconscience pour comprendre une telle superposition de modèles économiques, surtout compte tenu du rapport diachronique que l'on établit généralement entre la féodalité et le capitalisme.

Et en effet, Lucienne Frappier-Mazur, dans *Sade et l'écriture de l'orgie*, rejoint les conclusions de Marcel Hénaff par une lecture d'inspiration psychanalytique de l'*Histoire de Juliette*. Dans ce roman, la « nostalgie de la féodalité » et la mise en scène de « l'état de la monarchie du

---

6 Je renvoie à son enquête.

7 Dany Dufour, ouvr. cité, p. 162.

8 Marcel Hénaff, *Sade. L'invention du corps libertin*, Paris, Presses universitaires de France, 1978, p. 166.

XVIIIe siècle[9] », par la réactualisation dans l'orgie du despotisme, sont loin d'être incompatibles avec le capitalisme, au contraire. Ce texte qui met en place des hiérarchies strictes – celle du maître et de l'esclave est la plus évidente – traduit en termes de pulsions sexuelles les aspects sombres du capitalisme, hérités du système féodal. Marx le souligne : le capitalisme « a mis seulement en place [...] de nouvelles conditions d'oppression, de nouvelles formes de lutte à la place des anciennes[10] ».

Sade et l'écriture de l'orgie confirme la pertinence d'une lecture capitaliste de l'œuvre, d'autant plus que, quelques années avant la parution de cette enquête, Michel Delon avait abordé de front la question des valeurs bourgeoises dans l'univers romanesque sadien. Il s'était tout aussi bien attaché aux zones de résistance à ces nouvelles valeurs qu'à la fascination qu'elles ont exercé sur Sade, notamment dans *La philosophie dans le boudoir*, *Aline et Valcour* et l'*Histoire de Juliette*[11]. Les intuitions de Michel Delon portaient le débat sur le terrain même de l'historiographie de la Révolution française. Elles avaient pour elles la force de la preuve empirique. Michel Delon avait ainsi pertinemment saisi à quel point l'expérience de Sade aux côtés des sans-culottes avait eu un impact sur sa fiction et c'est dans ce sens qu'il avait examiné à la loupe *La philosophie dans le boudoir*. Dominic Marion[12] et Richard Spavin[13] ont récemment prolongé l'enquête de Michel Delon. On saisit dorénavant mieux l'imprégnation du modèle capitaliste dans l'univers romanesque de Sade, qui laisse aussi éclater le rejet, parfois violent, du libéralisme, comme l'avaient pertinemment souligné les conclusions de Michel Delon.

Un tel aspect avait été quelque peu négligé par Marcel Hénaff. Sade, en tant que noble possédant, encore à la veille de la Révolution, des fiefs peuplés de paysans – également ouvriers – avait une psyché qui devait être nostalgique de la société féodale. Ceci est indubitable. Toutefois, ce qui dominait chez le marquis était la prise de conscience

9 Lucienne Frappier-Mazur, *Sade et l'écriture de l'orgie*, Paris, Nathan, 1991, p. 79-80.

10 Karl Marx, « Le manifeste communiste » in *Philosophie*, Paris, Folio, p. 399.

11 Michel Delon, « Sade thermidorien » in Michel Camus et Philippe Roger (éd.), *Sade : Écrire la crise*, Paris, Belfond, 1983, p. 99-118 et « Sade dans la Révolution », *Revue française d'études américaines*, n° 40, 1989, p. 149-159.

12 Dominic Marion, « Lire Sade comme symptôme du partage économique de la jouissance », *Sade dans tous ses états. Deux cents ans de controverses*, Armelle St-Martin (éd.), Rouen, Presses universitaires de Rouen et du Havre, 2017, p. 111-132.

13 Richard Spavin, « La mythologie de la mine : la fiction anti-économique chez le marquis de Sade », *Lumen*, vol. 34, 2015, p. 71-92.

faite d'acceptation que le glas avait bel et bien sonné pour la féodalité et que les nouveaux maîtres de l'heure étaient les bourgeois détenteurs de capitaux importants.

Que l'on aborde cette question d'un point de vue structuraliste, psychanalytique ou historiographique, on en vient toujours à constater que Sade avait une connaissance profonde des enjeux économiques de son époque. Jusqu'à présent, aucun critique n'avait retracé avec précision l'origine dans son œuvre de la présence du « capitalisme industriel[14] » et de tout ce qui s'ensuit : l'apport du capital, l'approvisionnement en matière première, la main-d'œuvre ; tout ce système qui met en scène « les maîtres du capital », les libertins et « le prolétariat du libertinage », le nombre incalculable de victimes, prisonniers d'un engrenage sans fin. On n'avait pas suffisamment enquêté sur les sources auxquelles Sade puisait pour accéder à la vie économique de la fin du XVIIIe siècle. C'est certainement par l'intermédiaire de ses lectures des physiocrates et de Mandeville, au cours de sa période d'emprisonnement et, plus tard, par son implication dans la Révolution aux côtés de certains banquiers, que Sade a acquis une conscience de ce qui était en jeu dans le système capitaliste et des avantages énormes qu'il pouvait en retirer.

Dans les pages qui suivent, à l'instar des enquêtes de Dany Dufour, de Marcel Hénaff ou de Michel Delon, je vais m'attacher à la fiction sadienne afin d'y décrire les composants économiques concrets hérités précisément des physiocrates et de l'expérience biographique de Sade dans la section des Piques aux côtés de banquiers tels que Guzman. Je débuterai par les contes de Sade, *Les Crimes de l'amour.* Il s'agit d'un texte fondamental, mais il a été négligé par la critique et ce n'est que tout récemment qu'il a attiré l'attention comme témoignage de la vision économique de Sade.

---

14 Marcel Hénaff, p. 178.

LES CRIMES DE L'AMOUR, MICROCOSME ÉCONOMIQUE

La nature bourgeoise et capitaliste de Sade est sensible dans le recueil de nouvelles des *Crimes de l'amour.* Ces récits laissent entrevoir que Sade ne saurait être classé comme un pur aristocrate, sourd aux nouvelles valeurs économiques héritées en France par les physiocrates et développées par Adam Smith. L'influence de sa fréquentation des milieux des hommes d'affaires sur la narration est aussi présente dans ces textes.

Sade composa le recueil de nouvelles, publié en 1800, vers la fin de sa détention en 1788. Eric Le Grandic, dans l'édition qu'il a réalisée de cet ouvrage, a étudié les changements que Sade a faits à son manuscrit. Ceux-ci peuvent nous renseigner sur l'influence qu'eurent les dix années que Sade passa en liberté, entre 1790 et 1800. Les modifications apportées visent d'abord à mettre les nouvelles au goût du jour et à les adapter à la récente réalité sociale de l'ère révolutionnaire. Soucieux de se tailler une place sur la scène littéraire pour s'imposer comme homme de lettres, Sade resserre « l'action nerveuse et dramatique de la nouvelle[15] » dans « Juliette et Raunoi ». Il élimine dans le même geste de réécriture ce qui pourrait laisser entendre une sympathie, voire un simple intérêt pour la monarchie, comme en témoignent les modifications apportées à la nouvelle « Ernestine[16] ».

Sur le plan des références à l'économie et à la finance, il n'apparaît pas que Sade ait effectué des changements importants à son manuscrit original avant de le publier. Sade connaissait déjà bien les théories des physiocrates, et sa compréhension du monde économique était en grande partie imprégnée dans sa psyché lors de la rédaction des nouvelles vers 1788. Ceci expliquerait la facilité avec laquelle il a pu s'insérer dans les cercles financiers à la fin de sa détention. Les sujets, certainement fort concrets, qui étaient discutés en marge des assemblées de sa section sur les divers moyens de générer de la richesse et les manières d'être de ces hommes habitués à manipuler de larges sommes d'argent devaient à la fois l'intriguer et lui être vaguement familiers.

15 Eric Le Grandic, « Notices », *Les Crimes de l'amour*, Paris, Zulma, 1995, p. 512.
16 *Ibid.*, p. 532.

L'univers que dépeint *Les Crimes de l'amour* grouille de négociants enrichis certes par le négoce, ce qui pourrait rappeler la doctrine des mercantilistes, mais ils sont surtout rétifs à toute forme de contrôle, position centrale de la doctrine physiocratique. La force du rejet sadien de la règle est aussi fort présente dans des contes fantastiques que le marquis composa de même vers la fin de sa détention à la Bastille. On serait porté à croire que la représentation de phénomènes surnaturels serait peu propice à la mise en scène de perfides intérêts financiers. Or il n'en est rien. Sade persiste à rendre à l'homme et à la nature « une puissance infinie et une violence imprévisible[17] », comme le résume Michel Delon.

Avec *Les Crimes de l'amour*, le lecteur est fort éloigné du monde clos et souterrain, régi par une pléthore de règlements, des *Cent Vingt Journées de Sodome*. La désintégration de cet univers d'Ancien Régime, axé sur le mercantilisme, était une chronique annoncée. *Les Crimes de l'amour* s'ouvrent avec frénésie aux négociants, petits comme grands, aux comptoirs dans les îles, aux mines et au commerce du change. De fait, le récit sadien se tourne résolument vers la matérialité de la nouvelle donne économique dont il embrasse la prémisse fondamentale : la libre circulation du capital, son importance et le laisser-faire économique. Loin de moi l'idée que Sade a écrit ses nouvelles pour illustrer, à la manière d'une thèse appliquée, les doctrines des physiocrates. Mais il a indéniablement à l'esprit l'idée que l'économie et le capital forment des enjeux importants à son époque. Lorsqu'il compose ses textes à la Bastille, les physiocrates dominent encore la scène intellectuelle économique et ceux qui connaissent bien leurs écrits savent qu'ils ne discutent pas uniquement d'agriculture, mais aussi de capitaux à faire fructifier.

L'économie dans les nouvelles des *Crimes de l'amour* n'est pas toujours l'objet d'un long développement, certainement parce que la forme brève s'y oppose, mais les choix de Sade, par exemple, de camper un personnage essentiel à l'histoire sous les traits d'un roturier impliqué dans des investissements, sont significatifs. Ce qu'illustre sa fiction, qu'elle soit directement ou indirectement liée à la physiocratie, c'est en somme la montée de cette nouvelle classe d'hommes occupés à accumuler du capital, peu importe les moyens qu'ils utilisent.

17 Michel Delon, « Sade ou les droits de l'extraordinaire », in Patrick Marot (dir.), *Frontières et limites de la littérature fantastique*, Paris, Garnier, 2020, p. 220.

C'est le cas de Dorgeville dans la nouvelle éponyme. Il est le « fils d'un riche négociant de la Rochelle » et sa destinée est de prendre la place de son père. Cette nouvelle contient aussi une référence à l'Amérique, le lieu où le héros « partit très jeune[18] » pour se former aux métiers des affaires. L'importance du commerce maritime dans le développement de grandes fortunes capitalistes en France est bien connue. En outre, Sade précise qu'il s'agit d'une oligarchie financière, puisque l'oncle de Dorgeville est aussi à la tête de cette société possédant des « comptoirs[19] ». Le fait que celle-ci soit située à La Rochelle pointe vers le commerce avec les Antilles : importation de sucre, mais aussi possiblement traite négrière à laquelle ne s'opposait nullement le physiocrate Dupont de Nemours. Notons aussi que dans « Faxelange », le personnage principal souligne que « sa fortune et [son] nom [... sont] maintenant en Amérique » dans la narration des faits qui ont mené à la dissipation de son patrimoine. Sade est ainsi parfaitement au courant du commerce colonial comme source importante de richesses financières.

Dans le développement du capitalisme, l'essor de la finance et des banques a été central. L'accroissement de la production industrielle, en particulier celle liée à l'exploitation minière est tout aussi primordiale. La nouvelle « Ernestine » renvoie à cette facette des rapports économiques. Le fait que Sade choisit de situer une partie de l'intrigue dans une mine témoigne de son intérêt pour ce domaine qui traditionnellement suscite au mieux l'indifférence de la part de la noblesse. Cette nouvelle est probablement celle qui illustre le mieux l'une des théories centrales de la physiocratie, celle de la richesse associée à la terre, et celle-ci englobe la mine.

Ici, je m'attacherai peu à la description de la mine en tant que telle, puisque Sade s'est fortement inspiré de l'abbé Prévost pour camper le cadre dans lequel le comte Oxtiern est condamné à finir ses jours : l'horrible mine de Taperg. Sade a embelli quelque peu la dure réalité de la mine. Chez Prévost, c'est l'idée de la détresse humaine et celle de la prison qui dominent. La mine est peuplée de brigands qui côtoient certes « d'honnêtes gens » mais ils sont pauvres et miséreux. Le portrait général n'est guère flatteur :

---

18 Sade, *Les Crimes de l'amour*, Eric Le Grandic éd., Paris, Zulma, 1995, p. 113.
19 *Ibid.*, p. 115.

> L'image de la plus affreuse misère s'y offrait de toutes parts. Les habits, les trous auxquels il [le guide] entendait donner le nom de maisons, les aliments, tout y ressentait l'horreur d'une si affreuse prison. Aussi la tristesse et la pâleur étaient-elles peintes sur tous les visages[20].

Le ton est fort différent chez Sade. Son voyageur affirme : « je me figurais d'abord que ces carrières devaient ressembler aux catacombes de Rome ou de Naples ; je me trompais : avec beaucoup plus de profondeur, j'y devais trouver une solitude moins effrayante[21]. » La mine, avec ses maisons, ses temples, ses auberges, ses rues, est semblable au « bourg le plus civilisé de l'Europe[22] ».

De fait, dès les premières lignes de la nouvelle, Sade s'empresse de mettre l'accent sur les richesses de ces mines, et dans le même geste il dénonce, comme le fait Quesnay[23], le côté néfaste des emprunts étatiques qui appauvrissent les exploitations liées à la terre :

> Ces mines, longtemps la plus grande ressource de l'État, tombèrent bientôt dans la dépendance des Anglais, à cause des dettes contractées par les propriétaires avec cette nation, toujours prête à servir ceux qu'elle imagine pouvoir engloutir un jour, après avoir dérangé leur commerce ou flétri leur puissance, au moyen de ses usuraires[24].

Autosuffisante, la mine assure le bien-être de ses habitants selon un modèle qui exclut le « luxe indécent qui, ne contentant jamais les besoins réels, en crée chaque jour de factices aux dépens de la fortune et de la santé[25] ». Sade reprend ici la condamnation du luxe à laquelle se livrait Quesnay, entre autres dans ses « Questions intéressantes sur la population, l'agriculture et le commerce ».

---

20 Abbé Prévost, « Aventure intéressante des mines de Suède » in *Œuvres choisies*, Paris, Imprimerie Leblanc, tome XXXV, p. 2.

21 *Id.*

22 *Ibid.*, p. 321.

23 Sade pouvait lire chez Quesnay cette mise en garde : « Que l'État évite des emprunts qui forment des rentes financières, qui le chargent de dettes dévorantes, et qui occasionnent un commerce ou trafic de finances, par l'entremise des papiers commerçables, où l'escompte augmente de plus en plus les fortunes pécuniaires stériles. Ces fortunes séparent la finance de l'agriculture, et privent les campagnes des richesses nécessaires pour l'amélioration des biens fonds et pour l'exploitation de la culture des terres. » (*Maximes générales du gouvernement*, in *Physiocrates*, Première partie, E. Daire (Ed.), Genève, Slatkine Reprints, 1971, p. 104.)

24 Sade, *Les crimes de l'amour*, éd. citée, p. 320.

25 *Ibid.*, p. 321.

Toutefois il élabore, aussitôt après ce passage, un dispositif narratif qui lui permet de mettre en lumière une réalité tout à fait différente au sein de laquelle règnent le luxe, la luxure et l'argent, celle du microcosme financier bourgeois de la ville de Nordoping. Aussi le lecteur peut-il déduire que la mine ne nourrit pas uniquement sa propre population souterraine, mais elle entretient aussi – compte tenu de sa proximité géographique avec Nordoping – le réseau complexe de gens d'affaires établis dans cette « ville de commerce » dont le cœur est la puissante Scholtz. Avec « Ernestine », Sade dresse avec précision le portrait social d'une bourgeoisie commerçante soudée par des liens forts de parentés et d'amitiés. Comme au sein des grandes maisons de banques protestantes du XVIIIe siècle[26], il règne dans ce groupe de négociants suédois une forte endogamie. On s'épouse entre confrères : Sanders, bien que colonel, « épousa, comme son père, la fille d'un négociant peu riche[27] ». Cette dernière est la mère d'Ernestine. Ernestine, âgée de seize ans, vit un amour réciproque avec le jeune Herman, lui-même d'une famille de négociants. Les deux jeunes gens ont l'intention de s'épouser.

Il n'en fallait pas plus pour que l'imagination sadienne poivre le tout des couleurs de l'inceste. Pour être plus précis, il s'agit de la tentation d'un inceste symbolique entre mère et fils. Madame Scholtz est de l'âge du père d'Herman, l'ancien associé de son mari. Le premier, mort jeune, lui avait confié son fils Herman. Devenue veuve, Scholtz jette son dévolu sur l'homme de vingt-deux ans et le presse de s'unir à elle, en dépit de ses quarante ans et des liens filiaux que feu son mari nourrissait pour le jeune « caissier ».

Scholtz est l'incarnation de la puissance que confère le capital. Femme d'affaires habile, elle a su faire « profiter » les fonds que les parents d'Herman lui avaient laissés et désormais le jeune homme possède « plus qu'il ne faut pour [se] mettre à [son] aise[28] ».

Les dichotomies (protestant-catholique, militaire-commerçant) qui semblent structurer cette nouvelle sont en fait superficielles et les frontières sont poreuses[29] sous l'effet de l'attrait exercé par l'argent et par

---

26 Voir : Herbert Lüthy, *La Banque protestante en France : de la révocation de l'Édit de Nantes à la Révolution*, Paris, S.E.V.P.E.N., 2 vol, 1959-1961.

27 Sade, *Les crimes de l'amour*, éd. citée, p. 324.

28 *Ibid.*, p. 325.

29 Cette porosité rappelle les échanges subtils et complexes qui existent entre les œuvres ésotériques de Sade (comme *Justine*) et celles exotériques (les nouvelles des *Crimes de*

le pouvoir procuré par celui-ci. Noble et catholique, le père d'Ernestine met en garde les jeunes gens contre les dangers qu'il y aurait à s'opposer aux désirs de Mme Scholtz, certainement protestante quoiqu'elle ne semble avoir aucune foi religieuse. Il leur recommande de « tâcher de ne se brouiller avec personne », car la Scholtz est à la tête d'individus qu'il ne faut pas « braver[30] ». Sade a apporté un léger changement à son texte, mais il est d'une grande importance. Au départ, il avait fait dire à Sanders « tu ne connais pas les femmes ni leur jalousie ». Après l'épisode révolutionnaire, Sade a bien saisi l'importance des réseaux d'influence dans le milieu des gens d'affaires. Du coup, Scholtz représente un danger pour Herman, non plus à cause de travers attachés à sa personnalité ou à son sexe, mais parce qu'elle possède des alliés puissants et qu'elle jouit dans Nordkoping d'une « considération » qui s'étend « fort loin[31] ». Un autre changement de Sade contribue à accentuer le caractère commerçant de Mme Scholtz : en 1800, il ajoute qu'elle raisonne par « calcul ». Mais elle n'est pas le seul personnage à posséder ce trait.

Sanders, malgré son appartenance à la noblesse, tient à Herman un discours guidé par l'intérêt : « Il fit entrevoir à Herman que la veuve dont il dépendait devenait au fond un bien meilleur parti qu'Ernestine, et qu'à son âge, il devait estimer infiniment plus les richesses que la figure[32]. »

Si la trame des événements d'Ernestine est tragique et héroïque, c'est sur fond d'une société bourgeoise active et prospère – le crédit, les succès de Mme Scholtz en sont l'emblème – assise sur une mine immense, premier chaînon d'un système à produire du capital. Le vocabulaire qui domine dans le prologue de la nouvelle[33] est celui des nouveaux maîtres de l'économie, ces riches banquiers ou négociants qui travaillent avant tout sur « les papiers commerciaux[34] » – Sade nous précise que le but du voyage du comte Oxtiern à Nordkoping est « pour retirer des fonds

l'amour). Ces nuances ont été analysées par Michel Delon dans sa « Préface » des *Crimes de l'amour*, Paris, Gallimard, 1987, p. 9-23.

30 Sade, *Les crimes de l'amour*, éd. citée, p. 328.

31 *Ibid.*, p. 330.

32 *Ibid.*, p. 32.

33 « Ernestine » renvoie à l'univers du métier de « négociant » de « caissier » ou de « commerçant », des « comptoirs » et du « commerce », des « fonds » à faire « fructifier », des « comptes », de leur « reddition », etc.

34 Jean Bouvier et Henry Germain-Martin, *Finances et financiers de l'Ancien Régime*, Paris, Presses universitaires de France, 1964, p. 117.

considérables placés chez Mme Scholtz[35] ». Celles et ceux qui exercent le même métier que cette dernière jouissent, au moment où Sade remanie ses nouvelles, d'un nouveau prestige social, en dépit des attaques dont ils ont été l'objet sous la Terreur.

L'*HISTOIRE DE JULIETTE* : DESPOTISME ET INVESTISSEMENTS SÛRS

L'*Histoire de Juliette*, écrite sous la Révolution, est l'œuvre de Sade qui articule le mieux le lien entre une certaine forme de gouvernement, le despotisme, et des gestes économiques précis, les investissements immobiliers.

Tout au long de son œuvre, des *Cent Vingt Journées de Sodome* à l'*Histoire de Juliette*, Sade n'a fait que peindre des despotes. Mais c'est dans la narration des *Prospérités du vice* que l'on voit clairement qu'ils n'exercent pas leurs pouvoirs absolus uniquement dans la sphère privée, comme c'est le cas pour les *Cent vingt journées de Sodome*, mais sont à la tête de l'État. Le ministre Saint-Fond de l'*Histoire de Juliette*, pour ne nommer que cet exemple, est la parfaite incarnation du despote comme chef de gouvernement. On se rappelle que c'était le vœu d'un Lemercier de la Rivière.

La question du despotisme de l'État a été maintes fois soulignée par les spécialistes de Sade. Ils soulignent la constante de cette problématique dans toute la production romanesque du marquis. Ce qu'ils ont passé sous silence est certainement le fait que *Les Cent Vingt Journées de Sodome* et l'*Histoire de Juliette* doivent être envisagés sous des angles différents. Marcel Hénaff, aussi bien que Dominic Marion, les avaient placés sur le même plan ; le fait de lire ces deux œuvres selon un éclairage critique similaire ne va pas nécessairement de soi. Il est vrai que les motifs capitalistes se trouvent présents dans la narration des orgies de Silling, orchestrées par une « Société des Amis du Crime », regroupement de grosses fortunes impliquant des « modes de gestion très précis[36] », et dans l'*Histoire de Juliette* qui se clôt sur la liquidation consciente et planifiée de Clairwil, figure emblématique de l'aristocratie ; ce meurtre

35 Sade, *Les crimes de l'amour*, éd. citée, p. 331.
36 Dany Dufour, p. 162.

est le résultat d'une action concertée de deux bourgeoises : Juliette et Durand, détentrices de larges capitaux. La première est fille d'un banquier, alors que la seconde renvoie à la bourgeoisie professionnelle des villes ; Durand est une riche négociante qui parcourt l'Italie, jusqu'en Sicile, pour se procurer ses matières premières à fabriquer le poison qu'elle revend à prix d'or à Paris.

Toutefois la différence fondamentale entre *Les Cent Vingt Journées de Sodome* et l'*Histoire de Juliette* est de l'ordre de l'expérience intime. Lorsque Sade écrit son catalogue d'atrocités systématiques, il ne connait le capitalisme qu'à travers ses lectures des physiocrates et les seuls contacts qu'il a eus des milieux financiers se sont faits de manière très indirecte, par les relations de son père avec le cercle des Poisson. Les *Cent Vingt Journées* témoignent certes d'une sensibilité pour les nouvelles valeurs économiques, au moment où l'Ancien Régime approche de sa fin, mais elles sont loin d'atteindre la force d'évocation des milieux d'affaires que nous trouvons dans l'*Histoire de Juliette.* Sade verse dans ce roman tous les fruits résultant de sa fréquentation des banquiers, alors qu'il est au sommet de son influence dans la section des Piques.

C'est ainsi que L'*Histoire de Juliette* offre de nombreux épisodes mettant au jour les rouages des processus d'accumulation du capital par une classe de gens d'affaires, proches des hautes sphères du pouvoir étatique. L'incendie des hôpitaux de Rome, au cours de la fuite de l'héroïne en Italie, en est un des exemples les plus frappants. À cet égard, le discours de Ghigi, première tête dirigeante de la police intérieure de Rome, mérite d'être cité in extenso :

> En vérité, madame, dit le maître de police, vous qualifiez ici de crime, l'action la plus simple sans doute ; je regarde les hôpitaux comme la chose du monde la plus dangereuse dans une grande ville ; ils absorbent l'énergie du peuple ; ils entretiennent sa fainéantise, ils amollissent son courage ; ils sont pernicieux en un mot, sous tous les rapports [...]. Telle est donc la première raison qui m'a fait proposer à la princesse Borghèse cent mille écus romains pour anéantir ces maisons. La seconde est que j'élève à la place de ces hôpitaux un vaste bâtiment qui aura l'air d'en tenir lieu, et qui ne sera néanmoins qu'un hospice pour les voyageurs, ce qui n'a nul inconvénient. Je demande, pour cette maison, les revenus des hôpitaux ; je les obtiens, et j'y gagne cent mille écus de rente : ce n'est donc que la première année d'un revenu sûr [...][37]

37 *Histoire de Juliette*, *Œuvres III*, Michel Delon (éd.), Paris, Gallimard, coll. « Bibliothèque de la Pléiade », 1998, p. 831-832.

Dans le roman l'incendie des hôpitaux fait plus de 20 000 victimes innocentes. Ces meurtres ne sont pas gratuits dans *Juliette*, contrairement aux crimes des *Cent Vingt Journées de Sodome*. Ils sont avantageux à la fois à la société et pour l'individu, d'après Ghigi. L'élimination de ces pauvres gens assainira la société entière, l'État dans son ensemble ; le profit sera aussi au rendez-vous pour l'Italien, car l'élimination de ces malheureux lui permettra de réaliser un important investissement immobilier, frauduleux, il va sans dire, doublement rentable.

Ce n'est pas un hasard si la discussion sur les bienfaits d'éliminer les hôpitaux se prolonge dans l'œuvre par des considérations financières, de l'ordre de l'investissement sûr. L'expérience révolutionnaire de Sade unit ces deux références qui peuvent paraître a priori fort éloignées. Au cours de ses deux ou trois années de participation active à la Révolution, Sade a pu véritablement s'intégrer à la haute bourgeoisie d'affaires parisienne et goûter à certaines de ses prérogatives, alors qu'il n'a jamais été député à la Convention. De fait, l'aspect politique du pouvoir l'intéresse moins que sa facette financière. Le premier a souvent été associé à des obligations caritatives – fort éloignées de sa personnalité – comme l'exige son travail de commissaire civil ou de commissaire affecté à la réorganisation des hôpitaux[38] ; tandis que la seconde est liée à la vie de débauche du Palais-Royal. Là, dans les maisons de jeux, ou au cours des réunions de sa section – ses amis banquiers fréquentant aussi bien les unes que les autres – Sade aura appris que les investissements dans le commerce des esclaves et du sucre dans les îles d'Amérique ou, plus près de lui, le rachat en assignats des biens de l'Église et des émigrés, ont contribué au financement de ces merveilleux hôtels particuliers qu'il admire au cours de ses promenades vers la Place-Vendôme et l'église des Capucins, siège de l'assemblée générale de sa section, investie par des banquiers, au passé inconnu ou trouble, mais qui sont parvenus à se rendre fort utiles au nouvel État républicain[39].

38 Le travail de Sade à la Commission des hôpitaux a duré environ un an. Il comprenait un volet administratif de réorganisation des soins hospitaliers, qui ne pouvait avoir lieu adéquatement sans de solides données de nature clinique sur l'état des patients. Aussi, Sade a-t-il dû effectuer de nombreuses visites dans les établissements de soins.

39 Henry Heller mentionne, entre autres, l'implication des banquiers étrangers dans les caisses patriotiques et dans le rachat des biens nationaux du clergé, inabordables à cause de la grandeur des propriétés, même pour les riches fermiers (Henry Heller, art. cité, p. 189-192).

Je termine en rappelant que Ghigi est un autre exemple frappant de despote, mais contrairement à Saint-Fond, il est explicitement associé à un discours économique où le maitre mot est le retrait de l'État des affaires économiques. Une telle perspective de laisser faire et de laisser passer, qui se traduit ici par un abandon par l'État des œuvres caritatives, tel que le souhaitaient les physiocrates mais aussi Adam Smith a certainement fait les délices intellectuels de Sade. Les paroles de Ghigi que j'avais citées plus tôt sur le danger que représentaient les hôpitaux pour la société coïncident parfaitement avec le discours des physiocrates sur ce sujet. Dupont de Nemours a condamné tout au long de ses écrits la charité donnée dans les hôpitaux qui, à ses yeux, « consomment toujours des fonds considérables ». Ils « paraissent toujours assurer un asile aux vieux jours de l'oisiveté » et « sont un de ces moyens de multiplier les pauvres[40] ».

JUSTINE

Je viens de montrer comment les actions de Ghigi et son discours sur les investissements sûrs, dans l'*Histoire de Juliette*, pouvaient renvoyer à l'expérience, à peine déformée, de Sade du rachat des biens nationaux par une classe d'hommes d'affaires constituée essentiellement de banquiers. Les mentions, extrêmement concrètes, renvoyant à l'univers de l'argent et de l'économie sont tout aussi évidentes dans *Justine*. Ce n'est pas un hasard si le roman s'ouvre par cette précision dont on n'a peut-être pas mesuré jusqu'à présent la signification profonde : les deux sœurs sont filles d'un « très gros banquier » – le père était un « très gros commerçant » dans la première version. Tel que le souligne Michel Delon, « l'origine des deux sœurs gagne en dignité sociale[41] ». Sade ne choisit pas au hasard cette occupation. Tout au long des ajouts et des remaniements, il ne cesse d'enrichir sa narration originale de détails ou de personnages ayant un lien avec le monde des affaires. Il polit son récit afin de mieux mettre en relief la haute bourgeoisie financière.

40 Dupont de Nemours, *Éphémérides* de 1771, t. XI, cité par Gustav Schelle, *Dupont de Nemours et l'école physiocratique*, Paris, Librairie Guillaumin, 1888, p. 118.

41 Michel Delon, *Œuvres I*, « Notes et variantes », p. 1221.

À cet égard, le personnage de Saint-Florent mérite qu'on s'y attache. Il apparaît dans *Justine* et est l'objet d'un assez long développement, alors qu'il n'existait pas du tout dans le conte original. Saint-Florent est l'« un des premiers négociants de Lyon » et ses affaires se déroulent essentiellement en Flandres. Guy Chaussinand-Nogaret a publié une enquête précieuse sur cette classe d'hommes. Elle montre que le banquier à la fin de l'Ancien Régime est aussi et souvent un négociant dont la fortune tire son origine de sources diverses : négoce, dont le commerce colonial est un des plus lucratifs, et approvisionnement des armées. Dans le cercle des banquiers que Sade a fréquenté, c'est probablement à Junius Frey que pourrait correspondre le personnage de Saint-Florent, si on examine les choses du point de vue des activités financières des deux hommes, puisque les frères Frey avaient bâti leur fortune en tant que manutentionnaires des armées ; Saint-Florent est probablement impliqué dans ce commerce en gros qui rapporte en peu de temps des bénéfices énormes. Sade aurait pu aussi avoir en tête, comme modèle pour Saint-Florent, le banquier Perregaux[42] qui était actionnaire de la société de distribution de l'eau de la Seine, entreprise de grand négoce par excellence. Malgré tout, la hauteur de la fortune du libertin et sa manière très suspecte de voyager seul me font penser que c'est surtout à Junius Frey que songe Sade lorsqu'il introduit ce personnage dans la vie de sa jeune héroïne, bien qu'il ne précise pas le champ d'activité commerciale de Saint-Florent. Mais il est sûr que nous n'avons pas affaire ici à un simple petit négociant, tenant boutique. Que ses affaires l'amènent à se rendre en Flandres, à la frontière de la Belgique et à proximité des Pays-Bas, n'aura rien qui puisse étonner. J'avais déjà souligné le caractère international et cosmopolite des banquiers sous la Révolution. Ces hommes, par la nature même de leur métier, sont constamment en rapport avec l'étranger. La bande de voleurs saisit « près d'un demi-million payable à vue[43] » sur Saint-Florent. Il s'agit d'une somme énorme, qui place le libertin parmi les plus gros hommes d'affaires[44] de la République. Les

42 Guy Chaussinand-Nogaret, *La noblesse au XVIIIe siècle. De la féodalité aux Lumières*, Paris, Hachette, p. 146.

43 *Justine*, *Œuvres II*, p. 169.

44 Guy Chaussinand-Nogaret mentionne l'exemple d'un fermier général dont le revenu annuel pouvait dépasser la coquette somme de 40 000 livres (*Gens de finance au XVIIIe siècle*, ouvr. cité, p. 48). La valeur des lettres de change que transporte Saint-Florent équivaut à plus de dix fois le revenu annuel d'un fermier général de l'Ancien Régime.

profits générés par le trafic des armes sont tout à fait compatibles avec la fortune que le libertin transporte sur lui.

Du reste, c'est bien le nouveau visage bourgeois et capitaliste de la richesse que dépeint Sade ici ; l'essentiel de « l'argent » que transporte sur lui le libertin est sous forme de titres à négocier. Le marquis souligne cette caractéristique de la fortune du personnage à deux reprises. Il précise d'abord que Saint-Florent n'a sur lui que « quelques bijoux et environ cent louis ». Plus tard, lorsque le libertin réussit à s'échapper, grâce à la présence d'esprit de Justine, Sade ajoute le commentaire suivant qui porte fortement l'empreinte du jugement ironique de l'auteur : « Il y a des moments dans la vie où l'on se trouve fort riche sans avoir pourtant de quoi vivre, c'était l'histoire de Saint-Florent. Il avait cinq cent mille francs sans [*sic*][45] son portefeuille, et pas un écu dans sa bourse[46]. »

Par ce détail, Sade donne une consistance réelle à son personnage, ce dernier possédant le trait le plus significatif de ces manieurs d'argent, ayant recours systématiquement aux lettres de change pour mener à bien leurs affaires. Contrairement à Justine, archétype de la pauvreté et d'un système économique suranné, l'argent de Saint-Florent est loin d'être constitué exclusivement de pièces. Louis Trenard souligne que ce sont les commerçants de Dunkerque qui furent « les premiers à considérer la lettre de change comme un instrument essentiel de crédit[47] ».

Saint-Florent est aussi à bien des égards une figure de l'aventurier riche et ceci n'est pas sans rappeler de nouveau les banquiers que Sade a fréquentés, en tout premier lieu les frères Frey. Il voyage seul, tout en transportant sur lui des sommes considérables et il choisit d'emprunter des routes solitaires pour se rendre à Paris. Il donne la réponse suivante aux voleurs qui l'interrogent à ce propos :

> Interrogé sur le motif qui le faisait voyager seul, et si matin dans une route écartée [...] Il ajouta que son valet l'avait quitté la veille, et que pour éviter la chaleur, il marchait de nuit avec le dessein d'arriver le même jour à Paris,

45 Il s'agit ici peut-être d'une erreur d'impression, puisque Thérèse réussit justement à reprendre le portefeuille de Saint-Florent, mais pas sa bourse demeurée dans leurs poches.

46 *Justine, Œuvres II*, p. 171.

47 Louis Trenard (dir.), *Flandre, Artois, Hainaut, Boulonnais, Cambrésis*, Toulouse, Privat, 1972, p. 330.

> où il reprendrait un nouveau domestique, et conclurait une partie de ses affaires ; qu'au surplus s'il suivait un sentier solitaire, il fallait apparemment qu'il se fût égaré en s'endormant sur son cheval[48].

L'explication de Saint-Florent (le sommeil) est bien entendu un mensonge[49]. Il connaît bien ces sentiers éloignés. Il choisit certainement de les emprunter à dessein. Une explication d'ordre économique permet d'en comprendre la raison, celle de la contrebande. Comme je viens de le mentionner, le voyage de Saint-Florent le place dans une zone de frontières internationales, riche en ports ; la Flandre offre ainsi des conditions idéales à l'exportation illégale de marchandises à l'extérieur du pays. Cette activité criminelle est particulièrement développée dans cette région dans la deuxième partie du XVIIIe siècle et Dunkerque est une plaque-tournante de la contrebande européenne[50]. L'ampleur de ces échanges permet de comprendre que Saint-Florent puisse transporter sur lui une telle somme, en toute vraisemblance fruit d'un seul voyage. En effet, Pierre Moulis souligne dans son enquête que « dans les années 1770, la contrebande équivaut à la moitié du commerce légal dans le sens Angleterre-France et le dépasse dans le sens France-Angleterre[51] ». Cette région d'où revient Saint-Florent est aussi le théâtre d'une importante contrebande terrestre. En temps de guerre, la contrebande rapporte des profits exceptionnels et est à l'origine de fortunes fulgurantes. Ces conflits sont l'occasion de faire des affaires en or pour nombre de commerçants manutentionnaires.

La Flandre, cette partie du territoire français d'où revient le libertin, et Dunkerque, sont considérées pendant tout le XVIIIe siècle comme territoire étranger, et rétrospectivement les historiens voient en cette région un berceau du libéralisme :

> Dans la Flandre française, province « réputée étrangère », Dunkerque est assimilée à « l'étranger effectif » en raison de la franchise qui la place totalement

48 *Justine*, *Œuvres II*, p. 169.

49 Saint-Florent n'a aucune raison avouable pour s'écarter du réseau routier officiel très efficace et donc favorable au commerce, puisque dès 1756 une diligence relie Dunkerque à Lille et ensuite Lille à Paris en deux jours. Voir : Louis Trénard (dir.), *Flandre, Artois, Hainaut, Boulonnais, Cambrésis*, ouvr. cité, p. 328.

50 Pierre Moulis, « Frontières et contrebandes en France du Nord. 17e-18e siècles », *Dix-huitième siècle*, 2013, n° 45, p. 551.

51 *Id.*

> hors de la réglementation douanière française ; situation assez originale, car les deux autres franchises maritimes, Bayonne et Marseille, ont une signification économique différente. Ceci vaut à Dunkerque de connaître un développement économique spécifique. Les droits de douane sont perçus aux portes de la ville et la majeure partie de la fiscalité royale ne frappe pas les personnes et les biens de Dunkerque. À l'abri de ces privilèges, se développe une activité commerciale et manufacturière originale, presque exclusivement tournée vers l'extérieur du royaume[52].

Les frères Frey ont bâti leur fortune en se livrant, entre autres, au commerce international. Saint-Florent est un reflet à peine déformé de ces hommes que Sade a côtoyés dès le début de la Révolution. Bien que le libertin pratique le commerce en gros, ce qui le met en relation avec un grand nombre d'individus, il demeure un marginal, en quête d'aventures libertines, à l'instar des banquiers, comme Proli, qui fréquentent le Palais-Royal. L'imagination romanesque de Sade transforme Saint-Florent en violeur de grand chemin. Bien qu'on ne connaisse pas d'accusations de viols portées contre les banquiers étrangers que Sade a connus, il est clair que le mode de vie dissolu de certains d'entre eux laisse le champ libre à l'écrivain pour imaginer tous les écarts possibles.

Aussi la seconde raison qui pousse Saint-Florent à voyager seul sur des « routes écartées » est l'espoir de croiser une victime dont il pourrait tirer avantage en toute impunité, comme il le fera plus tard avec Justine qu'il convainc de s'enfoncer avec lui à pied dans la forêt de Bondy. La jeune fille ne tarde pas à avoir des soupçons car ils ne suivent que des « sentiers » que, par ailleurs, Saint-Florent connaît parfaitement, puisqu'il s'écrie, avant d'assommer Justine : « Nous y sommes », comme le ferait un individu parvenu à un lieu familier.

Le personnage de Saint-Florent est un bon exemple des transformations essentielles que Sade fait subir à son conte lorsqu'il l'enrichit pour le publier durant la période révolutionnaire. Il s'attache ainsi à grossir, à multiplier et à varier les personnages libertins[53] qui se livrent à des tractations financières. Ces changements reflètent son sens aigu des nouvelles réalités économiques de la fin de l'Ancien Régime.

À cet égard, Sade avait l'intention, au cours de l'année 1791, de transformer le personnage de Du Harpin en faux-monnayeur afin de

52 J. Teneur, « Les commerçants dunkerquois à la fin du XVIIIe siècle et les problèmes économiques de leur temps », *Revue du Nord*, tome 48, janvier-mars 1966, p. 18.

53 Michel Delon, « Introduction », *Sade, Œuvres II*, p. XIII.

le « lancer dans la falsification de billets[54] », bien que le conte original eusse déjà un libertin faux-monnayeur en la personne de Roland. Michel Delon affirme que Sade a abandonné cette idée pour éviter que *Justine* ne soit peuplée de criminels pratiquant ce métier. Que ce soit de nouveau une activité économique illégale qui vienne à l'esprit de Sade en tout premier lieu lorsqu'il reprend le manuscrit des *Infortunes de la vertu* n'est pas fortuit. La fabrication de faux billets était devenue avec la Révolution une importante préoccupation pour les autorités. La contrefaction des billets de la Caisse d'Escompte, établie en 1776, commence précisément en novembre 1789[55]. Celle des assignats suit de près leur entrée en circulation : à peine trois mois après l'émission des premiers billets, des faux circulent. Ce commerce avait été une occasion en or pour nombre de petits et grands escrocs (prêtres, jardiniers, capitaines d'infanterie, gardes du corps, musiciens, négociants, agioteurs, courtiers de change, lingères, mercières, institutrices[56]) de s'enrichir en se livrant, à l'instar de Du Harpin, dans les grands crimes économiques. Ainsi, la fabrication et la distribution de faux billets « vont devenir si nombreuses qu'il est malaisé [pour l'historien] de les suivre[57] ». Ce commerce illégal pouvait en valoir le risque (certains, reconnus coupables, étaient condamnés à mort), puisque les bénéfices permettaient à ces faussaires de vivre comme des princes. Sade, immergé dans les milieux financiers et ayant été nommé juré d'accusation dans un procès mettant justement en cause un faux-monnayeur, a été durablement frappé par ce nouveau visage du grand banditisme et il a l'irrésistible envie de multiplier les personnages faussaires. Du Harpin devait, d'après les notes de Sade, fuir à Londres. Roland s'était réfugié à Venise. Là encore, il ne s'agit pas d'une coïncidence. L'Angleterre et l'Italie dont Venise sont des centres de fabrication de faux assignats à l'étranger[58]. Sade prenant acte de cette réalité choisit avec soin les villes où s'installent ses plus riches brigands.

---

54 *Ibid.*, p. XII.

55 Jean Bouchary, *Les faux-monnayeurs sous la Révolution française*, Paris, Librairie Marcel Rivière et Cie, 1946, p. 11.

56 *Ibid.*, p. 29-34.

57 *Ibid.*, p. 21.

58 *Ibid.*, p. 61-80.

ALINE ET VALCOUR

Dans *Aline et Valcour*, toutes les théories sadiennes sur la nature vont prendre une forme qui les insère de manière explicite dans un cadre économique. Sade avait clairement en tête les physiocrates lorsqu'il a composé l'épisode mettant en scène Brigandos, porte-étendard de ses idées extrêmes sur les lois de la nature.

LE CAPITALISTE VOLEUR

C'est donc à un bandit, un voleur, un déclassé, en somme, que Sade confie la mise en valeur de l'incarnation économique de la toute-puissance de la nature. Ce n'est pas un hasard que c'est un exclu de la société qui s'exprime comme un homme d'affaires et qui parle au nom de Sade. Tout au long de cette étude, j'ai souligné que les riches banquiers que Sade avait fréquentés étaient des marginaux, tant par leur parcours personnel, leurs goûts pour le libertinage, que par leur implication active auprès des sans-culottes, alors que la majorité de leurs pairs, tout en étant favorables à la fin de l'Ancien Régime, demeuraient réfractaires aux idées radicales d'un Robespierre ou d'un Marat.

J'aimerais tout de suite répondre à une objection que pourrait soulever le lecteur. Cette mise en valeur du bandit capitaliste ne pourrait-elle pas signifier plutôt le mépris de Sade pour l'argent et pour la classe des personnes dont le pouvoir prestigieux repose sur l'aisance financière, aisance dont Sade a rêvé toute sa vie et qu'il n'a jamais réussi à atteindre. De fait, bien que Brigandos soit un bohémien voleur, il est clair que Sade lui voue une sympathie certaine ; et il le présente dans *Aline et Valcour* sous un jour des plus favorables. C'est lui et sa troupe qui réussissent le mieux à prêter un secours efficace à Léonore et à Clémentine. L'ambivalence des croyances religieuses de Brigandos – il voue un culte au diable – n'empêche pas qu'il incarne des idées de Sade sur la nature et la justice humaine. Sur ce plan, il reprend les mêmes discours des libertins issus de l'aristocratie. Finalement, lorsqu'il est question de la fin de l'Ancien Régime, nul autre que Brigandos prédit la naissance de la République française. La sympathie que Sade démontre envers le bandit est finalement confirmée par le portrait qu'il fait de son fils : à la fois détaillé et romanesque, haut en couleurs et susceptible de frapper agréablement l'imagination du lecteur[59].

Je dois aussi souligner que tout au long de sa vie, et dans les périodes les plus difficiles, Sade s'est toujours tourné vers des hommes des classes inférieures à la sienne afin de développer des liens durables d'amitié ancrés dans une vision commune du monde et soudés par les pratiques du libertinage. Au cours de son voyage en Italie, il avait côtoyé de riches aventuriers. Ils ont pour nom Ange Goudar ou Casanova, pour ne nommer que ces deux personnages bien connus et dont la vie est fort documentée. C'était des hommes influents et proches du pouvoir politique, des alter ego en somme des banquiers comme Proli.

À mon avis, Sade développe moins un portrait ironique de Brigandos que complexe et subtil. Sa marginalité le rapproche d'individus vers lesquels Sade a été attiré et auxquels il s'est attaché. La fonction de Brigandos comme représentant des théories économiques est par ailleurs confirmée par le parallélisme qu'il est possible d'établir entre l'épisode du bohémien et celui qui met en scène dans *Justine* l'un des plus riches négociants de France[60], capturé par un alter ego de Brigandos, Cœur-de-Fer[61]. La narration qui se tisse autour des aventures des deux brigands contient d'importantes références à l'univers économique.

À la suite de Michel Delon, plusieurs enquêtes ont souligné que Brigandos était central dans la compréhension des idées philosophiques et politiques de Sade. Je pense qu'il est possible de jeter un éclairage différent et plus précis sur les discours et les actions du bohémien. Lorsqu'on met l'accent sur la cohérence économique des paroles de Brigandos, on s'aperçoit qu'il reprend bien des idées développées par les physiocrates[62]. Et la première maxime qui résonne avec leurs principes est placée de manière stratégique dès le début de la lettre XXXVIII d'*Aline et Valcour* lorsque

59 Il est clair que le père (Brigandos) et le fils (Rompa Testa) se ressemblent fortement. Ils vouent tous deux une profonde sympathie aux deux aventurières, à l'instar des femmes de la troupe. Sade décrit Rompa Testa en ces termes : « vêtu d'un pourpoint vert et d'un manteau jaune, la bouche ornée de deux moustaches énormes et le chef couvert d'un chapeau garni de plumes à cinq pieds de hauteur. » (Sade, *Aline et Valcour* in *Œuvres I*, Michel Delon éd, Paris, Gallimard, 1990, p. 825).

60 Je reviendrai plus loin en détail sur ce personnage.

61 Michel Delon a souligné la ressemblance entre Brigandos et Cœur-de-Fer.

62 J'aurai à revenir sur Brigandos afin de montrer comment Sade utilise ce personnage afin de mettre en scène les éléments qui peuvent constituer une entrave aux profits des investisseurs.

le brigand affirme que « les lois de la propriété[63] » sont dans la nature. Il complète rapidement sa pensée en évoquant, à l'instar de Dupont de Nemours ou de Mirabeau, le droit de jouissances dictées aussi par la nature.

Le contexte de la discussion philosophique de la lettre XXXVIII s'ancre dans une tractation financière, de l'ordre de la négociation afin de trouver le prix juste pour un bien. Il est vrai que ce bien est d'un genre très particulier, car il s'agit de la virginité d'une jeune fille et que pour trouver le prix convenable Brigandos évoque la somme généralement demandée par les prostituées. Pour Laurence Bongie, le discours du voleur est lié à la tentative de Sade de justifier, par des références à la nature, les actes cruels qu'il avait perpétrés contre des prostituées. Il est vrai, d'autant plus qu'une note de bas de page, incarnant l'autorité auctoriale, contient une violente diatribe contre les prostituées et la protection que leur accorde la police. Mais les nombreuses références issues de la physiocratie montrent que Sade concevait également cet épisode de manière plus large. Lorsqu'il a composé cette lettre, bon nombre d'éléments ont été rajoutés durant sa période révolutionnaire auprès des sans-culottes, au moment où il est libre et que les aspects autobiographiques d'*Aline et Valcour* s'effacent devant les réalités sociales et économiques dans lesquelles il est plongé.

Les lecteurs de Sade connaissent bien les discours de nombre de libertins tels que Brigandos sur le vol. Le bohémien affirme qu'il ne s'agit pas d'un crime[64]. Et on pourrait ainsi penser que le marquis s'éloigne des physiocrates sur ce point, puisqu'ils avancent l'idée de la non-usurpation des biens d'autrui. Pourtant, la dissertation du bandit sur le vol s'ancre bel et bien dans les « lois de la propriété » et celles de la nature, mais les conséquences qu'il en tire ne sont probablement pas celles qu'auraient acceptées les physiocrates :

> Avons-nous tort de nous permettre le vol ? Les lois de la propriété ne sont-elles pas dans la nature ? Dès que cette nature nous a tous créés égaux, nous a donné à tous les mêmes sens et les mêmes besoins, de quel droit divin ou naturel un homme doit-il être plus riche qu'un autre ? n'est-il pas clair que la propriété n'est qu'une lésion que le fort s'est permise sur le faible et que doit corriger celui-ci autant qu'il est en son pouvoir[65].

63 Sade, *Aline et Valcour*, éd. citée, p. 834.

64 *Id.*

65 *Id.*

Dans « Français, encore un effort si vous voulez être républicains », Sade élabore de nouveau sur l'association entre le vol et la propriété : « Il y avait un peuple qui punissait non pas le voleur, mais celui qui s'était laissé voler, afin de lui apprendre à soigner ses propriétés[66] », lit-on dans le pamphlet. De fait ici, comme chez Brigandos, le vol est lié à une activité, tandis que celui qui se fait voler « n'a pas fait ce qu'il aurait dû faire[67] ». Or chez les physiocrates, c'est justement par le travail que l'homme peut accroître ses propriétés, augmentant ainsi la somme de ses jouissances ; il s'agit d'une loi de la nature.

Comme a pu le montrer Jean Deprun[68], Sade pousse constamment la philosophie des Lumières dans ses derniers retranchements logiques et exacerbe ses contradictions. C'est ainsi qu'il peut considérer le vol, avec toute l'ingéniosité que cet acte requiert et la mobilisation des ressources qu'il nécessite, comme un travail. Pour le marquis, du point de vue du droit naturel, le vol ne saurait être condamnable, d'autant plus qu'il permet de rétablir une certaine égalité entre les hommes. Mirabeau n'aurait jamais pu admettre une telle idée, beaucoup trop dangereuse et controversée, bien qu'elle cadre parfaitement avec ses théories. Malgré tout Mirabeau et Sade constatent tous deux, sur le ton de l'approbation philosophique, que l'état d'inégalité dans lequel vivent les hommes en société demeure inchangé, en dépit du fait que lorsqu'ils passent entre eux des conventions pour leur avantage réciproque, « ils augmentent » théoriquement la jouissance de leur droit naturel :

> Mais en considérant les facultés corporelles et intellectuelles, et les autres moyens de chaque homme en particulier, nous y trouverons encore une grande inégalité relativement à la jouissance du droit naturel des hommes. Cette inégalité n'admet ni juste ni injuste dans son principe ; elle résulte de la combinaison des lois de la nature[69].

Cette dernière phrase de Mirabeau aurait tout aussi bien pu sortir de la bouche d'un des personnages de Sade.

---

66 Sade, *La Philosophie dans le boudoir* in *Œuvres III*, Michel Delon éd, Paris, Gallimard, 1998, p. 213.

67 Sade, *Aline et Valcour*, éd. citée, p. 834.

68 Jean Deprun, « Sade philosophe », Sade, *Œuvres I*, Michel Delon éd, ouvr. cité.

69 Dupont de Nemours, *Physiocratie*, ouvr. cité, p. 11.

LE LAISSER FAIRE ÉCONOMIQUE ET LE GOUVERNEMENT DESPOTIQUE

Richard Robert s'est penché sur la signification politique de l'épisode des bohémiens malfaiteurs et il a développé l'argument que Brigandos, plus que le féroce Ben Mâacoro ou le sage Zamé, était le meilleur porte-étendard de la conception sadienne de l'État, celle d'une micro-société au sein de laquelle existe un partage de la souveraineté[70]. Je suis d'accord avec Richard Robert pour affirmer que Brigandos offre un modèle politique qui, contrairement à Tamoé et Butua, semble viable. Toutefois, je ne suis pas convaincue qu'il existe au sein de la communauté des brigands « un partage de la souveraineté[71] ». À l'instar des physiocrates, l'État qu'imagine le bandit découle de sa vision économique de la société et elle va aboutir à la valorisation d'un gouvernement despotique. L'épisode au cours duquel le bandit oblige Clémentine et Léonore à se soumettre à une cérémonie dédiée au culte du diable traduit plus le despotisme du chef que le fait que Sade ne parvient pas à dénouer le lien « entre la politique et la morale[72] », comme le soutient Richard Robert. Concentrons-nous sur le fait que le bandit élabore une véritable théorie économique de l'offre et de la demande dans laquelle la libre négociation du vendeur et de l'acheteur, plutôt que les interventions de l'État, forme le cadre idéal des échanges économiques. Un gouvernement despotique est nécessaire parce qu'il est en meilleure position pour faire respecter le droit naturel, en l'occurrence le droit de propriété. Mais il s'agit de la limite de son intervention dans les affaires d'un royaume agricole.

Le discours de Brigandos rejoint ici un volet fondamental de la physiocratie : l'auto-régulation des marchés et la non-ingérence de l'État dans les affaires économiques, ou à tout le moins une ingérence minimale. De fait, à travers la voix du voleur, Sade prend position dans un débat qui a fait des éclats au cours de son époque et qui a interpellé aussi bien les économistes que des philosophes comme Diderot ou Galiani.

Le brigand d'*Aline et Valcour* préconise un État dans lequel les lois ne sont pas inexistantes, mais elles sont réduites au minimum ou appliquées avec clémence : « écartez-vous de la règle, moquez-vous de la loi »,

70 Richard Robert, « Les impasses de l'écriture politique », *Sade en toutes lettres*, Michel Delon & Catriona Seth (dir.), Paris, Desjonquères, 2004, p. 166.

71 *Id.*

72 Richard Robert, « Les impasses de l'écriture politique », art. cité, p. 168.

affirme-t-il et plus loin « il n'est besoin ni de lois ni de punitions[73] ». Il est vrai que le cadre de cette discussion est celui de la prostitution, mais comme ces paroles sont prononcées par Brigandos qui fait figure à la fois de chef d'État, de législateur et de juge, il n'est pas outré de conclure que la conception de la loi qu'il énonce ici a une vocation générale et qu'elle ne se limite pas aux affaires de mœurs. De fait, Sade exprime ceci sans ambiguïté dans la *Philosophie dans le boudoir* : les lois générales sont modelées sur celles qui régissent le libertinage et non l'inverse.

L'AGRICULTURE, LES DÉPENSES STÉRILES ET LE BRIGANDAGE

Pour la classe des capitalistes sadiens tels Ghigi ou Saint-Florent, tout n'est pas nécessairement toujours rose et les revers de fortune peuvent prendre de nombreuses formes. Au premier rang bien sûr la perte de leurs marchandises ou la banqueroute d'un associé, sans compter les mauvais calculs spéculatifs. La menace pour les hommes d'affaires de la fiction sadienne n'est pas de cet ordre, mais elle s'incarne plutôt sous les traits de vulgaires bandits qui n'en demeurent pas moins terribles. J'avais parlé plus tôt de Cœur-de-Fer qui avait porté un coup dur au riche Saint-Florent en se saisissant de la fortune que le négociant transportait sur lui. Dans *Aline et Valcour*, Brigandos est un cas plus complexe. Son banditisme nuit à la bonne marche de la machine économique imaginée par les physiocrates, mais il fait simultanément un éloge de l'agriculture et il protège les paysans.

Brigandos permet à Sade d'éclairer les ratés du système, problèmes qui n'avaient certainement pas échappé aux économistes mêmes. D'abord, on pourrait dire que Brigandos représente ce que Quesnay avait qualifié dans son célèbre « Tableau économique » de « dépenses stériles » car finalement cette bande de bohémiens, par leurs innombrables larcins, fait passer, « sans retour », entre leurs mains, des sommes d'argent qui autrement retourneraient dans « la circulation » de la richesse, un peu comme la fuite de capitaux à l'étranger, dénoncée vigoureusement par le physiocrate. Mais plus fondamentalement, la présence de Brigandos dans *Aline et Valcour* symbolise l'échec d'un État agricole prospère. Quesnay avait prévu un tel scénario et avait affirmé que s'il subsiste du brigandage dans une société policée par le droit naturel, c'est que les mécanismes du

73 *Aline et Valcour*, éd. citée, p. 861-862.

libre jeu économique – ceux-là mêmes que défend Brigandos – n'ont pas atteint leur pleine mesure et que le gouvernement est intervenu pour faire baisser les prix des denrées et des marchandises. Une telle situation a un impact défavorable qui « fait baisser le salaire des gens du peuple, diminue leur aisance, leur procure moins de travail et d'occupations lucratives[74] », les précipitant ainsi dans le braconnage, le pillage et le vagabondage. Quesnay prend au sérieux ce danger qui constitue une menace réelle pour les propriétaires. Sade consacre une grande partie de la lettre XXXVIII d'*Aline et Valcour* à la peinture de cette situation économique. Il met d'abord en scène cette bande de vagabonds qui, au lieu de travailler, traverse la campagne espagnole et française en vivant de rapines. Il faut aussi mentionner cette jeune paysanne, responsable des soins de son vieux père « laboureur, pauvre et infirme[75] » ; si la bande la secourt d'un viol, c'est pour lui offrir immédiatement de se prostituer. Il est vrai qu'elle retourne après dans la maison familiale, mais on peut certainement inférer qu'elle continuera dans la voie facile de la prostitution, compte tenu de sa pauvreté et des discours incitatifs du bohémien. Pourtant Sade ne fait pas jouer uniquement à Brigandos un rôle défavorable à l'économie. Dans *Aline et Valcour*, comme dans la pensée physiocratique, la culture des champs est source de richesses et c'est à Brigandos qu'incombe le rôle de les défendre, en protégeant entre autres les paysans.

Clémentine, Léonore et la bande de voleurs traversent une campagne enchanteresse en Espagne et ils assistent avec « plaisir » au spectacle du soleil qui dore « de ses premiers rayons les épis ondoyants d'une magnifique pièce de blé[76] ». C'est dans ce contexte bucolique que Brigandos croise un groupe de paysannes et des chevaliers « galopant à bride abattue au travers de cette riche moisson, brisant les tiges, faisant voler les épis, et détruisant dans une minute une partie de l'espoir et du travail d'une famille entière[77]... »

Les femmes soulignent avec emphase que « ce champ » appartient à leur père et qu'ils sont « quinze à vivre de son produit pendant toute l'année[78] ». Ces chevaliers qui détruisent la récolte, « ruinant » ainsi la famille, sont un curé, un sacristain, portant la communion à un malade.

---

74 Quesnay, *Maximes générales du gouvernement*, in *Physiocrates*, ouvr. cité, p. 99.
75 *Aline et Valcour*, éd. citée, p. 861.
76 *Ibid.*, p. 845.
77 *Ibid.*, p. 846.
78 *Id.*

Brigandos s'empresse d'intervenir, en menaçant de mort le curé, il lui tient le discours suivant :

> Apprends, stupide coquin, que le plus chétif des épis de blé qu'accorde la nature au soutien de ces malheureux, a cent fois plus de mérite et de valeur que toutes les *idoles de pâte* que contient ta dégoûtante culotte ; songe d'ailleurs que c'est avec ce blé que sont faits les dieux que tu prises, et que si tu en détruis la matière, leur espèce divine ne pourra plus se reproduire[79].

Sade fait ici d'une pierre deux coups. Il dénonce l'irrationalité du clergé, tout en faisant l'éloge de l'agriculture. Dans ses « Notes et variantes » d'*Aline et Valcour*, Michel Delon souligne le déplacement auquel procède Sade lorsqu'il met « sur le compte du clergé une attitude féodale, souvent dénoncée à la fin de l'Ancien Régime comme un abus aristocratique[80] ». La distance que Sade prend par rapport à la noblesse dans ce cas de dévastation des récoltes paysannes tient moins au désir de ne pas peindre sa caste sous des couleurs défavorables, qu'à la volonté d'attirer l'attention du lecteur sur l'importance de l'agriculture dans le circuit économique.

79 *Ibid.*, p. 847.
80 *Ibid.*, p. 1316.

CONCLUSION

Sade, révolutionnaire, investisseur capitaliste et écrivain

Une grande partie de cette étude s'est appuyée sur des éléments bien connus de la vie de Sade, en tant que membre de la section des Piques. Son passage dans cette cellule révolutionnaire, ainsi que les fonctions précises qu'il y a exercées ont été commentés dès le milieu du XXe siècle par Gilbert Lely. Maurice Lever ou Jean-Jacques Pauvert se sont largement appuyés sur ces enquêtes afin de rédiger leur propre biographie. Les autres critiques qui ont suivi ont, dans l'ensemble, repris les mêmes faits afin de bâtir leurs interprétations de l'épisode révolutionnaire de Sade.

Ma contribution à la compréhension de la vie du marquis se situe dans la même veine méthodologique, mais elle dépasse la traditionnelle discussion sur la sincérité de l'engagement de Sade ; ceci ne m'a pas empêchée de prendre position sur cette question. Toutefois, le plus important est que je me suis attachée à mieux comprendre ce que signifiait, du point de vue de l'historiographie, les obligations que Sade avaient diligemment remplies dans sa section : secrétaire, président, commissaire, pétitionnaire et délégué. Elles montrent très clairement que le marquis était un acteur important au sein de la sans-culotterie parisienne, et plus largement au sein de la Révolution car entre 1790 et la chute de Robespierre, période au cours de laquelle l'Assemblée nationale doit composer avec les sections[1], la lutte est constante entre celles-ci, la municipalité et la Convention. Les sections tâchent d'imposer leurs volontés aux pouvoirs centraux et elles refusent d'appliquer leurs décrets qui du coup s'avèrent nuls. Les compagnons de Sade – je le

1 Albert Soboul, citant Ernest Mellié, presque 75 ans après son enquête sur les sections parisiennes, ouvre ses *Papiers des sections parisiennes* par ces mots : « La Révolution française est en grande partie l'œuvre du peuple de Paris. C'est chez lui et surtout par lui qu'elle s'est faite. » (Albert Soboul, « Les Papiers des sections parisiennes 1790 – an IV », *Annales historiques de la Révolution française*, avril-mai 1950, p. 3).

souligne de nouveau sont dans l'ensemble des modérés[2] – ont reconnu en lui certes un révolutionnaire, mais bourgeois, soucieux d'établir la liberté économique, avide de prospérité financière et du respect de la propriété privée. Ils avaient raison dans une large mesure. Sade, dont nul n'ignorait le passé, a réussi à s'imposer comme patriote ; par ses actes et ses écrits, il a tourné le dos aux valeurs de l'Ancien Régime. Il n'a échoué à aucune des tâches qu'on lui avait confiées. J'ai expliqué cette ascension et ces succès par les appuis qu'il avait obtenus dans le cercle des banquiers. Guzman, mais aussi Junius Frey ou Anacharsis Cloots ont été les alter egos du marquis. Ce dernier était aux yeux de ces hommes un exemple du philosophe des Lumières, de l'écrivain libre penseur qui avait été en mesure de faire dans sa vie ce que le peuple français avait fait de l'Ancien Régime : se libérer de principes étroits dont l'unique légitimité était la tradition. Pour Sade, ces banquiers symbolisaient le succès financier et l'aisance matérielle qui lui faisaient défaut. L'amitié entre Sade et Guzman est née et s'est nourrie de cette dynamique.

Deux faits termineront cette enquête et seront au cœur de ma conclusion. À l'instar de plusieurs événements sur lesquels est appuyé l'ensemble de ma démarche, il s'agit de deux épisodes connus de la vie de Sade et qui eurent lieu après sa libération des prisons de la Terreur : le premier est l'achat par Sade de biens nationaux, le second est la campagne de presse lancée contre lui afin de lui attribuer la paternité de *Justine*. Si je m'attache ici à ces deux affaires, c'est qu'elles forment l'épilogue malheureux de l'aventure bourgeoise de Sade.

Sade devient propriétaire au début de l'automne 1796, en Beauce, de deux larges fermes ayant appartenu à des émigrés. De nombreux banquiers avaient fait des investissements similaires ; non seulement ces achats étaient profitables mais ils témoignaient du patriotisme de l'acquéreur. Se porter propriétaire des biens des émigrés avait bien des avantages.

Le modèle d'exploitation de ces fermes est nettement capitaliste. Ces acquisitions marquent la fin de la carrière révolutionnaire du marquis ; paradoxalement elles en constituent en somme l'apogée. Pour Bernard Bodinier, la vente des biens nationaux a été « l'événement le

2 Il est certain qu'il y avait en son sein des fanatiques jacobins, mais la section des Piques était loin d'être un bastion radical. Ceci explique qu'après la chute de Robespierre, elle opère si aisément ce que Maurice Lever appelle un « virage idéologique ». De fait, s'il y a eu véritablement virage, elle n'est certainement pas de l'ordre du retournement total.

plus important de la Révolution ». Sade n'a pas non plus manqué ce rendez-vous avec l'histoire, comme il avait été présent – soit comme acteur, soit comme commentateur – à tous les moments clés de la fin de l'Ancien Régime et de la Révolution : la prise de la Bastille, le retour du roi à Paris après sa fuite à Vincennes, la guerre, la Terreur.

L'acquisition de ces fermes ayant été financée, entre autres, par la vente de La Coste, grevé d'hypothèques, « le contrat de vente devra donc obligatoirement stipuler le remploi en immeubles des fonds versés[3] ». Sade n'avait donc pas d'autre choix que de réinvestir dans la pierre, mais ce qui ne tient pas du hasard est le fait qu'il a décidé de se tourner vers le rachat des biens nationaux en Beauce. Ce type d'investissement était à l'époque un des plus rentables[4]. J'aimerais dire un mot sur la signification économique de ces deux transactions immobilières impliquant la ferme dite la Malmaison dont la superficie est de 104 hectares et celle dite de Grandvilliers[5], dont la taille avoisine aussi la centaine d'hectares. La première comprend les objets suivants : les bâtiments d'exploitation, le logement du fermier, les terres labourables, les bois, deux étangs et aussi un puits[6]. Ces deux derniers sont essentiels au succès de l'exploitation agricole. Thierry Liot donne de précieuses informations sur le puits de la Malmaison, tel qu'il était à l'époque de Sade :

> Objet d'amélioration constante, il développe une architecture aux critères fonctionnels. Totalement clos lorsque la nappe phréatique est proche du sol et sujette à pollutions, il est alors conçu comme une guérite de pierre [...] à l'extrémité parfois conique [...], fermée par une grille ou un volet de bois. Le mécanisme (treuil, poulie, corde ou chaîne) y est à l'abri[7].

Dans les bâtiments d'exploitation, il faut aussi inclure les quartiers logeant les ouvriers. La ferme de Grandvilliers est fort semblable à celle

---

3 Maurice Lever, *Donatien, Alphonse, François, marquis de Sade*, ouvr. cité, p. 552.

4 Le conventionnel Rovère, à qui Sade vend La Coste, avait fait de la Provence le terrain de ce genre d'opérations : « En 1793, il achète le couvent des Célestins de Sorgues, près d'Avignon, qui fait l'admiration des étrangers, en le payant en assignats au dixième de sa valeur réelle. Encouragé par ces débuts prometteurs, il spécule outrageusement sur les biens nationaux avec d'autres membres de la "bande noire" qui écume la région [...] », *Id.*

5 Aujourd'hui encore ces deux fermes existent et sont toujours en exploitation.

6 Maurice Lever, *Alphonse, François, marquis de Sade*, ouvr. cité, p. 553.

7 Thierry Liot, *Les fermes du patrimoine. Aux confins de la Beauce, du Hurepoix et du pays d'Yveline*, Rambouillet, Patrimoine et Avenir de Rambouillet et de sa Région, 2013, p. 66.

de la Malmaison. On y retrouve un manoir autour duquel sont groupées les terres labourables. À cela s'ajoutent une métairie, une étable, une bergerie et trois étangs communiquants. L'ensemble est entouré de murailles[8]. Pour financer ces propriétés, « beaucoup mieux cotées[9] », et « d'un très bon produit[10] », Sade liquide successivement ses terres de Provence.

Les historiens s'entendent en général sur le statut économique de la Beauce au XVIIIe siècle. Le mode d'exploitation de ses ressources agricoles est capitaliste. En effet, on y trouve, en vérité dès l'Ancien Régime, « une minorité réduite de gros exploitants et [...] un très grand nombre d'ouvriers agricoles employés chez les premiers[11] ». Il semble que ce soit la seule région de France pour laquelle il y a un jugement unanime sur le bien-fondé du modèle des rapports de production développé par Marx.

Michel Vovelle a consacré une étude à la Beauce dans laquelle il met l'accent sur les conflits inévitables qui sont nés entre la classe des prolétaires et les grands propriétaires terriens, bourgeois pour la plupart mais aussi nobles. L'historien décrit d'abord la richesse agricole beauceronne, propre à aiguiser l'appétit des investisseurs :

> La Beauce est, dès 1792, ce qu'elle sera durant toute la Révolution : l'universelle pourvoyeuse de grains. Il n'est que de voir la place que tiennent les apports beaucerons dans l'approvisionnement de Paris, d'après les états que fournit Roland à la Convention. Le 20 novembre, par exemple, les seuls apports

---

8 Maurice Lever, *Donatien, Alphonse, François, marquis de Sade*, ouvr. cité, p. 553. De nos jours, on peut encore deviner leurs présences.

9 *Ibid.*, p. 554.

10 C'est le jugement éclairé de J.S. Rovère, homme d'affaires expérimenté et à qui Sade avait vendu La Coste. Cité par Gilbert Lely, *Vie du Marquis de Sade*, Paris, Au Cercle du livre précieux, 1966, p. 441. En achetant La Coste, Rovère est typique de l'engouement que manifestent certains nobles ou bourgeois aisés de l'époque pour l'agriculture. Mais il s'agit bien pour Rovère de capitaliser ses achats et La Coste est un pion stratégique dans un projet plus vaste d'investissement et de développement agricole, en particulier les vignobles et les arbres fruitiers, car l'homme d'affaires précise, suite à son acquisition : « Je pense qu'une opération complémentaire serait d'acquérir la bastide du médecin Vitalis. La principale richesse des biens de M. de Sade consistait dans la fameuse source qui arrose la maison basse. » (Dr Victorin Laval, *Lettres inédites de J.-S. Rovère à son frère Simon-Stylite*, Paris, Librairie ancienne H. Champion, 1908, p. 128-129). L'année qui suit l'achat de La Coste, Rovère augmente le fermage de cette terre, la faisant passer de 3 012 livres à 3 312 livres (*Ibid.*, p. 140).

11 Jean-Claude Farcy, *Les paysans beaucerons au XIXème siècle*, Société archéologique d'Eure-et-Loir, Chartres, 1989, p. 5.

> d'Étampes et de Dourdan représentent près de 9000 sacs sur le total des 20 000 dont dispose Paris[12].

L'historien souligne aussi que cette région, en plus de desservir les besoins de Paris, étend ses exportations de blé au sud de la France : « Pourvoyeuse de la capitale qui draine les excédents des marchés de Montléry, Limours, Dourdan, Étampes et Chartres, la Beauce est de plus, sollicitée en 1792 pour l'approvisionnement des régions déficitaires du Midi[13] », conclut-il.

Michel Vovelle revient de même sur la remarquable stabilité politique de la Beauce tout au long de la Révolution. Il cite à cet effet la réponse au questionnaire du conseiller d'État, Lacuée, enquêtant en l'an IX sur le département d'Eure-et-Loir :

> Ce département a joui, comparativement à ceux qui l'environnaient d'une tranquillité presque sans égale ; la réputation de la Beauce par ses richesses en grains, sa position entre les départements insurgés et Paris a attiré dans les terres et dans les villes beaucoup de citoyens qui s'y sont fixés[14].

Sade avait fait un choix parfaitement éclairé. Et il n'est pas le seul à convoiter les richesses agricoles de la Beauce. De nombreux Parisiens profitent de la manne, d'autant plus miraculeuse que la France est embourbée dans un marasme économique. Il faut se référer de nouveau à Michel Vovelle qui donne de précieuses indications sur les acheteurs, qualifiés dès l'époque de « spéculateurs » et d'« agioteurs » ou de manière plus neutre on dit de l'acquéreur qu'il « fait des affaires[15] ». Les acheteurs parisiens, comme Sade, sont nombreux ; ils appartiennent à la « moyenne et petite bourgeoisie : rentiers parisiens ou versaillais, artisans, fonctionnaires installés dans les administrations nouvelles, militaires ou gendarmes également[16] ». Et ils côtoient les hommes d'affaires peu scrupuleux, petits ou grands, qui pratiquent l'usure et spéculent sur les blés.

Mais ce n'est pas tout. Les paysans de la région ont aussi réussi à tirer profit de la vente des biens d'émigrés. Ils se contentent toutefois

12 Michel Vovelle, *Ville et campagne au 18e siècle (Chartres et la Beauce)*, Éditions sociales, Paris, 1980, p. 233.

13 *Ibid.*, p. 235.

14 *Ibid.*, p. 107.

15 *Ibid.*, p. 119.

16 *Id.*

de « parcelles parfois infimes[17] », alors que la très grosse propriété – et il n'en existe qu'une ou deux par commune[18] – échoue aux Parisiens ou aux Orléanais. Les acquisitions de Sade, dépassant chacune la centaine d'hectares, se situent dans cette catégorie. Il ne fait aucun doute que ces deux fermes nécessitaient une main d'œuvre importante. Elle était déjà bien implantée dans la région ; et les exploitations agricoles n'étaient pas les seules à tirer parti d'un prolétariat rural. La métallurgie ou les industries de la laine s'appuyaient sur cette ressource humaine, largement composée de paysans.

Si les gros propriétaires terriens se tirent bien d'affaire durant la crise économique de 1792, il est loin d'en être pareil pour le prolétariat, affecté de plein fouet par la dévaluation ou tout simplement le refus des billets émis par les caisses patriotiques, moyens de paiement des ouvriers. Ceux qui travaillent dans la métallurgie et les ateliers de tisserands sont, quant à eux, frappés directement de chômage. L'ensemble de tous les salariés vit déjà dans la misère[19] au moment où Sade se porte acquéreur des deux larges fermes. Il convient de citer Michel Vovelle qui souligne la misère générée par la crise économique et surtout la naissance de ces bandes de mendiants :

> Au-delà même des multiples témoignages de la misère de toute la partie salariée de la population, il est des indices plus directs du développement de l'indigence paysanne : dans les plaines beauceronnes où vit le prolétariat flottant chroniquement en proie à la misère, la crise provoque le développement de bandes de mendiants qui vont de ferme en ferme[20].

Dans l'ensemble, ce sont de pauvres mendiants qui quémandent pacifiquement à la riche clientèle de fermiers de quoi se nourrir. Mais, cette richesse a aussi attiré de véritables brigands. Les plus fameux renvoient à la bande d'Orgères[21], sous le Directoire. Même aujourd'hui le fermier

17 *Ibid.*, p. 219.
18 *Ibid.*, p. 220.
19 *Ibid.*, p. 237.
20 *Ibid.*, p. 238.
21 Pendant trois années, entre 1795 et 1797, cette Bande a terrorisé la campagne beauceronne. Née d'une agglomération de mendiants parisiens pour la plupart, ayant convergé vers les plaines céréalières afin de chercher leur subsistance après un rude hiver, cette Bande commit en 1795, 11 délits, en 1796, 30 et en 1797, 41, allant du vol d'habits ou de nourriture au meurtre, en passant par la torture de leurs victimes en leur brûlant les pieds, d'où leurs noms de « chauffards ». Elle ne sera neutralisée par les autorités qu'à la

beauceron que j'ai rencontré et qui exploite la ferme de Grandvilliers en possède encore la mémoire. Il s'agissait d'une véritable « société de brigandage », formée certes de nécessiteux mais surtout de criminels endurcis, issus des confins forestiers de la Beauce et attirés par la richesse des plateaux agricoles[22].

Sade a visité les deux districts où sont situées ses deux nouvelles fermes, et il a même séjourné plusieurs semaines chez l'un ou chez plusieurs fermiers entre le 10 septembre 1798 et le mois de novembre[23]. Il semble qu'il ait été fortement attaché au domaine de la Malmaison car il souhaitera y être inhumé[24]. Sade a aussi été témoin de la pauvreté paysanne, qui dans bien des cas débouche sur la criminalité, comme nous venons de le voir. Il n'a certainement pas manqué d'entendre les récits horrifiés des cultivateurs dont certains du district de Doudan sont allés jusqu'à signer une pétition dénonçant « l'ampleur du fléau[25] ». Sa fiction porte la trace de cette crise sociale générée par la débâcle économique de 1795. Sade a réussi à recréer dans *La Nouvelle Justine*, publiée en 1797 ou 1799, l'univers du banditisme de grand chemin dans toute sa complexité. Ce n'est pas uniquement la haute bourgeoisie financière qui l'occupe et les personnages de riches négociants, mais il s'attache également dans ce roman au phénomène social du banditisme, de la mendicité et du vagabondage de cette fin du XVIIIe siècle[26].

Les pages traitant de la bande de voleurs et la troupe de mendiants auxquelles s'associe, malgré elle, une Justine éplorée, prisonnière de criminels sans foi ni loi sont parmi les plus belles du roman. Les péripéties de la jeune héroïne dans ce milieu permettent à la narration d'acquérir une énergie qui fait basculer le texte dans le roman d'aventures dont l'issue est toujours incertaine. Sade s'appuie sur les innombrables vols,

---

fin de janvier 1798. Elle aura eu le temps de laisser des traces profondes dans l'imaginaire des fermiers de Beauce, qu'ils aient été ou pas victimes de ses crimes (François Hurot, *La Bande d'Orgères*, Le Beau François, Orléans, 1982, p. 10 et suivantes).

22 Jean-Claude Farcy, *Les paysans beaucerons au* XIXème *siècle*, ouvr. cité, p. 5.

23 Maurice Heine, *Le marquis de Sade, texte établi et préfacé par Gilbert Lely*, Paris, Gallimard, 1950, p. 253.

24 Paul Bourdin, *Correspondance du marquis de Sade*, ouvr. cité, p. 410.

25 Michel Vovelle, *Ville et campagne au 18e siècle (Chartres et la Beauce)*, ouvr. cité, p. 238.

26 L'intérêt de Sade pour ces problèmes sociaux remonte à la rédaction d'*Aline et Valcour*, comme j'ai pu le montrer dans un chapitre précédent. La narration de *Justine* multiplie, contrairement à celle d'*Aline et Valcour*, les épisodes qui sont centrés sur la criminalité du peuple.

assassinats, incendies et viols de la bande d'Orgères afin d'amplifier[27] et de dynamiser la trame romanesque de *La Nouvelle Justine*[28]. La légende noire, mais bien réelle, de ces criminels inspire à Sade des récits colorés qui tiennent le lecteur en haleine et lui permettent d'oublier un instant le carnage des orgies dans les souterrains. Ce sera le seul succès, pour ainsi dire, que Sade tirera de ses investissements en Beauce. À partir du printemps 1798, il ne percevra plus les revenus de ces terres. Sade sera acculé à la misère et vivra dans un total dénuement jusqu'à son arrestation en 1801.

Quelles sont les raisons de cet échec, alors que ce type d'investissements était des plus profitables, et que ces achats plaçaient Sade à la tête des quelques rares très larges propriétés de la région ? N'eût été la bévue administrative qui avait placé le marquis sur une liste d'émigrés, il serait sorti immensément riche de son aventure capitaliste.

En effet, le nouveau Directoire, qui gouverne la France en 1797, resserre l'étau contre les émigrés, mais aussi contre les institutions ou les personnes associées à l'Ancien Régime. Cette fois, pour Sade, le danger n'est pas lié à son statut d'ancien noble, mais au fait que son nom figure, par erreur, sur une liste d'émigrés du département des Bouches-du-Rhône dont il avait en vain tenté de se faire radier. La menace est surtout d'ordre économique, bien que la nouvelle loi sur les émigrés exige de ceux qui sont sur une liste de quitter la France. Des articles de la loi permettent aux autorités de mettre ses biens sous séquestre. Ainsi, un peu plus d'un an à peine après les acquisitions des terres en

27 Les deux récits en question sont celui de la fuite de Justine aux côtés de la Dubois, suivi de l'accueil de la jeune fille par la bande de bandits à la tête de laquelle se trouve Cœur-de-Fer et celui de la capture de Saint-Florent par ces brigands sur un sentier écarté. Dans la note xliv (Sade, « Cent onze notes pour *La Nouvelle Justine* » in *Œuvres complètes*, vol. 3, Paris, Jean-Jacques Pauvert, 1986, p. 586), Sade annonce l'idée que les voleurs félicitent Justine pour sa flétrissure et « on lui en fait voir d'égales » (*Ibid.*, p. 587). Le marquis ne manquera pas lors de la rédaction de *La Nouvelle Justine* d'inclure cette inspiration qui renvoie à l'une des pratiques courantes de la bande d'Orgères où, selon la déposition d'un des condamnés, on aime constater la marque au fer rouge sur les épaules des membres de la bande, signe d'appartenance à leur communauté : « ... On me déshabille de la tête aux pieds ; on m'applique surabondamment sur l'épaule droite une claque à tuer un bœuf, pour faire apparaître la marque, dans le cas où j'aurais été antérieurement flétri... » (François Hurot, *La Bande d'Orgères*, ouvr. cité, p. 8).

28 Les « Cent onze notes pour *La Nouvelle Justine* » témoignent de ceci. On est tout particulièrement sensible au développement de la figure du vagabond dans *La Nouvelle Justine*, par rapport à *Justine* : l'héroïne est reconnue par sa sœur Juliette, sous les traits d'une vagabonde et non plus d'une prisonnière ; Sade ajoute la confession d'une mendiante, Ernestine, au récit principal.

Beauce, les créanciers de Sade font saisir les revenus de « [sa] terre près de Chartres [...] et ceux de celle qui est près d'Épernon[29] ». En dépit des meilleurs efforts de Sade, il n'obtiendra jamais la radiation qui lui aurait permis de toucher les revenus de ses fermes. Ce sont essentiellement ses seuls biens. On se rappelle qu'ils avaient été financés par la vente des propriétés de Provence dont tout le bénéfice avait été investi dans les transactions beauceronnes. Nantis de deux énormes propriétés agricoles dont les revenus n'iront qu'en croissant au cours des années qui suivent leur acquisition, Sade sera néanmoins réduit à la misère la plus noire. Étrange logique du destin ou ironie du sort, c'est à la fonction caritative de sa section, préservée sous le Directoire au détriment de ses fonctions originales de surveillance, qu'il doit de ne pas mourir de faim.

À peu près au même moment où ont lieu toutes ces tribulations, une violente campagne journalistique se déchaîne contre Sade afin de lui attribuer la paternité de *Justine ou les Malheurs de la vertu*. Cet acharnement de la presse contre Sade, mais aussi la vigueur avec laquelle Sade récuse l'évidence a laissé perplexe la critique sadienne. Si je reviens dans cette conclusion sur cet épisode de la vie de Sade, c'est qu'il n'est pas sans intérêt pour notre étude. D'abord, on aura remarqué la coïncidence des dates : les transactions immobilières de Sade ont lieu, comme je viens de le dire, à peu près à la même époque que les efforts de diffamation de Villeterque, je dis diffamation car il s'agit bien de salir le nom de Sade et pas seulement de sortir de l'anonymat l'auteur du roman ; le ton de Villeterque est tout, sauf neutre. D'autres journalistes suivront Villeterque. Quel est l'enjeu de ces attaques ? Ce n'est pas, uniquement, comme on l'aura dit, une campagne contre un homme qu'on juge indigne d'appartenir à la République des Lettres, parce qu'il est un auteur d'ouvrages licencieux. La hauteur de la violence pointe vers une autre explication. Seul un homme qui jouit d'un certain prestige public, un citoyen reconnu par ses pairs pour son action politique, un écrivain bien inséré dans un cadre social, un citoyen possédant une certaine puissance politique mériterait un tel degré d'opiniâtreté afin de le descendre de son piédestal. On désire tout simplement éliminer Sade de la scène publique.

29 Alice Laborde, *Correspondance du marquis de Sade*, tome XXV, [lettre du 11 mars 1798 au Citoyen Gaufridy], Slatkine Reprints, Genève, 1997, p. 55.

Le moment choisi est propice. Propice, parce que le pouvoir des sections est considérablement amoindri, et de surcroît tous les appuis politiques importants dont Sade a bénéficié au sein de sa section ont disparu. Le banquier Guzman avait représenté pour Sade un soutien. Et il en avait bénéficié tout au long de son ascension dans l'échelle des responsabilités administratives et de la propagande idéologique de la section des Piques. L'arrivée, avec la chute de Robespierre, d'un climat hostile aux sections a rendu Sade encore plus vulnérable, d'autant plus qu'il s'était associé à des têtes dirigeantes. Le marquis incarne à lui seul tout ce que le Directoire tente d'occulter de la scène nationale : le noble, l'étranger, le sans-culotte. De fait, c'est une campagne contre la différence que mènent les Villeterque et ce qu'ils recherchent est l'exclusion de celle-ci de la République et de l'espace public.

La presse a dû attendre presque 10 ans avant de pouvoir s'en prendre à Sade. *Justine* parait en 1791 et personne n'ignore qui est l'auteur, mais à cette époque Sade a de sérieux appuis politiques qu'il ne perdra totalement que quelques années plus tard. En mars 1798 la voie est libre pour les attaques contre un homme dénué d'appuis et de ressources. Ce que Villeterque ne semble pas pardonner à Sade c'est sa réussite politique, sociale et littéraire, alors que tout le destinait si ce n'était pas à la guillotine, à l'opprobre publique qui avait été la sienne avant la Révolution.

APPENDICE I[1]

Rapport
de la conduite du citoyen Sade
au comité de sûreté générale

TABLEAU

Les questions, en haut des colonnes (six au total), sont imprimées, de même que le texte suivant, qui figure dans la marge, à droite :

Les Comités de surveillance donneront les renseignements ci-contre sur les personnes domiciliées dans leur ressort, avant leur détention, soit qu'elles soient détenues dans leur ressort, soit qu'elles soient détenues ailleurs.

Les Comités de surveillance rempliront ce tableau, à l'égard des personnes ordinairement domiciliées dans leur ressort, et arrêtées dans d'autres pays, en ajoutant par quel ordre et quels motifs, s'ils en ont connaissance.

Les Comités de surveillance feront réimprimer le présent tableau en nombre qu'ils jugeront nécessaire, selon le nombre détenus de chaque Section, et les rempliront dans le délai de huit jours. Ils exécuteront la même opération par rapport à ceux qui seront détenus par la suite.

Les Comités de surveillance enverront sans délai les tableaux remplis au Comité de sûreté générale de la Convention, et contre-signeront l'enveloppe.

Signé : LAVICOMTERIE, LEBAS, VOULAND, DUBARRAN, VADIER, AMAR, DAVID, RHÜL, LOUIS (DU BAS-RHIN), JAGOT, ÉLIE LACOSTE, MOYSE-BAYLE.

À remplir par le Comité de surveillance de la section des Piques, sous sa responsabilité, dans le délai de huit jours, à compter du jour de sa réception.

---

1 Arch. nat., $F^7 4775^9$. Nous reproduisons ici le Rapport du Comité de surveillance de la section des Piques sur la conduite de Sade. Ce rapport se présente sous la forme d'un tableau avec des questions en haut de colonnes. Ces questions (ici en italique) sont imprimées. Le Comité révolutionnaire devait le faire parvenir rapidement au Comité de sûreté générale, la police de Robespierre. Nous avons conservé l'orthographe de l'époque.

[1re colonne]. – *Nom du détenu, son domicile avant sa détention, son âge, le nombre de ses enfants* ;
[…] *leur âge ; où ils sont ; s'il est veuf, garçon ou marié.*
Sade demeurant rue Neuve des Mathurins n° 36, marié, âgé d'environ 60 ans.
[2e colonne]. – *Le lieu où il est détenu, depuis quand, à quelle époque, par quel ordre, pourquoi.*
Aux Madelonnettes du mois de frimaire dernier par ordre de l'administration de police comme suspect.
[3e colonne]. – *Sa profession avant et depuis la révolution.*
Cy devant Comte.
[4e colonne]. – *Son revenu avant et depuis la révolution.*
Vivant de son revenu lequel de par sa déclaration est de 8 000 livres.
[5e colonne]. – *Ses relations, ses liaisons.*
Avec Brissac, capitaine des gardes de Capet, afin d'y obtenir du service pour lui et les siens ; il existoit sous les scellés des lettres déposées à la mairie qui annoncent que cet homme avoit des correspondances avec les ennemis de la République.
Il se targue d'avoir été enfermé à la Bastille sous l'ancien régime pour faire valloir son patriotisme, tandis qu'il auroit nécessairement subit une autre punition exemplaire s'il n'eut pas été de la caste nobiliaire. C'est enfin sous tous les rapports un homme très immorale très suspect et indigne de la société sy l'on en croit les nottes contre lui dans le tome trois de *l'Espion anglois* ou dans le tome 1er de la liste des cy devant nobles, page 89, n° 28.
[6e colonne]. – *Le caractère et les opinions politiques qu'il a montrés dans les mois de mai, juillet, et octobre 1789 ; au 10 août ; à la fuite et à la mort du tyran ; au 31 mai et dans les crises de la guerre ; s'il a signé des pétitions ou arrêtés liberticides.*
Depuis qu'il a paru à la Section il n'a cessé depuis le dix août d'y contrefaire le patriote mais ceux-cy n'en étoient pas la dupe. Il s'est *primo* démasqué par une pétition contraire aux principes révolutionnaires et à la formation de l'armée révolutionnaire decrettée par la Convention. En 8bre 92 lors de son apparition à la Section il s'opposa d'abord à l'arrêté pris par l'Assemblée qui portoit que Roland avoit perdu la confiance de la Section et étoit indigne de celle de la nation française sous un prétexte spécieux qu'il n'en avoit pas de preuves matérielles et qu'il falloit

attendre pour juger un homme aussy vertueux. Ennemy par principe de sociétés républicaines, faisant continuellement dans ses conversations particulières des comparaisons tirées de l'histoire grecque et romaine pour prouver l'impossibilité d'établir un gouvernement démocratique et républicain en France.

Le Comité assemblé après avoir pris une dernière lecture du présent tableau et des faits qu'il y a consignés d'après une mûre délibération a arrêté que le dit tableau seroit signé de tous ses membres et envoyé de suite au Comité.

LAURENT, VAILLANT, MOUTONNET, CRESPIN, GARNIER, BELLOEIL, LHUILLIER, PHILIPPON, MOULIN, CHATARD, GEORGES, LANGLOIS.

APPENDICE II[1]

Réquisitoires de Fouquier-Tinville du 8 Thermidor (salle de l'égalité)

Antoine-Quentin Fouquier, Accusateur public du Tribunal criminel extraordinaire et révolutionnaire :
Expose que par arrêté du Comité de salut public de la Convention nationale et autres sous diverses dates.
1° Jean Louis Marie Aucane, agé de 45 ans, né à La Martinique, capitaine de cavalerie au cy devant régiment, colonel général demeurant à Sucy, département de Seine et Oise.
2° Jean Pierre Bechon Darquin, ex comte, agé de 47 ans, né à Paris, y demeurant rue Maure, ex lieutenant des mousquetaires, ex chevalier de l'ordre du tyran.
3° … Arpajon, agé de … ans, né à …
4° François Désiré Mathieu Gourlet Boulot dit Vernantois, agé de 31 ans, né à Besançon, département du Doubs, demeurant à Paris, place du Louvre, maison de Marigny.
5° Louis François Lejeune, ex officier de paix, agé de 41 ans, né à Élancourt, département de la Somme, demeurant à Paris, rue du Four Germain, section de l'Unité.
6° François Louis Rouvières, dit le Bois-Barbeau, ex noble, agé de 60 ans, né à Sées, département de l'Orne, demeurant à Fréville, département du Loiret, ex secrétaire du tyran.
7° Pierre Louis de Montcrif, ex-noble, agé de 74 ans, né à Paris, département de idem, demeurant à Paris, rue Thorigny n° 7
8° Louis Cézar Maurice de Montcrif, ex-noble, agé de 46 ans, né à Paris, département de idem, demeurant à Paris, rue Thorigny n° 7.

---

1 Arch. nat., W 434, dos. 974. Nous avons conservé l'orthographe de l'époque. Plusieurs informations manquent dans ce document.

9° Nicolas Humbert de Forceville, ex officier de bouche du tyran, agé de 54 ans, né à …, département de …, demeurant à Paris, rue Neuve Luxembourg.
10° … Montfort l'ainé, ex-noble, agé de …, né à Arles, département de …, ex officier d'infanterie, demeurant à Paris rue Helvétins.
11° … Aldouze-Sade, agé de 60 ans, né à …, département de …, demeurant à Paris rue Helvetius.
12° Jacques Serre de Saint-Romans, agé de 50 ans, né à Paris, ex conseiller au parlement de Paris, demeurant à Paris rue de la Perle n° 4.
13° Perrine Jeanne Leroux, veuve Maillé, agée de 39 ans, née à …, département de …, demeurant à Paris rue du Bacq.
14° Philiberte Turin, veuve Daulier, agée de 60 ans, née à Avaize, département de la Sarthe, demeurant à paris, rue de la Perle, n° 4.
15° Gaspard-Siméon Barton de Montbas, ex-noble, agé de 50 ans, né à Belac, département de la Haute-Vienne, demeurant à Paris, rue Pavée, n° 12, ex-noble, ancien capitaine d'infanterie, régiment cy devant Royal.
16° André-Jean Brillon, agé de 20 ans, né à Paris, ex-noble, demeurant à Paris, rue Thorigny, n° 6.
17° Félix-Adrien Seguin, agé de 35 ans, né à Chartres, département du Loiret, demeurant à Paris, rue de Valois, n° 293, chimiste.
18° Martial Aubertin, agé de 45 ans, né à Paris, département *idem*, demeurant à Paris, rue Denis n° 163, marchand-fleuriste.
19° Joseph Piron-Chaboulon, agé de 46 ans, né à …, département de …, demeurant à Paris, rue Basse-du-Remparat.
20° Jean Cluny, chapelier, agé de 41 ans, né à Carascon, département des Bouches-du-Rhône, demeurant à Paris, rue des Gravilliers.
21° André-Georges Brumaut-Bauregard, ex chanoine, ex grand vicaire, agé de 49 ans, né à Poitiers, département de la Vienne, y demeurant.
22° Philippe-Clément Bernard, ex-prêtre, agé de 38 ans, né à Lusignan, département de la Vienne, demeurant à Bertigon, même département.
23° Jean Guyot du Rijoux, ex-noble, ex-chanoine, agé de 57 ans, né à Neyers-les-Bois, département de la Vienne, demeurant à Poitiers, même département.
24° Joachim-Laurent Aviat-Turot, agé de 28 ans, né à Dampierre, département de l'Aube, y demeurant, cultivateur.
25° Toussaint-Charles Girard, notaire, agé de 45 ans, né à Paris, département de Paris, y demeurant, rue martin, n° 268.

26° Girard-Jean Arfelière, menuisier, agé de 37 ans, né à Paris, y demeurant, rue de Tracy.
27° Jean-Blaise Perret, limmonadier, agé de 26 ans, né à Paris, demeurant rue Bourg-l'Abbé.
28° Louis Merry, huissier, agé de 41 ans, né à Pontault, département de Seine-et-Marne, demeurant à Paris rue Martin n° 382.
Ont été traduits au Tribunal révolutionnaire comme prévenus de s'être déclarés les ennemis du peuple en se livrant à des manœuvres et complots contre-révolutionnaires.
Qu'examen fait des pièces adressées à l'accusateur public, il en résulte que les nommés Aucane, Arquin, Arpajon, Lejeune et Vermandie sont les agents et les complices de Batz et la faction de l'étranger, dont une partie a déjà satisfait par un juste chatiment à la justice nationale.
En effet, Aucane était lié de la manière la plus intime avec la Sainte-Amaranthe depuis plus de vingt ans et demeuroit avec elle au moment de son arrestation. Sa haine pour la Révolution, ses sentiments et ses principes contre-révolutionnaires sont connus. Membre de ce qu'on appelloit une cour souveraine, la cydevant Chambre des comptes de Paris, il a vu dans une contre-révolution la possibilité du rétablissement de ces cydevant corps de magistrature, instruments dans les mains du Tyran de la plus cruelle oppression des peuples. Sa complicité avec Batz, échappé jusqu'à présent à la surveillance des autorités publiques, et avec cette horde de conspirateurs ne peut faire l'ombre d'un doute.
D'Arquin, ex-comte, est l'un des contre-révolutionnaires qui n'ont, depuis le commencement de la Révolution, cessé de conspirer contre elle par tous les moyens possibles. Il a fait sortir son fils du territoire français et est sorti lui-même avec lui pour l'enrégimenter à Coblentz. Il était d'ailleurs l'agent immédiat de Pitt et de Batz pour l'introduction en France des faux assignats de la fabrique de Londres. C'étoit lui qui les vendoient aux Mesnil-Simon, Mesnil-Durant, Kekratry, Karakdkec, Vignault et autres de ses complices et ses associés, qui ont payé de leurs têtes leurs termes liberticides. Corrupteur des mœurs publiques, il présidoit à ses infâmes tripots de leur où se rallioient tous les conjurés. Enfin ses crimes, ses escroqueries, sa profonde immoralité, l'ont justement rendu l'opprobe et le fléau du corps social.
Les nommés Arpajon et Gourlet-Bonlop, dit Vermantois, étoient aussi les complices de Batz, d'Aucane et d'Arquin.

Quant à Lejeune, officier de paix, il a sciemment favorisé la fuite du conspirateur Julien de Toulouse et partagé avec Ozanne le prix qui avoit été mis à leur prévarication. Il n'a pas ignoré et il a tu la retraite de Julien de Toulouse chez Lacroix, à Paris, où il est resté caché pendant quinze jours. Il était lié avec Comte, qui lui avoit donné à dîner plusieurs fois avec Ozanne et Michonis. Il a cru ainsi qu'à son complice, plus que l'indemnité d'une détention à laquelle il s'exposait pendant deux années.

Rouvière, ex-noble, ex-membre du cydevant Parlement de Rouen et secrétaire du Tyran, paroit être un des instruments de la faction de l'étranger. Cet individu qui paroît être rentré sur le territoire français après en être sorti pour se joindre aux conspirateurs du dehors, demeurant dans la commune de Fréville, district de Bois-Commun, il a obtenu une passe pour se rendre dans la commune de Cées, département de l'Eure, sous le prétexte de s'y procurer des certificats de résidence pour établir sa non-émigration. Pour cette espèce de passe on lui donna un gardien pour l'accompagner sous la condition portée en l'article quatre qu'il veilleroit à ce qu'il ne passeroit pas Paris, attendu sa qualité de secrétaire du cy-devant roy. Nonobstant cette deffense, Rouvière a engagé son gardien, trop facile et trop confiant, à violer la condition de cet acte et à passer par Paris où, armé d'un couteau, d'un canif et d'un rasoir, il s'est présenté chez un représentant du peuple que les poignards de Pitt ne cessent d'assiéger et a demandé à lui parler en particulier. Il faut observer que cet individu, outre les instruments dont il étoit garni, avoit encore sur lui des médailles à la face du Tyran enveloppées avec le plus grand soin. Il paroit aussi que divers écrits trouvés chez lui déposent de son dévouement à la royauté, et constatent qu'il a été l'un des plus ardents suppots de Capet et des hordes de conspirateurs.

Pierre Louis Montcrif et César Montcrif, auditeurs à la chambre des comptes, et tous deux membres du conseil de l'infâme Artois, se sont constamment par leur conduite, leurs principes et leurs discours montrés les ennemis du peuple. Ils ont coopéré à l'émigration du nommé Menneville, en retirant chez eux les meubles et effets de ce contre-révolutionnaire. Ils n'ont cessé d'entretenir des correspondances avec le traitre Capet dit d'Artois, du conseil duquel ils étoient membres et auprès de qui ils comptoient rentrer dans leurs fonctions après la contrerévolution.

Nicolas Hennebert de Forceville, ex officier de bouche de Capet, est prévenu de s'être prononcé contre la Révolution dans les assemblées de sa section, d'avoir procuré des certificats de résidence à un conspirateur rentré sur le territoire françois, enfin d'avoir été l'un des chefs de la faction du nommé Dancourt juge de paix, membre du comité central des Thuilleries au mois de juillet 1792, enfin d'avoir signé les pétitions qui étoient le point de ralliement de tous les ennemi du peuple, de sa souveraineté, de la liberté et de l'égalité.
Montfort, ex officier d'infanterie, est prévenu d'avoir été l'un des membres des chiffons d'Arles où il s'est montré l'ennemi implacable de la Révolution et des patriotes.
SADE, EX-COMTE, CAPITAINE DES GARDES DE CAPET EN 1792, A ENTRETENU DES INTELLIGENCES ET CORRESPONSANCES AVEC LES ENNEMIS DE LA RÉPUBLIQUE. IL N'A CESSÉ DE COMBATTRE LE GOUVERNEMENT RÉPUBLICAIN EN SOUTENANT DANS SA SECTION QUE CE GOUVERNEMENT ÉTOIT IMPRATICABLE. IL S'EST MONTRÉ LE PARTISAN DU FÉDÉRALISME ET LE PRONEUR DU TRAITRE ROLAND. ENFIN IL PAROIT QUE LES PREUVES DE PATRIOTISME QU'IL A VOULU DONNER N'ONT ÉTÉ DE SA PART QUE DES MOYENS D'ÉCHAPPER À LA RECHERCHE DE SA COMPLICITÉ DANS LA CONSPIRATION DU TYRAN DONT IL ÉTOIT LE VIL SATELLITE.
Serre de St-Romans, ex noble, ex conseiller au cy devant parlement de Paris, a fait émigrer son fils pour l'armer contre sa patrie, paroit être sorti lui-même du territoire françois pour reprendre ses fonctions au parlement de Tournay, a entretenu des liaisons, des correspondances des intelligences avec les ennemis de la République, enfin a affecté, pour prouver sa haine contre le peuple et sa souveraineté, de ne jamais se présenter à aucune des assemblées de la section de l'Indivisibilité où il demeure, et de n'y jamais prêter aucun serment.
La femme Le Roux Maillé, ex noble, doit être mise au nombre des contre-révolutionnaires les plus audacieuses. Ses correspondances avec les ennemis intérieurs, des imprimés trouvés chez elle, deux prétendues lettres du défunt tyran de Suède et des règlements de Bervick au frère du tyran Capet lors de sa lache désertion, prouvent qu'elle a perpétuellement et continuellement tramé contre le peuple français ; d'autres lettres, prouvent encore qu'elle alimentoit par des secours pécuniaires

les complots des prêtres réfractaires, auteurs de la guerre désastreuse de la Vendée.

La veuve Daulier, ex noble, étoit aussi, comme la femme Maillé, l'ennemie implacable du peuple. Les écrits, ouvrages et journaux trouvés chez elle prouvent jusqu'à quel point elle vouloit la contre-révolution, le *Journal de la Cour et de la Ville*, Royou, Durosoy, la *Nécessité d'une contre révolution*, et d'autres du même genre, les monuments de la féodalité conservés sur une argenterie enfouie avec beaucoup de numéraire, tels sont les certificats de civisme que la femme Daulier présente pour sa justification.

Barton de Montbas, ex baron, ex capitaine d'infanterie, ex chevalier de l'ordre dit de St-Louis, a eu l'art de cacher sous les dehors du patriotisme ses manœuvres, ses intelligences avec les ennemis intérieurs et extérieurs. Mais tout donne lieu de croire qu'il a été, dans la journée du vingt-huit février 1791, l'un des chevaliers du poignard, et qu'il a été constamment l'un des suppots du despotisme de Capet. Il a un frère émigré et avoit enfoui du numéraire.

Brillon, homme de loi, est l'un des assassins du peuple dans la journée du dix-aoust, où il servoit les trames meurtrières du scélérat Mandat, son intime ami, et a échappé par la fuite au chatiment du à ses forfaits. Il n'a cessé d'entretenir des relations avec les ennemis du peuple qui sont tombés sous le glaive de la loi et toute sa conduite n'offre en lui que l'agent secret dans l'intérieur de la République de toutes les trames formées contre la liberté.

Seguin, ex secrétaire, de Montpensier fils d'Égalité, signataire de pétitions inciviques, partisan des royalistes, ennemi des patriotes, n'a cessé de faire dans sa section… pour faire triompher les ennemis du peuple dans leurs complots infâmes ou pour leur assurer l'impunité de leurs trames criminelles.

Aubertin, plumassier fleuriste, a été l'un des plus ardents partisans des conspirateurs Bailly et Lafayette. On l'a vu, au moment où le peuple, cédant à l'excès de l'oppression exercé envers lui par d'avi[des] accapareurs, en demandait hautement justice, brusquer le peuple, l'outrager, l'insulter, le menacer, faire mettre contre ses concitoyens la bayonnette au bout du canon et menacer s'ils résistoient de faire feu sur eux, au point que les citoyens lui ont oté sur le champ un grade dont il abusoit pour servir la tyrannie. C'était lui qui dans sa section demandoit que l'on adressat des remerciements à Brouillé pour le sang qu'il avoit fait

verser à Nancy. Il est encore prévenu d'être signataire des pétitions inciviques qui formoient l'engagement d'être dévoués à la cause des tyrans.
Piron, agent de d'Artois, suppot de l'agiotage, associé des Calonne, des Veymerange, pour opprimer le peuple, par le système désastreux d'opérations qui consistoient à épuiser la plus pure substance des citoyens victimes de ces vampires insatiables, ne s'est montré en faveur de la Révolution que pour faire tourner au profit de Capet et de ses frères, et enfin de la tyrannie et du despotisme. Si le masque dont il s'est couvert a pu en imposer, la conduite immorale et les intrigues de Piron l'ont ensuite fait tomber. On l'a vu en 1794, enrichi des dépouilles de ses malheureux créanciers, fuir le territoire françois, pour se joindre sans doute au conspirateur d'Artois. Il n'est revenu qu'en 1792. On l'a vu, dans la section des Piques, persécuter les meilleurs patriotes et égarer contre eux les citoyens, échauffer les esprits au point de donner lieu aux scènes les plus violentes. Il applaudit au meurtre et à l'assassinat dont l'ami du peuple a été la victime. Chargé comme président de l'assemblée de faire un discours sur cet événement affreux et de rendre hommage aux vertus du martyr de la liberté, on lui a entendu dire : « Je ne sçais pas parler aux morts. – Que voulez-vous que j'aille dire à Marat ? – Au surplus je crains la peste. » On ne peut donc voir dans Piron qu'un contrerévolutionnaire qui est l'agent du traitre d'Artois sous les apparences du plus ardent patriotisme.
Cluny, chapelier à Marseille, membre du département, nommé par le comité central des sections de Marseille, est un contrerévolutionnaire forcené qui a vexé et opprimé les patriotes. Pendant tout le temps qu'il a exercé des fonctions qu'il tenoit de conspirateurs ses complices, il a été l'un des plus ardents instigateurs de la rébellion de Marseille et des suites désastreuses qu'elle a eu.
Brumaut, dit Beauregard, ex grand vicaire de l'ex-évêque de Luçon, ex-chanoine théologal, a été l'un des conspirateurs les plus audacieux et les plus fanatiques. Prêtre réfractaire, ayant même refusé de prêter le serment de liberté et d'égalité, ses lettres et celles qui lui ont été adressées prouvent qu'il ne s'est occupé qu'à répandre et à propager son système liberticide de résistance et de rébellion à la loi. Il est constant que c'est lui qui a été le principal agent dans le département de la Vienne des ouvrages incendiaires et fanatiques fabriqués par les cydevant évêques et autres contrerévolutionnaires et destinés, en égarant

les citoyens, à allumer le feu de la guerre civile dans ce département et ceux environnants. Arrêté et traduit au Comité de sûreté générale de la Convention et condamné à la déportation, il s'est soustrait à l'exécution de ce jugement et n'a fait usage de sa liberté que pour se rendre dans les départements de la Vendée et des Deux-Sèvres pour y fomenter la guerre civile qui a éclatté. Les réponses de ce conspirateur lors de son arrestation ne font qu'ajouter à la nécessité de faire subir à ce scélérat la peine due à ses forfaits.

Guyot du Rijoux, ex prêtre réfractaire, ex chanoine de l'église de Poitiers, ex noble, doit encore être regardé comme un des auteurs des crimes et des forfaits dont le fanatisme a souillé le territoire françois. Ses correspondances avec les ennemis extérieurs de la République, les écrits contrerévolutionnaires faits et rédigés par lui, les ouvrages imprimés des ennemis les plus connus du peuple françois saisis chez lui prouvent que, comme prêtre et comme noble, il a cherché dans des projets de contrerévolution, les moyens de faire revivre les privilèges nobiliaires et sacerdotaux dont le peuple l'a si justement dépouillé.

Bernard, prêtre, ex curé de Bertejou, département de la Vienne, est prévenu d'avoir entretenu des correspondances et intelligences avec les ennemis de la République et notamment avec le nommé Demoran, ex noble émigré, dont les lettres lui étaient communiquées par la femme de ce dernier. Il est en outre prévenu de s'être constament montré l'ennemi de la Révolution en excitant des troubles au milieu de sa commune, en cherchant à y fomenter des haines et des divisions, en voulant détourner des prêtres et curés des communes voisines de la sienne de prêter leur serment, et en cessant de les voir parce qu'ils avoient obéi à la loi, en montant une joye insultante lors de la prise de Thouars par les brigands de la Vendée, affectant de refuser de se montrer lors de la publication des loix, enfin en foulant aux pieds les loix de la Convention, faits qui sont attestés par les habitants de sa commune.

Aviat-Turot, cultivateur à Dampierre, est prévenu d'avoir insulté et outragé les autorités constituées lors de la clôture des églises dans la commune de Dampierre et d'avoir voulu porter les citoyens à la rébellion à cette occasion, en disant que s'il y avoit un rassemblement de femmes pour faire ouvrir les portes de l'église et faire rétablir les iamges et statues, il y enverroit la sienne, qu'il parioit cent écus qu'il iroit et qu'il se mettroit à l'amende de dix écus s'il n'y alloit pas, qu'il regardoit le démeublement

de l'église comme une scélératesse et que ceux qui l'avoient fait étoient tous scélérats et que s'il falloit une victime, il présentoit sa tête.
Il paroit qu'après avoir exprimé ses regrets par ses propos incendiaires, il a voulu, guidé par le fanatisme, faire signer une pétition qu'il a colporté lui-même tendante à demander à la municipalité l'ouverture de l'église, pétition qui pouvoit susciter des divisions dans la commune et devenir une cause de trouble et d'agitation.
Girard, notaire à Paris, est prévenu d'avoir été l'un de ceux que soudoyoit la liste civile et d'avoir fait signer la pétition des vingt mille qu'il a ensuite brulée. Partisant des Bailly, des La Fayette, il s'est montré l'ennemi des patriotes et de la Révolution. Il paroit ne s'être montré à sa section que pour soutenir le despotisme de ces conspirateurs.
Arfelière, menuisier, né dans une honorable médiocrité, est prévenu de ne devoir une fortune considérable qu'aux dilapidations qu'il a faites dans les biens des religieux appartenant à la Nation. Ses liaisons avec les ennemis de la Révolution l'ont fait regarder lui-même comme l'ennemi du peuple. Il est encore prévenu de s'être montré le partisan des fédéralistes, d'avoir voulu empêcher le recrutement de la Vendée, d'avoir fait tous ses efforts pour faire adopter l'arrêté fédéraliste de la section du Mail, de s'être opposé au départ des citoyens avec armes pour le département de la Vendée, disant qu'il ne falloit qu'aller fraterniser avec les fédéralistes du Calvados.
Perret, limonadier, est prévenu de s'être opposé au recrutement pour la Vendée et le département d'Eure, disant dans son caffé que les Jacobins étoient des scélérats et tenant d'autres propos contrerévolutionnaires, provoquant la dissolution des sociétés populaires et insultant les patriotes.
Merry, huissier, est aussi prévenu de s'être montré l'ennemi du peuple et le vil courtisan des aristocrates et des contrerévolutionnaires. On l'a entendu se répandre en propos et en injures contre les patriotes et les traiter d'enragés Jacobins. Agent de la faction fédéraliste, il distribuoit l'arrêté contrerévolutionnaire de la section du Mail afin de le faire adopter, déclamant contre les journées des trente et un may et deux juin et vexant les patriotes de sa section, enfin provoquant la dissolution de la représentation nationale contre laquelle il se permettoit les outrages les plus audacieux.
D'après l'exposé cy-dessus, l'accusateur public a dressé la présente accusation contre les susnommés pour s'être déclarés les ennemis du peuple,

soit en participant aux trames, complots, conspirations et assassinats de Capet et de sa femme et autres contre la Révolution et les citoyens françois, soit en entretenant des correspondances et intelligences avec les ennemis intérieurs et extérieurs de la République en leur fournissant des secours de quelque manière que ce soit, soit en attentant à l'unité, à l'indivisibilité de la République et en provoquant par le fanatisme la guerre civile pour armer les citoyens les uns contre les autres, soit en provoquant par des propos, discours et écrits, la dissolution de la représentation nationale et le rétablissement de la royauté.

En conséquence, l'accusateur public requiert qu'il lui soit donné acte de l'accusation par lui intentée et qu'il soit ordonné qu'à sa diligence et par l'huissier du tribunal porteur de l'ordonnance à intervenir, les prévenus susnommés soient pris au corps et écroués sur les registres de la maison d'arrêt où ils sont détenus pour y rester comme en maison de justice et aussi que la présente ordonnance sera notifiée.

Fait au cabinet de l'accusateur public le huit thermidor l'an deux de la République une et indivisible.

A.Q. FOUQUIER

APPENDICE III[1]

« Législateurs,

Le sage décret qui rend la liberté aux Patriotes, exige d'eux préalablement un aveu général de leur conduite politique depuis 1789. Je m'y soumets avec d'autant plus d'assurance que mes juges ne trouveront, j'espère, dans les détails que je vais leur offrir, que l'innocence la plus entière, et l'attachement le plus vif à la Révolution. Ma réponse aux motifs de mon arrestation suivra mes aveux et clora ce Mémoire.

En juillet 89, je gémissais depuis plusieurs années dans les prisons de la Bastille, et ce n'était pas dans un tel séjour où je devais apprendre à aimer les Rois ; je les méprisais avant que d'y être, je les détestai [*abhorrai*, sur l'exemplaire corrigé] quand j'y fus. Là je vis les preuves de leur détestable perfidie [*trahison*, sur l'exemple corrigé].

« [Dès le milieu de juin, je vis remplir le château d'armes, et la garnison se renforcer ; je devinai les motifs de ces funestes apprêts, ils me révoltèrent] [cette phrase manque sur l'exemplaire corrigé]. Pendant mes promenades dans la cour, j'harangue les soldats, je leur demande s'ils auront l'infamie de tirer sur le Peuple. Mécontent de leur réponse, je me détermine à prévenir de leur trahison, j'avertis la rue Saint-Antoine par ma fenêtre au moyen d'un tuyau de fer blanc. On se réunit, on m'écoute, je recommence trois fois ces mentions. Launay inquiet écrit au ministre Villedeuil (j'ai la lettre) : *Si vous ne sortez pas Sade de la Bastille, si vous ne le transférez pas dans les cachots de Charenton, je ne réponds pas de la place au Roi.* Cette horrible translation eu lieu, je fus plongé neuf mois dans ces cachots, et n'en sortis que le 3 avril 1790. J'ai donc gémi dans l'esclavage neuf mois de plus que les autres, j'ai donc coopéré à la prise de la Bastille, j'ai donc été suspect aux yeux des Rois, puis-je l'être aujourd'hui aux yeux de la Nation ?

---

1 Arch. nat., $F^7 4775^9$, pièce 22 (publiée par Jean-Jacques Pauvert). Cette lettre a été rédigée par Sade le 8 mars 1794 pour sa défense. Il l'a ensuite fait recopier et a apporté à la copie plusieurs changements, signalés ici entre crochets. Le tout dernier paragraphe est un ajout fait par Sade après la phrase « jusqu'à la dernière goutte de mon sang pour la maintenir ».

« Au sortir de ma prison je fus logé dans la section dite aujourd'hui du *Bonnet Rouge*. C'était à peu près l'époque de la Fédération ; je remplis mon devoir en logeant deux fédérés chez moi, quoique je n'eusse que deux chambres en tout, et la lettre que j'écrivis à ce sujet chez moi fut couverte d'applaudissements.

« En décembre 90, je vins m'établir dans la section dite des Piques ; on n'exigeait pas alors le service personnel, il suffisait de le payer. Mes quittances sur cet objet sont en règle. Les assemblées de section n'étaient point permanentes, il ne s'en est jamais convoqué d'extraordinaires que je ne m'y sois rendu. En ma qualité d'homme de lettres, je sacrifiai ma plume au service d'une Révolution qui m'avait rendu libre. Mon premier écrit fut un Mémoire tendant à prouver le danger du départ des tantes de Capet. Le Royalisme régnait tellement alors, qu'il me fut impossible de trouver un imprimeur qui voulut se charger de publier cette pièce ; j'en fis hommage au Président de ma Section, et fus obligé de m'en tenir à la faire circuler manuscrite.

« Le 10 août de bon matin, un ami vint me chercher ; nous nous portâmes au Carrousel, nous nous mêlâmes aux Marseillais, mon ami fut blessé auprès de moi, je bouillais de rage de ce que le tyran et son indigne épouse ne portaient pas sur-le-champ la peine de leur crime. Dès ce moment les sections furent permanentes, je n'en bougeai plus ; j'étais secrétaire le 3 septembre sous Laignelot, président et membre aujourd'hui de la Convention. Dès lors, j'ai monté ma garde personnellement quand les affaires journalières d'une Commission pour les hôpitaux à laquelle j'étais nommé par ma Section, m'en ont laissé le temps ; mais quant au service de rigueur, je n'en ai pas manqué un seul ; toutes les fois que Capet a été dans Paris pour son jugement, je me suis trouvé sous les armes, j'ai vu tomber sa tête en vrai Républicain pouvais-je aimer un Despote qui m'avait tenu tant d'années dans les fers ?

« Le 31 mai je n'ai pas quitté mon bataillon. J'y étais aussi lorsque l'Autrichienne a subi son juste sort.

« Quant au Civil, j'ose dire que je m'y suis livré peut-être encore avec plus d'activité qu'au militaire ; c'était ma partie [*Patrie*]. Comme homme de lettres, j'ai été plusieurs fois secrétaire de ma Section, j'ai eu l'honneur de la présidence ; j'étais de deux comités, de la Société populaire ; quatorze mois membre de la Commission d'hôpitaux que j'ai présidé longtemps, toujours chargé de rédiger et de lire les pétitions que ma Section adressait à la Convention nationale, j'ai eu l'honneur d'en lire une à la Barre, à la tête des quarante-huit sections de Paris ; quand la mienne a célébré la fête civique de Marat, elle me choisit pour son orateur, et je fis passer au Comité de sûreté générale plusieurs exemplaires du discours que je composai à cette occasion et que je prononçai sur le pied d'estal de la place des Piques.

« Je n'ai point voté pour Rafet, je n'ai jamais été d'aucun club anticivique, je n'étais point encore jacobin, mais j'y aspirais, et j'allais le plus qu'il m'était possible me nourrir dans ces assemblées des principes sacrés auxquels la Révolution doit tout.

« Je paye trois volontaires à l'armée du Midi, j'ai mes quittances d'impositions, d'emprunt forcé, de dons patriotiques, tous mes billets de garde, plusieurs lettres, très en ma faveur, de différentes communes de mon département, des quittances de mon abonnement pour subvenir aux frais de la guerre… [… *« de la Vendée »*], un volume d'œuvres patriotiques ; je n'ai jamais signé aucune pétition, aucun individu ne tient plus à la Révolution que moi. J'y suis attaché par système, et par reconnaissance, et quelque désagrément qu'elle vienne de me faire éprouver, en m'incarcérant trois mois pour rien, je suis, et serai toujours prêt à répandre jusqu'à la dernière goutte de mon sang pour la maintenir.

« Il me reste à répondre à l'inculpation faite contre moi, et en vertu de laquelle on m'incarcère ; *une lettre ou deux à Brissac*, voilà tout ce qui se trouve au Comité de sûreté générale contre moi ; OUI j'ai écrit à Brissac en 1791. Ancien officier de son régiment, tant que je l'ai cru l'ami de la Révolution, j'ai pu comme bien d'autres me tromper sur ce qui le concernait, j'ai pu, même, lui demander du service pour les miens ou pour moi dans une garde décrétée par l'Assemblée constituante, et dans laquelle on n'entrait pas sans des preuves de patriotisme ; mais Brissac me connut mieux que je ne le connaissais, il ne se trompait pas avec moi pendant que j'étais dans l'erreur sur son compte ; il dit à un de mes amis : *nous ne voulons pas de gens…*

… et qui que ce soit peut-il me blâmer ou me punir légitimement de m'être conformé à la loi du jour ? Nuls effets d'ailleurs n'ont résulté de cette imprévoyance ; jamais ni moi, ni personne de ma famille, n'a servi dans cette garde ; je n'ai péché que par excès de zèle ; j'imagine que trois mois de prison m'ont assez puni du malheur de n'avoir pas su deviner, et j'aime mieux être coupable de trop d'ardeur que de modérantisme ; je proteste qu'on ne me reprochera jamais des griefs de ce genre.

« Législateurs, voilà ma conduite, voilà mes aveux, voilà ma réponse aux torts très médiocres que l'on me reproche. Prononcez maintenant, et croyez que quel que puisse être votre arrêt, je protesterai toujours à la face de la République entière, que la Révolution n'aura jamais un ami plus sûr, un partisan plus zélé que

« Sade

« Ce 18 ventôse, l'an 2e de la République une et indivisible. »

« On m'accuse d'être noble, cela est faux ; l'acquisition d'un fief noble dans une famille ne confère point la noblesse. Et si, par ce que je possède dans ce fief, il a plu à quelques esclaves de l'ancien régime de joindre à mon nom malgré moi un titre que je n'eus jamais, ce n'est pas ma faute ; ce titre n'était point affecté au fief que mon grand-père avait acheté pour faire oublier que le sien avait été domestique, et je n'ai jamais souffert qu'on me le donnât. Je ne l'ai jamais signé nulle part, mes ancêtres ont à peu près toujours fait l'honorable métier de cultivateurs, mon père fut homme de lettres ; j'ai suivi la même carrière après avoir servi six ou sept ans dans ma jeunesse. Il y a vingt-six ans que je suis retiré, je n'ai jamais mis le pied à la Cour, je n'en ai jamais reçu ni grâces, ni pension, ni faveur. Je défie en un mot qu'on puisse me prouver un seul titre, me donner une seule preuve qui puisse me donner une noblesse que je déclare n'avoir jamais eue. »

SOURCES ET BIBLIOGRAPHIE

ARCHIVES

Archives nationales
- F7 4347
- F7 4775
- T752
- W434, dos. 974

SOURCES PRIMAIRES IMPRIMÉES

BEAULIEU, Claude-François, *Essai historique sur les causes et les effets de la Révolution de France*, Paris, Maradan, 1803.

CLOOTS, Anacharsis, *Étrennes de l'orateur du genre humain aux cosmopolites*, Chef-lieu du globe, 1793.

CLOOTS, Anacharsis, *La République universelle, ou Adresse aux tyrannicides*, Paris, Chez les marchands de nouveautés, 1795.

Compte rendu à la section des Piques par les Citoyens Grenard et Guiard, Paris, Imp. Loyal, s. d.

DUPONT DE NEMOURS, Pierre-Samuel, *Physiocratie ou Constitution naturelle du gouvernement le plus avantageux au genre humain*, Yverdon, 1768.

Extrait des délibérations du comité de la section de la Place Vendôme, Imp. du Postillon, 1791.

Extrait des registres des délibérations de l'assemblée générale de la section de la Place Vendôme, Veuve Desaint, s. d.

FREY, Junius, *Philosophie sociale dédiée au peuple français*, s. l., 1793.

FREY, Junius, *Les Aventures politiques du père Nicaise ou l'anti-fédéraliste*, s. l., 1793.

Le Batave ou le nouvelliste étranger.

Le Spectateur du Nord.

MIRABEAU, Victor Riqueti, *Mémoire sur l'agriculture envoyé à la très louable Société d'agriculture de Berne*, in *L'Ami des hommes*, 1760.

MIRABEAU, Victor Riqueti, *Éléments de la philosophie rurale*, La Haye, Chez les libraires associés, 1767.

M. R. [ROUSSELLE, Joseph], *Instructions pour les seigneurs et les gens d'affaires*, Paris, Lottin l'aîné, 1770.

RÉTIF DE LA BRETONNE, Nicolas-Edme, *Monsieur Nicolas* [1794-1796], Paris, Gallimard, 1989.

Section de la Place-Vendôme. Extrait du registre des délibérations de l'assemblée générale de la section de la Place-Vendôme. Du vendredi 27 mai 1791, Paris, Imp. du Postillon, s. d.

ŒUVRES DU MARQUIS DE SADE (ÉDITIONS CITÉES)

Écrits politiques, Maurice Lever éd., Paris, Éditions Bartillat, 2009.

Les Crimes de l'amour, Eric Le Grandic éd., Paris, Zulma, 1995.

Aline et Valcour in *Œuvres I*, Michel Delon éd., Paris, Gallimard, 1990.

Justine in *Œuvres II*, Michel Delon éd., Paris, Gallimard, 1995.

Histoire de Juliette in *Œuvres III*, Michel Delon éd., Paris, Gallimard, 1998.

La Philosophie dans le boudoir in *Œuvres III*, Michel Delon éd., Paris, Gallimard, 1998.

« Cent onze notes pour *La Nouvelle Justine* » in *Œuvres complètes*, vol. 3, Paris, Jean-Jacques Pauvert, 1986.

ORIENTATION BIBLIOGRAPHIQUE

ABRAMOVICI, Jean-Christophe, *Encre de sang : Sade écrivain*, Paris, Classiques Garnier, 2013.

ADO, Anatoli, *Paysans en révolution : terre, pouvoir et jacquerie, 1789-1794*, Paris, Société des études robespierristes, 1996.

APOLLINAIRE, Guillaume, *L'Œuvre du Marquis de Sade*, Paris, Bibliothèque des Curieux, 1909.

Blanc, Louis, *Histoire de la Révolution française*, vol. 2, Bruxelles, Meline Cans et compangie, 1856.

Bongie, Laurence, *Sade. Un Essai biographique*, trad. de *Sade. A biographical Essay* [1998], Montréal, Presses de l'université de Montréal, 2017.

Bouchary, Jean, *Les Manieurs d'argent à Paris à la fin du* xviii*e siècle*, tomes 1-3, Paris, Librairie des sciences sociales et politiques, 1939-1943.

Bouchary, Jean, *Les faux-monnayeurs sous la Révolution française*, Paris, Librairie Marcel Rivière et Cie, 1946.

Bourdin, Paul, *Correspondance inédite du marquis de Sade, de ses proches et de ses familiers* [1929], Genève, Slatkine Reprints, 1971.

Bouvier, Jean, *Finances et financiers de l'Ancien Régime*, Presses universitaires de France, 1964.

Braesch, Fritz, *La Commune du 10 août 1792. Étude sur l'histoire de Paris du 20 juin au 2 décembre 1792*, Paris, Hachette, 1911.

Buchez, Philippe-Joseph-Benjamin, *Histoire parlementaire de la Révolution française*, Paris, Paulin, 1834-1838.

Cantafio Casamaggi, Valerio et St-Martin, Armelle, *Sade et l'Italie*, Paris, Desjonquères, 2010.

Chartier, Roger, *Les origines culturelles de la Révolution française*, Paris, Le Seuil, 1990.

Chaussinand-Nogaret, Guy, *Gens de finance au* xviii*e siècle*, Bordas, 1972.

Chaussinand-Nogaret, Guy, *La noblesse au* xviii*e : de la féodalité aux Lumières*, Paris, Hachette, 1976.

Conner, Clifford D., *Jean Paul Marat*, New York, Pluto Press, 2012.

Coquard, Olivier, *Marat*, Paris, Fayard, 1993.

Crouzet, François, *La grande inflation. La monnaie en France de Louis XVI à Napoléon*, Paris, Fayard, 1993.

Daire, Eugène, *Physiocrates. Quesnay, Dupont de Nemours, Mercier de la Rivière, l'abbé Baudeau, Le Trosne. Avec une introduction sur la doctrine des physiocrates, des commentaires et des notices historiques* [1846], Genève, Slatkine Reprints, 1971.

Daire, Eugène, *Mémoire de M. Eugène Daire sur la doctrine des physiocrates*, Paris, Imp. de Hennuyer, 1847.

Delon, Michel (dir.), *Sade, un athée en amour*, Paris, Albin Michel, 2014.

Delon, Michel, « Sade thermidorien », *Sade. Écrire la crise*, Paris, Belfond, 1983, p. 99-117.

Delon, Michel, « préface », Les *Crimes de l'amour*, Paris, Gallimard, 1987.

Delon, Michel, « Effet de commerce. La circulation d'une image », *Recherches sur Diderot et sur l'Encyclopédie*, 54, 2019, p. 7-15.

Delon, Michel, « Sade ou les droits de l'extraordinaire », in Marot, Patrick (dir.), *Frontières et limites de la littérature fantastique*, Paris, Garnier, 2020, p. 209-221.

DEPRUN, Jean, « Sade philosophe » in Sade, *Œuvres I*, Michel Delon éd., Paris, Gallimard, 1990.

DIDIER, Béatrice, *Écrire la Révolution. 1789-1799*, Paris, Presses universitaires de France, 1989.

DUFOUR, Dany, *La Cité perverse : Libéralisme et pornographie*, Paris, Denoël, 2009.

FARCY, Jean-Claude, *Les paysans beaucerons au XIX*[ème] *siècle*, Société archéologique d'Eure-et-Loir, Chartres, 1989.

FURET, François, *Penser la Révolution française*, Paris, Gallimard, 1978.

FURET, François et RICHET, Denis, *La Révolution française*, Paris, Hachette, 1973.

FURET, François et HALÉVI, Ran, *Orateurs de la Révolution française. Les Constituants*, tome 1, Paris, Gallimard, 1989.

GAXOTTE, Pierre, *La Révolution française* [1970], Paris, Éditions Tallandier, 2014.

GODECHOT, Jacques, *La Révolution française. Chronologie commentée 1787-1799*, Paris, Librairie Académique Perrin, 1988.

HERENCIA, Bernard, « L'Optimum gouvernemental des physiocrates : despotisme légal ou despotisme légitime ? », *Revue de philosophie économique*, 2013/2, vol. 14m, p. 119-149.

HEINE, Maurice, *Le marquis de Sade*, Paris, Gallimard, 1950.

HELLER, Henry, *The Bourgeois Revolution in France 1789-1815*, New York, Oxford, Berghahn Books, 2006.

HELLER, Henry, « Bankers, Finance Capital and the French Revolutionary Terror (1791-1794) », *Historical Materialism*, vol. 22, n° 3-4, 2014, p. 172-216.

HUNT, Lynn, *Politics, Culture, and Class in the French Revolution*, Berkeley, Los Angeles, London, University of California Press, 1984.

HUNT, Lynn, *Le roman familial de la Révolution française* [*The Family Romance of the French Revolution*, Berkeley, University of California Press, 1992], Paris, Albin Michel, 1995.

HUROT, François, *La Bande d'Orgères*, Le Beau François, Orléans, 1982.

JALLON, Hugues, *Sade. Le Corps constituant*, Éditions Michalon, Paris, 1997.

KHAN, Léon, *Les Juifs de Paris pendant la Révolution*, Paris, Éditions Paul Ollendorf, 1898.

LABORDE, Alice M., *Correspondance du marquis de Sade*, tome XXV, Slatkine Reprints, Genève, 1997.

LAVAL, Dr Victorin, *Lettres inédites de J.-S. Rovère à son frère Simon-Stylite*, Paris, Librairie ancienne H. Champion, 1908.

LELY, Gilbert, *Vie du marquis de Sade, avec un examen de ses ouvrages*, Paris, Gallimard, 1952-1957, tomes I et II.

LELY, Gilbert, *Vie du Marquis de Sade*, Paris, Au Cercle du livre précieux, 1966.

LELY, Gilbert, *Sade. Études sur sa vie et sur son œuvre*, Paris, Gallimard, 1967.

LELY, Gilbert, *Le Portefeuille du marquis de Sade*, Paris, Éditions de la Différence, 1977.

LE MASNE, Pierre, « La colonisation et l'esclavage vus par les physiocrates », *L'économie politique*, n° 71, 2016, p. 101-112.

LEVER, Maurice, *Donatien Alphonse François, marquis de Sade*, Paris, Fayard, 1991.

LEVER, Maurice, *Bibliothèque Sade (I). Papiers de Famille*, Paris, Fayard, 1993.

LEVER, Maurice, *Bibliothèque Sade (II). Papiers de Famille*, Paris, Fayard, 1995.

LIOT, Thierry, *Les fermes du patrimoine. Aux confins de la Beauce, du Hurepoix et du pays d'Yveline*, Rambouillet, Patrimoine et Avenir de Rambouillet et de sa Région, 2013.

LÜTHY, Herbert, *La Banque protestante en France : de la révocation de l'Édit de Nantes à la Révolution*, 2 vol., Paris, S.E.V.P.E.N., 1959 et 1961.

MARTIN, Jean-Clément, *Les Échos de la Terreur*, Paris, Agora, 2018.

MATHIEZ, Albert, *La Révolution et les étrangers. Cosmopolitisme et défense nationale*, Paris, La Renaissance du livre, 1918.

MATHIEZ, Albert, *La Révolution française. La chute de la royauté. La Gironde et La Montagne. La Terreur* [1922-1927], Paris, Bartillat, 2012.

MATHIEZ, Albert, *Autour de Danton*, Paris, Payot, 1926.

MELLIÉ, Ernest, *Les sections de Paris pendant la Révolution française. Leur organisation, leur fonctionnement*, Paris, Société de l'Histoire de la Révolution française, 1898.

MOULIS, Pierre, « Frontières et contrebandes en France du Nord. 17e-18e siècles », *Dix-huitième siècle*, 2013, n° 45, p. 514-563.

NADEAU, Martin, « Mœurs, vertu et corruption : Sade et le républicanisme classique », *Annales historiques de la Révolution française*, n° 347, 2007, p. 29-46.

MONNIER, Raymonde et SOBOUL, Albert, *Répertoire du personnel sectionnaire parisien en l'an II*, Paris, Publications de la Sorbonne, 1985.

MORICEAU, Jean-Marc, *Les fermiers de l'Ile-de-France : l'ascension d'un patronat agricole, XVe-XVIIIe siècle*, Paris, Fayard, 1994.

MORICEAU, Jean-Marc, *Terres mouvantes : les campagnes françaises du féodalisme à la mondialisation : 1150-1850*, Paris, Fayard, 2002.

OST, François, *Sade et la loi*, Paris, Odile Jacob, 2005.

OZOUF, Mona, *Varennes. La mort de la royauté*, Paris, Gallimard, 2005.

PAUVERT, Jean-Jacques, *Sade Vivant* [3 vol., Robert Laffont, 1986-1990], Paris, Éditions Attila, 2013.

ROBERT, Richard, « Les impasses de l'écriture politique », *Sade en toutes lettres*, Michel Delon & Catriona Seth (dir.), Paris, Desjonquères, 2004.

SCHAEFFER, Neil, *The Marquis de Sade. A Life*, New York, Alfred A. Knopf, 1999.

SCHOLEM, Gershom, *Du frankisme au jacobinisme. La vie de Moses Dobruska alias Franz Thomas von Schönfeld alias Junius Frey*, trad. fr., Paris, Gallimard, 1981.

SERNA, Pierre, « Sade et Mirabeau devant la Révolution », *Politix*, vol. 2, nº 6, 1989.

SERNA, Pierre, *Antonelle, aristocrate révolutionnaire (1747-1817)*, Paris, Éditions du Félin, 1997 [2017].

SERNA, Pierre, *Comme des bêtes. Histoire politique de l'animal en Révolution (1750-1840)*, Paris, Fayard, 2017.

SLAVIN, Morris, *The Making of an Insurrection. Parisian Sections and the Gironde*, Cambridge et London, Harvard University Press, 1986.

SOBOUL, Albert, *Précis d'Histoire de la Révolution française*, Éditions sociales, 1962.

SOBOUL, Albert (dir.), *Dictionnaire historique de la Révolution française*, Paris, Quadrige, 2006.

SOBOUL, Albert, « Les Papiers des sections parisiennes 1790 – an IV », *Annales historiques de la Révolution française*, avril-mai 1950, p. 99-108.

ST-MARTIN, Armelle, *De la médecine chez Sade : disséquer la vie, narrer la mort*, Paris, Champion, 2010.

ST-MARTIN, Armelle, « Le marquis de Sade et la République », in Luís Manuel A. V. BERNARDO, Leonor Santa BÁRBARA et Luís ANDRADE, *Representações da República*, Vila Nova de Famalicão, Húmus, 2013, p. 111-121.

TAYLOR, George, « Noncapitalist Wealth and the Origins of the French Revolution », *American Historical Review*, vol. 72, nº 2, 1967, p. 469-496.

TENEUR, J., « Les commerçants dunkerquois à la fin du XVIIIe siècle et les problèmes économiques de leur temps », *Revue du Nord*, tome 48, janvier-mars 1966, p. 17-49.

TRENARD, Louis (dir.), *Flandre, Artois, Hainaut, Boulonnais, Cambrésis*, Toulouse, Privat, 1972.

VALLENTHINI, Michèle, *Sade dans l'histoire*, Paris, Classiques Garnier, 2019.

VILMER, Jean-Baptiste Jeangène, *Sade moraliste*, Genève, Droz, 2005.

VOVELLE, Michel, « Sade et Lacoste, suivi de Mirabeau et Mirabeau. Réflexions sur le déclassement nobiliaire dans la Provence du XVIIIe siècle », *Provence Historique*, tome 17, fasc. 68, 1967, p. 160-171.

VOVELLE, Michel, « Sade, seigneur de village », *Le marquis de Sade*, Paris, Armand Colin, 1968, p. 23-49.

VOVELLE, Michel, *Ville et campagne au 18e siècle (Chartres et la Beauce)*, Éditions sociales, Paris, 1980.

VOVELLE, Michel, *Les mots de la Révolution*, Toulouse, Presses universitaires du Mirail, 2004.

WAHNICH, Sophie, *L'impossible citoyen. L'étranger dans le discours de la Révolution française*, Paris, Albin Michel, 2010.

WALD LASOWSKI, Patrick, « Sade furieux », in *La Philosophie dans le boudoir*, Paris, Éditions 10/18, 2014.

WEULERSSE, Georges, *Le mouvement physiocratique en France de 1756 à 1770*, Paris, 1910.

WEULERSSE, Georges, *La physiocratie à l'aube de la Révolution*, Paris, Éditions de l'École des Hautes Études en Sciences Sociales, 1985.

YOUSSEF, Hindi, *La mystique de la laïcité. Généalogie de la religion républicaine de Junius Frey à Vincent Peillon*, Alfortville, Sigest, 2017.

INDEX DES NOMS

TABLE DES MATIÈRES

DEUXIÈME PARTIE

LE MARQUIS RÉVOLUTIONNAIRE ET LE CERCLE DES BANQUIERS ÉTRANGERS OU DE LA DYNAMIQUE DES RECLASSEMENTS

TROISIÈME PARTIE

ÉCONOMIE, FINANCE ET ÉCRITURE

DANS LA MÊME COLLECTION

1. Caroline JACOT GRAPA, *Dans le vif du sujet. Diderot, corps et âme*, 2009
2. Léonard BURNAND, *Les Pamphlets contre Necker. Médias et imaginaire politique au* XVIII*e siècle*, 2009
3. Christophe MARTIN, « *Éducations négatives* ». *Fictions d'expérimentation pédagogique au dix-huitième siècle*, 2016
4. Marie-Florence SGUAITAMATTI, *Le Dialogue et le conte dans la poétique de Crébillon*, 2010
5. Maëlle LEVACHER, *Buffon et ses lecteurs. Les complicités de l'*Histoire naturelle, 2011
6. Laure CHALLANDES, *L'âme a-t-elle un sexe ?. Formes et paradoxes de la distinction sexuelle dans l'œuvre de Jean-Jacques Rousseau*, 2011
7. *Voltaire à l'opéra*, études réunies par François JACOB, 2011
8. René SIGRIST, *La Nature à l'épreuve. Les débuts de l'expérimentation à Genève (1670-1790)*, 2011
9. Jean-Christophe IGALENS, *Casanova. L'écrivain en ses fictions*, 2011
10. Stéphanie LOUBÈRE, *Leçons d'amour des Lumières*, 2011
11. Morihiko KOSHI, *Les Images de soi chez Rousseau. L'autobiographie comme politique*, 2011
12. Christof SCHÖCH, *La Description double dans le roman français des Lumières (1760-1800)*, 2011
13. Fabrice CHASSOT, *Le Dialogue scientifique au* XVIII*e siècle. Postérité de Fontenelle et vulgarisation des sciences*, 2011
14. Rudy LE MENTHÉOUR, *La Manufacture de maladies. La dissidence hygiénique de Jean-Jacques Rousseau*, 2012
15. Christine HAMMANN, *Déplaire au public : le cas Rousseau*, 2012
16. Noémie JOUHAUD, *L'Aventure éditoriale de Jean-Jacques Rousseau*, 2012
17. *La Question sexuelle. Interrogations de la sexualité dans l'œuvre et la pensée de Rousseau*, sous la direction de Jean-Luc GUICHET, 2012
18. Audrey GUITTON, *L'Autre lointain en dialogue. La quête de la voix idéale au siècle des Lumières*, 2012
19. Guilhem FARRUGIA, *Bonheur et fiction chez Rousseau*, 2012
20. Arnaud TRIPET, *Jean-Jacques Rousseau : la tension et le rythme*, 2012
21. Sergey ZANIN, *Société idéale et horizon d'utopie chez J.-J. Rousseau*, 2012
22. Jean-Christophe ABRAMOVICI, *Encre de sang. Sade écrivain*, 2013
23. Florence LOTTERIE, *Le Genre des Lumières. Femme et philosophe au* XVIII*e siècle*, 2013
24. *Penser l'homme. Treize études sur Jean-Jacques Rousseau*, sous la direction de Claude HABIB et Pierre MANENT, avec la collaboration de Christophe LITWIN, 2013
25. Eleonora BARRIA-PONCET, *L'Italie de Montesquieu. Entre lectures et voyage*, 2013
26. Lucien NOUIS, *De l'infini des bibliothèques au livre unique. L'archive épurée au* XVIII*e siècle*, 2013

27. Fumie KAWAMURA, *Diderot et la chimie. Science, pensée et écriture*, 2013
28. Charles VINCENT, *Diderot en quête d'éthique (1773-1784)*, 2014
29. Cyril FRANCÈS, *Casanova. La mémoire du désir*, 2014
30. Chiara GAMBACORTI, *Sade : une esthétique de la duplicité. Autour des romans historiques sadiens*, 2014
31. *Philosophie de Rousseau*, sous la direction de Blaise BACHOFEN, Bruno BERNARDI, André CHARRAK et Florent GUÉNARD, 2014
32. Stéphanie GÉHANNE GAVOTY, *L'Affaire clémentine. Une fraude pieuse à l'ère des Lumières*, 2014
33. Jacques GUILHEMBET, *L'Œuvre romanesque de Marivaux. Le parti pris du concret*, 2014
34. Élise PAVY-GUILBERT, *L'Image et la Langue. Diderot à l'épreuve du langage dans les* Salons, 2014
35. Vincenzo DE SANTIS, *Le Théâtre de Louis Lemercier entre Lumières et romantisme*, 2015
36. Martin WÅHLBERG, *La Scène de musique dans le roman du* XVIII*e siècle*, 2015
37. Jocelyn HUCHETTE, *La gaieté, caractère français ?. Représenter la nation au siècle des Lumières (1715-1789)*, 2015
38. Sophie LEFAY, *L'Éloquence des pierres. Usages littéraires de l'inscription au* XVIII*e siècle*, 2015
39. Rachel DANON, *Les Voix du marronnage dans la littérature française du* XVIII*e siècle*, 2015
40. Valentina VESTRONI, *Jardins romanesques au* XVIII*e siècle*, 2016
41. Alain SANDRIER, *Les Lumières du miracle*, 2015
42. Łukasz SZKOPIŃSKI, *L'Œuvre romanesque de François Guillaume Ducray-Duminil*, 2015
43. Magali FOURGNAUD, *Le Conte à visée morale et philosophique. De Fénelon à Voltaire*, 2016
44. Érik LEBORGNE, *L'Humour noir des Lumières*, 2018
45. Stéphanie FOURNIER, *Rire au théâtre à Paris à la fin du* XVIII*e siècle*, 2016
46. Catherine CESSAC, *La Duchesse du Maine (1676-1753). Entre rêve politique et réalité poétique*, 2016
47. Antonio TRAMPUS, *La Naissance du langage politique moderne. L'héritage des Lumières de Filangieri à Constant*, 2017
48. Olivier RITZ, *Les Métaphores naturelles dans le débat sur la Révolution*, 2016
49. Guillaume SIMIAND, *Casanova dans l'Europe des aventuriers*, 2016
50. Sadek NEAIMI, *La Superstition raisonnable. La mythologie pharaonique au siècle des Lumières*, 2016
51. David DIOP, *Rhétorique nègre au* XVIII*e siècle. Des récits de voyage à la littérature abolitionniste*, 2018
52. Jean GOLDZINK et Gérard GENGEMBRE, *Madame de Staël, la femme qui osait penser*, 2017
53. Andrew S. CURRAN, *L'Anatomie de la noirceur. Science et esclavage à l'âge des Lumières*, traduction de Patrick GRAILLE, 2017

54. Fabrice MOULIN, *Embellir, bâtir, demeurer. L'architecture dans la littérature des Lumières*, 2017
55. Philippe SARRASIN ROBICHAUD, *L'Homme-clavecin, une analogie diderotienne*, 2017
56. Shelly CHARLES, *Pamela ou les Vertus du roman. D'une poétique à sa réception*, 2018
57. Michèle VALLENTHINI, *Sade dans l'histoire. Du temps de la fiction à la fiction du temps*, 2019
58. Yann PIOT, *Jean-Antoine Nollet, artisan expérimentateur. Un discours technique au XVIIIe siècle*, 2018
59. Sergey ZANIN, *Utopisme et idées politiques Visite de Pierre-Paul Joachim Henri Lemercier de La Rivière à Saint-Pétersbourg. Avec la publication des inédits*, 2018
60. Richard FLAMEIN, *Voltaire à Ferney. Adresse à la postérité moderne (1758-2015)*, 2018
61. Benjamin HOFFMANN, *L'Amérique posthume. Réinventions littéraires de l'Amérique à la fin du XVIIIe siècle*, 2019
62. Renan LARUE, *Le Végétarisme des Lumières. L'abstinence de viande dans la France du XVIIIe siècle*, 2019
63. Florence MAGNOT-OGILVY, *Le Roman et les Échanges au xviiie siècle. Pertes et profits dans la fiction des Lumières*, 2020
64. Séverine DENIEUL, *Casanova. Le moraliste et ses masques*, 2020
65. Gérard LAHOUATI, *Avec Casanova. Penser, songer et rire*, 2020
66. Michèle SAJOUS D'ORIA, *La Participation dramatique. Spectacle et espace théâtral (1730-1830)*, 2020
67. Jean GOLDZINK et Florence CHAPIRO, *Le Sang du récit. Essai sur les passions romanesques du XVIIe au XIXe siècles*, 2020
68. Julien TÉCHER, *Les Usages de l'expérience de pensée au XVIIIe siècle*, 2020
69. Ariane Viktoria FICHTL, *La Radicalisation de l'idéal républicain. Modèles antiques et la Révolution française*, 2020
70. Else JONGENEEL, *L'Illustration en majesté. L'édition Curmer de* Paul et Virginie *et* La Chaumière indienne, 2020
71. Clémence AZNAVOUR, *Les Corps de Marivaux*, 2021
72. Jean-François PERRIN, *Politique du renonçant. Le dernier Rousseau*, 2021
73. Frédéric MARTY, *Louise Dupin. Défendre l'égalité des sexes en 1750*, 2020

Achevé d'imprimer par Corlet,
Condé-en-Normandie (Calvados), en août 2021
N° d'impression : 172828 - dépôt légal : août 2021
Imprimé en France